本书出版幸承北京市教育委员会科研基金项目“科技创新服务能力建设—科研水平提高定额—体育教育训练学理论与实践研究”（PXM2017_014206_000017）的资助

田径项目
核心竞技能力训练

李厚林　著

科学出版社
北　京

内 容 简 介

田赛项目是我国田径的优势项目，田赛运动员承载着在国际大赛中争金夺牌、为国争光的使命。我国多数田赛项目教练员具有较为丰富的训练实践经验和较高的理论水平，这是我国田赛项目一直保持较高水平的重要基础和原因。

本书基于对核心能力理论的分析，通过长期跟踪研究田赛项目高水平运动员的训练过程，确定了田赛项目的核心竞技能力及其构成要素，总结出田赛项目高水平运动员核心竞技能力训练的实践特征，提出了田赛核心竞技能力的训练理论，为今后的实践探索与改革创新提供了良好的基石，具有很强的理论与实践意义。

本书适合各类高等院校的体育学专业师生及广大体育工作者等参阅。

图书在版编目（CIP）数据

田赛项目核心竞技能力训练 / 李厚林著. —北京：科学出版社，2020.3
ISBN 978-7-03-054556-5

Ⅰ. ①田… Ⅱ. ①李… Ⅲ. ①田赛-运动训练-研究 Ⅳ. ①G820.2

中国版本图书馆 CIP 数据核字（2017）第 230978 号

责任编辑：苏利德 吕 治 / 责任校对：何艳萍
责任印制：李 彤 / 封面设计：楠竹文化

科 学 出 版 社 出版
北京东黄城根北街16号
邮政编码：100717
http: //www.sciencep.com
北京厚诚则铭印刷科技有限公司 印刷
科学出版社发行 各地新华书店经销
*
2020 年 3 月第 一 版 开本：720×1000 1/16
2021 年 6 月第三次印刷 印张：11 3/4
字数：218 000
定价：98.00 元
（如有印装质量问题，我社负责调换）

作 者 简 介

李厚林，博士，副教授。出生于1977年7月7日，山东梁山人。现任首都体育学院田径教研室主任，国家体育总局“优秀中青年专业技术人才百人计划”培养对象，中国田径协会科学训练委员会委员，国家体育总局田径项目科学训练专家组成员，国际田径联合会教练员培训二级讲师，全国田径理论研讨会委员，田径国家级裁判员。

2011 年任备战伦敦奥运会竞走项目科技攻关与科技服务团队负责人；2015 年任备战里约热内卢奥运会耐力项目群（竞走）科研团队负责人。荣获2004年雅典奥运会科技攻关与科技服务奖一等奖，2008年北京奥运会科技攻关与科技服务奖三等奖，2012年伦敦奥运会科技攻关与科技服务奖二等奖；荣获2013年“国家体育总局备战第三十届奥运会科技攻关与科技服务突出贡献个人”称号。

序　言

田赛项目是我国田径运动的优势项目，田赛运动员承担着在国际大赛中争金夺牌、为国争光的光荣使命。我国多数田赛项目教练员具有丰富的训练实践经验和较高的理论水平，这是我国田赛项目一直保持较高水平的重要基础和原因。

李厚林博士一直跟随国家田径队进行训练理论与实践研究工作，经过十多年随队进行田径项目国家队备战奥运会科研攻关与科技服务的工作，他的专业知识大增，眼界大开。他对田径运动训练有了更为系统、深入的了解，认识有了质的飞跃，经过勤奋学习、分析思考、归纳总结，形成了自己的理论观点，写出了《田赛项目核心竞技能力训练》这本学术专著。

《田赛项目核心竞技能力训练》是一本专业性很强的田径训练理论知识读物。章节内容是按照竞技体育训练学的理论体系设计编排的，科学地论述了身体训练、技术训练、训练内容和训练负荷等方面的内容，提出了田赛项目核心竞技能力训练要把基本技术、专项力量和专项速度作为训练的重点内容。

投掷项目主要采用“综合课”的训练方式，每次课都含有力量、速度和技术训练的内容，具有“少量多次”的训练组织形式；跳跃项目采用“力量训练课”“速度训练课”“技术训练课”“综合训练课”四种“单一集中”的训练组织形式。训练多采用组合训练方式，组合内容具有技术训练力量化、力量训练速度化、速度训练技术化、技术训练比赛化的特点。技术训练负荷强度主要包括最低负荷强度、平均负荷强度、有效负荷强度、最高负荷强度；专项技术训练强度以最低负荷强度为基础，平均负荷强度为保证，交替安排有效负荷强度、最高负荷强度。

李厚林博士热爱田径运动科学研究与教学工作，有一股“撸起袖子加油干”的劲头，他在理论研究中追求“精”与“准”，写文章说实话、说真话。《田赛项目核心竞技能力训练》一书的出版，将会对田径运动训练理论的发展起到铺路石的作用。

相信大家读完这本书后，一定会觉得有很多可借鉴之处。

2019年9月23日

前言

田赛项目是我国田径运动的传统优势项目，我国田赛运动员多次打破世界纪录，获得世界冠军，具有优良的训练传统和宝贵的实践经验。对田赛项目高水平运动员训练实践进行理论研究，有利于提高田赛项目运动员的训练水平，对提高我国田径运动训练的科学创新能力也具有极为重要的价值和意义。

运动训练学是一门实践性很强的科学，它的生命力在于实践性。只有经过实践检验的理论才是科学的理论，只有从实践入手，从理论着眼，处理好理论与实践的关系，才能揭示运动训练的本质，推动训练理论创新。笔者长期跟随国家田径队参与科研工作，坚持在实践中收集第一手资料，以核心竞技能力理论为指导，经过多年反复实践检验与论证，终于完成了本书。

本书系统地阐述了田径运动田赛项目高水平运动员核心竞技能力的训练理论和科学的训练方法，具有以下三方面特点：第一，在借鉴当前国内外最新科研成果的基础上，对高水平运动员的核心竞技能力训练工作进行了比较深入的探讨，提升了训练理论的深度，拓宽了训练理论的广度，有较强的科学性；第二，以运动实践佐证理论，有较强的实用性；第三，全书言简意赅，图文并茂，便于读者阅读。

笔者在研究中得到了恩师——国家体育总局田径运动管理中心原副主任、中国田径协会副主席冯树勇先生的悉心指导，还得到了国家体育总局田径运动管理中心、北京体育大学研究生院、西安体育学院田径项目研究团队、首都体育学院、国家体育总局体育科学研究所，以及李爱东研究员、苑廷刚研究员的大力支持。书稿的校对得到了西安体育学院南仲喜教授的热情指导与帮助。

本书在编写过程中得到许多专家和学者、教练员和运动员的大力支持和帮助，同时也参考了很多专家和学者的论著，凝聚了不少教练员、运动员的训练理论和实践经验，在此一并表示感谢。

尽管笔者竭尽全力，希望本书的知识体系能够更加完善，内容结构更加合理，但鉴于水平有限，不妥之处恳请读者批评指正。

愿读者能从阅读中获益。

李厚林

2019 年 7 月 7 日

目　录

第一章　竞技能力概述

第一节　研 究 背 景

一、问题的提出

问题是科学研究的起点，只有认清问题存在的背景，才能对问题进行全面、客观的把握，从而提高论题的研究价值。另外，我们在充分尊重前人研究成果的同时，也要看到以往研究中存在的不足，这样才能找到新的切入点，提高认识的全面性和客观性，推动事物的发展和进步。

当前，我国获得田赛项目奖牌的运动员还很少，但整体水平正在逐步提高，运动员的竞技能力有了长足的进步，与世界顶尖的差距越来越小，并且在最近几年①创造了一系列好成绩。2008 年北京奥运会上，10 名中国运动员进入田赛项目决赛，5 人获得名次，达到北京奥运会 A/B 报名标准的运动员就更多了（表 1-1、表 1-2），实现了我国在田赛项目参赛人数、总计分上的历史性突破。

许多田赛项目曾是我国优势项目，运动员多次打破世界纪录，获得奥运会、世界田径锦标赛的金牌。中国田径队优良的训练传统和丰富的实践经验，为田径项目的理论研究奠定了良好的实践基础。

北京奥运会备战期间，国家田径队副总教练阚福林认为：中国田径有一个很明显的特征，就是缺乏传统优势项目。也许某个时期某位优秀教练员带出的队员表现出色，但这位教练退下来后，整个项目的水平就会直线下滑，这种现象

---

① 本书的理论分析多基于 2004～2008 年我国田赛项目高水平运动员的相关数据，故书中提到的“最近”“目前”“未来”的时间基点也指的这一时间段。

是中国田径项目缺乏完善的训练体系和训练理论的典型体现。成功的训练经验未能真正地得到借鉴与继承，使得这些项目很难稳定均衡地发展。中国田径在理论方面的缺失往往导致其空有实践却无法将实践提升到更高的层面。俞樟炎、王保成通过研究指出：“正确认识田径运动的特性和各项目的特征，是田径教练员训练工作的基点和出发点。”[①]这些都说明从高水平运动员训练实践的角度进行训练理论研究是一个较有价值的论题。

表 1-1　2007～2008 年达到北京奥运会 A/B 报名标准运动员列表

项目	性别	A 报名标准运动员	B 报名标准运动员
三级跳远	男	顾俊杰、李延熙、仲敏维	朱书靖、吴波
	女	谢荔梅	李倩、徐婷婷
跳远	男	李润润、周灿	张晓一
跳高	男	黄海强	张树峰
	女		郑幸娟
撑竿跳高	男	刘飞亮	杨泉、杨雁盛
	女	张英宁、高淑英、周杨、李玲	赵莹莹、吴莎
铅球	女	李玲、刘湘蓉、李凤峰、李梅菊、巩立姣	
铁饼	女	宋爱民、孙太凤、李艳凤、马雪君、徐韶阳	
标枪	女	昌春风、宋丹、张莉	
	男		陈奇、秦强
链球	女	王峥、刘瑛慧、张文秀	

表 1-2　田赛项目高水平运动员基本情况

姓名	身高/cm	体重/kg	姓名	身高/cm	体重/kg
顾俊杰	190	83	巩立姣	175	110
吴波	174	63	李凤峰	182	81
仲敏维	178	69	李玲（铅球）	183	84
李延熙	182	72	李梅菊	172	100
李润润	186	79	刘湘蓉	184	105
张晓一	187	73	李艳凤	179	88
高淑英	179	63	马雪君	185	96
李玲（撑竿跳）	185	66	宋爱民	178	95
张英宁	172	57	徐韶阳	180	89
周杨	174	63	孙太凤	185	105
李倩	184	62	刘瑛慧	180	85
谢荔梅	173	57	张文秀	182	108
刘飞亮	188	68	王峥	174	87
杨泉	187	79	黄海强	191	65
杨雁盛	190	75	张树峰	186	70
郑幸娟	184	60	陈奇	189	92

① 俞樟炎，王保成. 田径运动的特性与项目特征[J]. 田径，1996（6）：12-17.

续表

姓名	身高/厘米	体重/kg	姓名	身高/cm	体重/kg
朱书靖	181	63	秦强	179	94
周灿	176	68	昌春风	179	75
徐婷婷	182	65	宋丹	175	72
赵莹莹	170	56	张莉	174	65
吴莎	173	50			

从运动训练理论研究来看，其主要内容分为“一般训练理论”和“专项训练理论”。田麦久等训练学学者在 1990 年对运动项目进行了项群分类和相关训练理论的研究，创立了“项群训练理论”[①]，为我们研究田径运动的几个同属项目提供了一个独特的视角。从“项群”层面展开研究具有很强的操作性，并且研究成果也能有力地推动竞技运动训练科学化水平的提高。

当前，有关运动训练理论的研究很多，学者在这方面投入很大，但是有关问题的争议焦点还是在理论层面，多数研究是从理论到理论。运动训练是一门实践性很强的学科，它的生命力在于实践性，只有经过实践检验的理论才是科学的理论，只有从实践着手，从理论着眼，处理好理论与实践的关系，才能揭示运动训练的本质与规律，推动训练理论的发展和进步。

在运动训练组织方面，运动训练理论在发展和变迁中出现了“周期训练理论”与“板块训练理论”。“周期训练理论”是根据人体竞技能力形成的规律，把运动训练过程中的一个大周期分为准备期、比赛期和过渡期，针对各个时期的训练目标任务和训练内容，强调在训练的不同时期训练手段和负荷的不同。“板块训练理论”是集中 3～4 周的时间，有选择地确定对较低的素质和能力加以训练的过程，使运动员在相对集中的时间内接受单一的或两个素质和能力比较大的训练负荷刺激，3～4 个这样的板块就构成了训练的准备期，同时在年度训练周期中完成不同的训练负荷与目标的转换。“周期训练理论”与“板块训练理论”分别从整体与部分、宏观与微观的角度对运动训练过程的时空关系进行研究，这两种理论提示研究人员，在运动训练研究过程中整体与部分的研究都很重要。整体是对部分的指导，部分是对整体的反映；整体是系统全局，部分是局部。从系统论的角度来看，整体与部分构成运动训练的统一体。

从哲学层面来看，矛盾的对立统一的辩证关系告诉我们，集中力量找出主要矛盾才能找到解决复杂问题的重点、关键或核心，同时做到统筹兼顾，适当安排。矛盾的主次原理告诉我们，事物的性质主要是由取得支配地位的矛盾的主要方面决定，因此，在认识事物时，只有把握矛盾的主要方面才能正确认识事物的性质。

① 田麦久，麻雪田，黄新河，等. 项群训练理论及其应用[J]. 体育科学，1990（6）：29-35.

同时，矛盾的次要方面对事物的性质也有一定的影响，一定条件下二者还可能相互转化，所以我们也不能忽视矛盾的次要方面。在运动训练理论中，竞技能力是一个庞大的科学体系，而田赛项目又有其训练的特殊性，针对田赛项目“矛盾的主要方面”进行研究有利于客观把握田赛项目的训练规律。

“核心能力理论”是现代管理理论的一个重要成果，美国管理学家普拉哈拉德和哈默在1990年“哈佛商业论坛”中第一次提出核心竞争力的概念。[①]“核心”(core)是指在事物或事情中最重要、支持事物存在的那一部分。换句话说，没有核心，事物将不复存在。核心能力是在整个能力体系中处于本质层面和最核心地位，起关键作用的能力。核心能力不是一种单项能力，而是深层次、高境界、宽层面的累积性、叠加性、拓展性能力，是在整合基本能力基础上形成的深度能力，它处在根本性、基础性、关键性的位置。核心能力是事物本身独有的，具有不可复制的唯一性。

田赛项目的核心竞技能力理论研究也要以“矛盾论”和“核心能力理论”为依据，结合传统训练理论的特点，坚持理论支撑体系的一致性，这也是提高研究深度的客观需要。

二、目的、意义与内容

当前，我国涌现出一批高水平田赛运动员，他们成绩的取得都是建立在客观认识和科学训练的基础上。田赛项目高水平运动员的训练在一定程度上代表了国内训练实践的最高水平；同时，田赛项目高水平运动员、教练员大部分有出国学习和比赛的经历，他们的训练是对国内外训练、比赛经验的总结，而且大部分项目教练员在同一时期连续培养出多位高水平运动员，甚至他们本身就是高水平运动员，这说明训练的理论与方法具有可重复性，该项目的训练水平已经较为成熟。

从我国田赛项目运动员的国际比赛成绩来看，运动训练整体水平已经迈上了一个新的台阶，但是在某些程度上，教练员对训练的把握还不够整体和系统，还没有形成系统的理论，教练员之间也缺乏交流与借鉴，这也成为这些理论方法转化为训练成果的障碍。

基于以上情况，本书试图在前人研究的基础上，借鉴国内外学者的一些研究思路与方法，在马克思主义哲学整体观和训练理论的指导下，从训练实践的角度出发，通过对中国备战2008年北京奥运会国际健将标准以上水平的部分田赛项目运动员训练过程的长期跟踪研究，初步对中国高水平田赛运动员竞技能

① 转引自王泽强. 培育提升我国企业核心竞争力[J]. 中国集体经济，2003（3）：34-36.

力训练核心要素的特点和训练控制过程的实践特点进行总结，对运动训练实践过程的内在规律进行探索，从而为进一步的实践探索与改革创新提供依据。

本书以系统论、信息论、控制论、协同论和矛盾论为理论基础，结合运动训练竞技能力的结构特点，确定田赛项目的核心竞技能力及核心竞技能力的构成要素，研究田赛项目高水平运动员核心竞技能力训练实践特征，建立田赛项目核心竞技能力的训练理论（图 1-1）。在此基础上，进一步研究田赛项目高水平运动员的竞赛特点及其核心竞技能力的训练理论和训练实践。

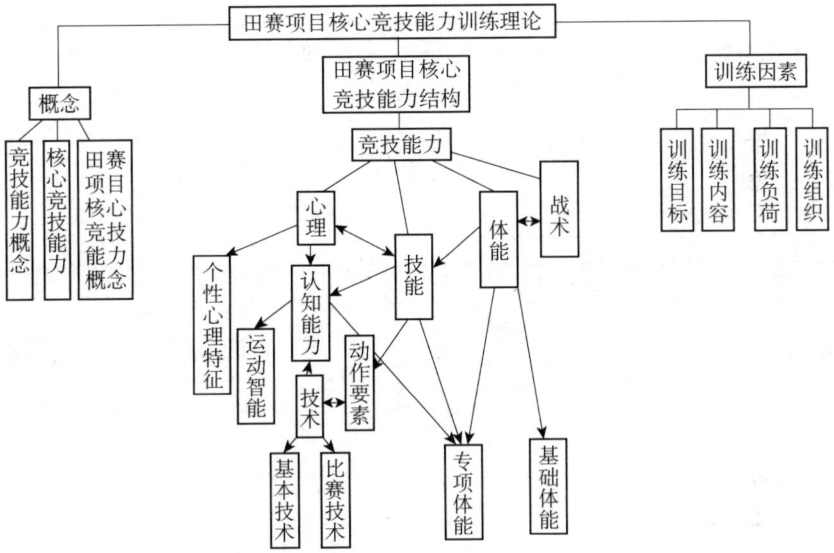

图 1-1　田赛项目核心竞技能力的训练理论研究内容

三、研究思路、研究对象与研究方法

（一）研究思路

本书以竞技能力的运动训练理论为研究依据，以项群训练理论为视角，借用现代管理学的“核心竞争力”理论，结合田赛项目高水平运动员竞技能力的特点，运用逻辑学的科学思想，对田赛项目高水平运动员核心竞技能力理论的概念、构成要素和主要训练学影响因素进行分析研究；在对当前中国部分田赛项目高水平运动员训练现状客观把握的基础上，运用文献资料法、逻辑分析法、问卷调查法、测试法、实验法、专家访谈法、跟踪观察法、个案研究法和统计法等研究方法，对田赛项目高水平运动员核心竞技能力进行研究与分析，提炼出田赛项目高水平运动员核心竞技能力的构成要素，建立田赛项目高水平运动员核心竞技能力训练理论体系，探索田赛项目高水平运动员核心竞技能力构成要素特征和训练实践特征。具体的研究思路如下（图 1-2）。

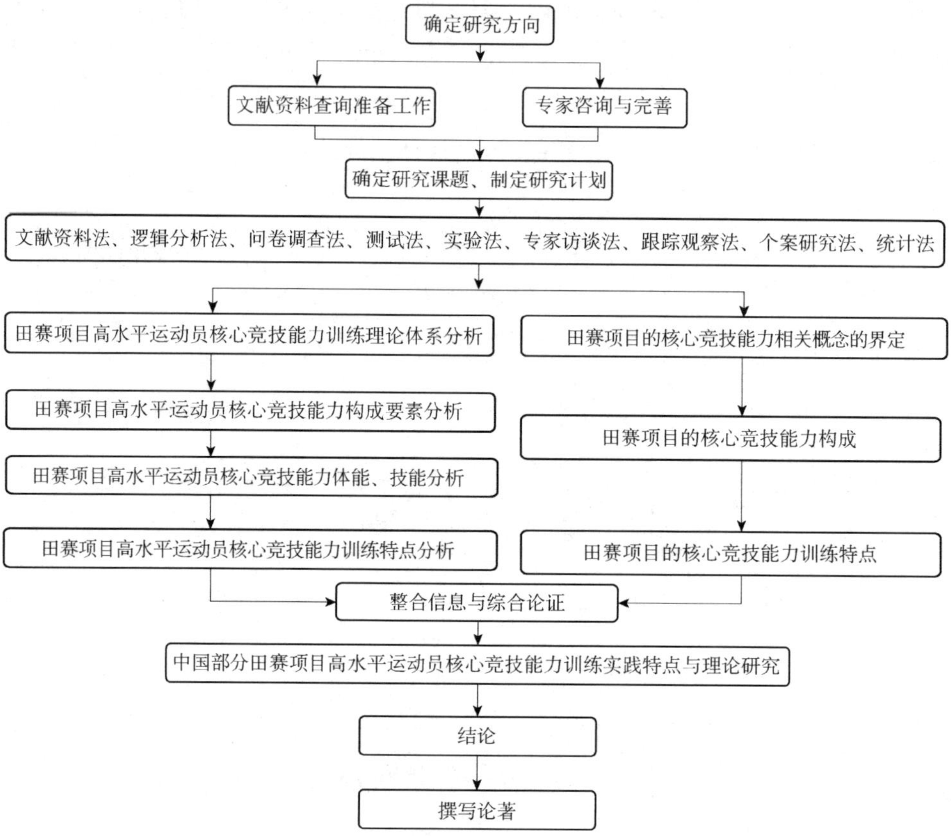

图 1-2　研究思路示意图

（二）研究对象

为了研究中国部分田赛项目高水平运动员核心竞技能力要素、训练理论和实践相关内容，本书以中国部分田赛项目高水平运动员 2005～2008 年的训练安排为研究对象。具体而言，本书所说的田赛项目高水平运动员是指达到 2007 年世界田径锦标赛、2008 年北京奥运会 A/B 报名标准、国际健将水平以上的中国田赛项目运动员，主要是男女撑竿跳高、男女三级跳远、男女跳高、女子铅球、男女跳远、男女标枪、女子链球和女子铁饼等部分项目的运动员。

（三）研究方法

1. 文献资料法

我们检索、搜集、查阅了大量权威性的有关竞技能力的文献，并对其进行仔细阅读、科学的分析、认真的研究探讨，从而比较系统地掌握了相关研究进展。文献来源包括原材料、二次文献和三次文献。检索包括书面检索和网络检索。书面检索主要为阅读相关国内外书籍、论文、学术报告等，资料主要来自国家图书馆、国家体育总局体育科学研究所信息研究中心、北京体育大学图书馆、西安体育学院图书馆，网络检索为通过中国学术期刊网、国家体育总局中国体育信息网等进行相关资料的检索。

2. 逻辑分析法

从系统论的角度出发，我们对竞技能力训练系统的各构成要素、各个部分、各个方面逐一进行考察，将田赛项目高水平运动员训练体系的各个要素结合起来，整体、系统地对当前的训练实践理论进行研究，还对运动员的训练计划、训练记录、训练日记进行归纳整理与分析。

3. 问卷调查法

在研究文献和咨询专家的基础上，结合田赛项目训练特点，我们设计了田赛项目高水平运动员核心竞技能力训练实践特点与理论研究专家调查问卷，并通过咨询专家进一步补充完善问卷内容，问卷具有较高的信效度。我们共发放问卷 60 份，收回 58 份（重复填写的以 1 份计算），有效问卷为 56 份，其中训练学专家 16 份、教练员 32 份、科研人员 8 份，有效率为 93.33%，问卷信度为 0.766。调查问卷分析结果显示：所有人都进行过训练理论研究；所有专家都熟悉田赛项目，其中 71.43%（40 人）的专家非常熟悉田赛项目（表 1-3），并且经常进行训练理论方面的研究。

表 1-3　专家对田赛项目熟悉状况调查结果　（单位：人）

项目	非常熟悉	熟悉	一般	不熟悉
训练学专家（n=16）	8	8	0	0
教练员（n=32）	28	4	0	0
科研人员（n=8）	4	4	0	0
合计（n=56）	40	16	0	0

4. 测试法

（1）运动学测试。

我们对2005～2008年田赛项目高水平运动员的主要训练、比赛技术进行三维定点、定位拍摄、平面拍摄和录像跟踪扫描拍摄，以获取运动学技术数据。

拍摄设备配置2个摄像头（TM-6710CL），用高速录像系统对现场图像进行计算机硬盘记录，光学镜头为美国PULNIX公司生产的CCD高速扫描摄像头（TM-6710CL），有效感光面积5.8mm×4.3mm；CCD感光元件尺度为9.0μm×9.0μm；有效图像像素为648P（长）×484P（高），拍摄频率为每秒120帧；曝光时间为1/1000s；高速采集设备为METEORII-CAMERA-LINK（加拿大）和JVC9800摄像机，以国家体育总局体育科学研究所的PEAK框架为标准框架，根据不同田赛项目设置具体拍摄范围，获取运动图像。使用Ariel公司的APAS运动分析系统（美国）对收集到的资料进行量化处理，采用日本人体惯性参数模型，并依据人体模型的标准和研究需要选取解析点（投掷选取21个解析点，跳跃选取19个解析点），进而对主要技术阶段进行解析处理，通过低滤波法平滑处理解析数据（低通滤波系数为7），以获取所需参数的原始数据指标。

（2）动力学测试。

针对2007年世界田径锦标赛集训期间和冬训期间部分田赛项目高水平运动员关键技术阶段，我们运用三维测力台（瑞士产Kistler8281B）与摄像机同步测试运动员起跳过程中足底三维地面支撑反作用力，采样频率为480Hz。测力台表面铺设与地面完全相同的塑胶垫，厚度2.0cm，地面支撑反作用力信号由IBM6.0电脑进行A/D转换，并用数据采集软件采集保存，获取动力学数据。

（3）生理、生化测试。

2005～2008年集训期间，国家体育总局体育科学研究所生理生化实验室对集训队田赛高水平运动员每月采集一次身体机能测试数据（主要测试指标有白细胞、红细胞、血红蛋白、红细胞比容、肌酸激酶、血尿素、睾酮和皮质醇），我们对这些数据进行了分析，以监控运动员的身体机能状态。

（4）关节肌肉力量测试。

2007年，我们采用ISOMED2000等速肌力测试与分析系统，对田赛运动员进行系统的关节肌力测试，测试部位为髋、膝、踝、肩带、腰、背，各关节进行标准位测试，最大肌力重复 3 次，测试速度为 60°/s，力量耐力重复 20 次，测试速度为 240°/s。

（5）肌电测试方法。

我们使用 MEGWIN6000 无线肌电遥测系统对运动员进行测试，该系统由表面电极、发射器、16 通道肌电信号接收器、电极连接线、华硕笔记本电脑和 Sony 摄像机组成。无线肌电测试的采样频率为 1200Hz/s，测试通道为 12 通道。

第一，受试者的准备。受试者准备活动时间的长短需根据环境温度、身体的实际状态确定。基本原则：先做全身性准备活动，再做所测肌群部位的专门性准备活动。时间大约 25 分钟。

第二，测试仪器的准备。每次实验之前，先将肌电仪预热 30 分钟左右，让系统处于待机状态。将肌电仪进行初始设置，设置量：采样频率 1200Hz/s，最大滤波值 2000，最小滤波值约为 0～10，设置各道信号的放大倍数要根据测量信号的道数而定。受试运动员裸露相应部位，确定电极安置点，实验员用 75%的酒精在贴电极处反复擦拭干净。使用氯化银圆盘电极，每个电极安放在肌肉的肌腹隆起最高点，放置方向与肌肉走向一致，两电极间距小于 2cm，同时还需要一个无关电极。所有电极粘贴完后，必须逐个检查电极粘贴是否牢靠，被测肌肉电极是否正确连接到相应的通道。逐一让被测肌肉紧张，检查是否有相应的电信号。把无线肌电信号发射器固定在腰部，检查其松紧度，正确连接无线肌电信号发射器与圆盘电极的连接线，检查是否已经正确连接并确保连接线不影响实际动作的完成。打开无线肌电发射器和接收器的电源开关，检查肌电信号接收是否正常，正常后进行 MVC 测试。把摄像机镜头调整到合适角度，确保摄像机能清晰、完整地拍摄到受试运动员完整的技术动作。运动员以比赛技术完成动作，测试仪器采集肌电信息。

5. 实验法

对 2007 年世界田径锦标赛集训期间与 2007 年冬训期间田赛跳跃、投掷项目运动员的主要技术，我们运用高速摄像—肌电—三维测力“三位一体”同步测试（图 1-3）。使用 ME6000-T16 导肌电测试仪对运动员整个技术过程的表面肌电进行测试，获取相关部位肌电指标；地面支撑反作用力信号由 IBM6.0 电脑进行 A/D 转换，并用数据采集软件采集保存。同时用高速录像系统记录技术图像，同步信号由测力台触发，通过发光二极管与高速摄像机、ME6000-T16通道无线肌电遥测系统同步（图 1-3）。

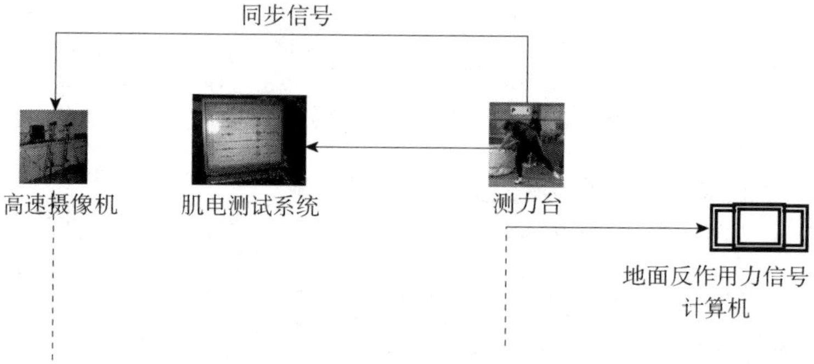

图 1-3 高速摄像—肌电—三维测力同步测试示意图

6. 专家访谈法

（1）利用为国家田径集训队提供科技服务的机会，我们对国家集训队田赛项目（跳跃、投掷）教练员、运动员和训练学专家进行了有关训练目标、训练内容、训练负荷、训练方法和手段等训练组织方面的访谈，以了解田赛项目训练的特点和运动员竞技能力的基本特征。

（2）利用参加田赛工作会议和为全国一类田径比赛服务的机会，我们走访了资深的训练学专家、教练员，就上述研究论题征询专家的意见，进一步提高本书的价值和客观性。

（3）我们走访了生理学、生物力学、心理学、训练学、统计学等学科的专家，对研究内容的遴选和测试方法、手段的设计进行全面性的咨询。

7. 跟踪观察法

2005～2008 年，我们根据观察和对运动计划的整理，采用固定科研人员跟踪观察 1 个项目、跟踪观察集训队田赛项目重点运动员训练过程的方法，并在教练员、运动员的协助配合下对训练的内容、手段、方法及技术训练成绩和训练负荷进行记录。

8. 个案研究法

我们对田赛高水平运动员典型的运动训练安排、竞技能力特征进行了深入分析，进一步揭示运动训练的规律与特点，提高研究的价值。

9. 统计法

我们运用 EXCEL 办公软件和 SPSS14.0 统计软件，对所收集到的资料进行了归纳整理，建立资料数据库，根据研究需要进行统计处理。

第二节　竞 技 能 力

竞技能力是竞技体育领域内的核心概念，竞技能力的培养是运动训练的核心工作，竞技能力理论也是运动训练学理论研究中所关注的最重要的问题。

多年来，学者在系统论、控制论、信息论、突变论、协同论和耗散结构论等理论的指导下，结合不同运动项目竞技能力的特点，运用相关学科理论知识，从多学科角度，对竞技能力概念、构成要素、训练特征、变化规律等问题进行了研究探索。在我国运动训练学理论形成的早期阶段，学界往往以训练水平代替竞技能力来评估运动员参加训练、比赛的本领，但有人也用训练水平代替“运动员所达到的竞技水平”和“运动员所具有的运动能力”等，这也反映出竞技能力的概念不明确等问题。1986 年出版的中国第一部全国体育院校系统编写的《运动训练学》教材中使用了“竞技能力”这一概念。1988 年，田麦久教授首次对“竞技能力”这一概念的科学含义及其在运动训练过程中的地位和作用进行了探讨，随后，中国体育界广大理论工作者和教练员开始逐步广泛使用“竞技能力”这一词汇。

一、竞技能力的定义

我国于 1986 年出版的过家兴等编著的《运动训练学》，书中对“竞技能力”的定义是运动员有效地参加训练和比赛所具备的本领，是运动员体能、技能、智能和心理能力的综合。①

1988 年出版的《运动训练科学化探索》将“竞技能力”定义为运动员参加训练和比赛所具有的能力，但其外延还包括心理、技能、体能、智能四种能力。②

2000 年出版的体育院校通用教材《运动训练学》将“竞技能力”定义为运动员的参赛能力。其由具有不同表现形式和不同作用的体能、技能、战术能力、运动智能以及心理能力所构成，并综合地表现于专项竞技的过程之中。③

刘大庆认为竞技能力是指运动员参加训练和比赛的本领，由具有不同表现形式和不同作用的体能、技能以及心理能力等构成，并综合地表现于专项比赛

---

① 过家兴等. 运动训练学[M]. 北京：北京体育学院出版社，1986：7.

② 田麦久. 运动训练科学化探索[M]. 北京：人民体育出版社，1988：71.

③ 田麦久. 运动训练学[M]. 北京：人民体育出版社，2000：3.

过程之中。[①]

郑念军等认为竞技能力是指运动员有效地参加训练和比赛的本领。[②]

程勇民、许伟民将竞技能力解释为“为比赛目的而具备的专项能力的集合，由体能、技能和战术能力所构成；发挥能力是影响竞技实力表现的心理状态的控制和调节能力，由认识能力、调节能力和意志力构成”[③]。很显然，程勇民、许伟民既重视“实力”，也重视“发挥”。郑伟在《现代运动训练与竞技论》中指出，竞技能力由先天性竞技能力和后天性竞技能力（训练水平）组成。[④]张洪潭认为，竞技能力是运动员在先天因素基础上及后天因素作用下，通过专门训练而具备的参赛夺标的主观条件。[⑤]

苏联的普拉托诺夫在《运动训练理论与方法》把竞技能力作为运动员的训练水平进行研究，他认为训练水平是在训练条件的影响下，运动员机体内发生的生物适应性改变（功能的和形态的），并表现为训练能力的变化。他主要从训练培养可控操作的角度对运动员竞技能力进行了研究。[⑥]

从德国运动训练学讲稿的内容来看，他们认为：第一，运动能力是一种客观存在和比赛需要；第二，运动员的能力是影响运动表现的因素之一。[⑦]这与中国训练界提出的“竞技能力”概念有所不同。这种“需要论”和“因素论”与我国的“能力论”的差异还需进一步探讨，但两国对个人竞技能力的结构和分类基本一致。

以上给出的竞技能力的概念是学者从不同角度根据研究的需要所做的界定。科学的概念是人们对某一事物或现象的高度概括，而事物是不断发展变化的，人们对事物的认识也是逐渐深化的，因此概念也会随着事物发展而发展。竞技能力这一概念也将会随着人们对它认识的加深而不断得到拓展，并被赋予新的内涵。

我们应该从系统的结构性和层次性角度认识竞技能力这一概念。第一，竞技能力由先天性竞技能力和后天性竞技能力（训练水平）组成；第二，竞技能力应该包括比赛和训练两个方面；第三，竞技能力是体能、技能、心理和战术

---

① 刘大庆. 运动员竞技能力的结构特点与基础训练方法[M]. 北京：北京体育大学出版社，2006：89.

② 郑念军，刘新民，刘兴. 竞技能力新论[J]. 西安体育学院学报，2001，18（1）：51-53.

③ 程勇民，许伟民. 竞技能力、竞技能力结构及其项群划分——传统训练学理论的不足与完善. 山东体育学院学报，2004，20（5）：35-37.

④ 郑伟. 现代运动训练与竞技论[M]. 北京：中国科学技术出版社，2004：72-73.

⑤ 张洪潭. 重建运动训练理论初探[J]. 体育与科学，1999（1）：17-22.

⑥ 普拉托诺夫. 运动训练的理论与方法[M]. 陆绍中，译. 武汉体育学院内部资料，1986：15.

⑦ 曼弗里德・葛欧瑟. 运动训练学[M]. 田麦久，译. 北京体育学院教务处内部资料，1983：8.

能力的综合体现。

二、竞技能力的内容

从竞技能力的内容来看，除了对竞技能力概念的基本认识外，人们还从多个方面对竞技能力进行分析探讨。大部分学者认为竞技能力是运动员参与训练和比赛的一种综合能力，是一个系统，具有系统的结构性，因而探讨竞技能力的构成要素对竞技能力研究十分重要。

田麦久认为竞技能力是运动员参加训练和比赛的本领，由具有不同表现形式的体能、技能及心理能力构成。①

张庆春、刘自喜指出竞技能力是由运动员的身体形态、技能、素质、技术、战术、心理和智能等因素决定的，这几个因素可以浓缩为体能、技能和心智能力。因此，竞技能力又可被概括为运动员体能、技能和心智能力的有机综合。②

训练学专家葛欧瑟博士把竞技能力作为运动员的运动水平，指出运动员运动水平包括运动素质、运动技能和运动心理三个因素。③

美国的达拉斯·斯凯维奇博士认为运动员的训练要从技术和心理两个方面进行。为了使体能提高，就要用纪律手段来保证一定的负荷强度和负荷量的训练，而训练应尽可能在与比赛相同条件下进行。④

上述学者认为竞技能力主要由体能、技能和心理三个要素构成。

1986年，全国体育院校通用教材《运动训练学》中提出运动员的竞技能力是运动员体能、技能、智能和心理能力的有机结合。⑤

加拿大训练学专家图多·博姆帕在讨论训练体系时认为，运动员的竞技能力由体能、技术、战术和心理能力组成。⑥

阿·博达丘克认为，最佳竞技状态是指运动员身体、技术、心理以及战术上最适宜的准备状态。⑦

---

① 田麦久. 运动员竞技能力结构特点与基础训练方法[M]. 北京：北京体育大学出版社，2006：89.

② 张庆春，刘自喜. 论竞技能力与竞技状态的辩证关系[J]. 河北体育学院学报，2000（2）：12-15.

③ 曼弗里德·葛欧瑟. 运动训练学[M]. 田麦久，译. 北京体育学院教务处内部资料，1983：8.

④ 转引自程勇民，许伟民. 竞技能力、竞技能力结构及其项群划分——传统训练学理论的不足与完善[J]. 山东体育学院学报，2004 (5)：35-37.

⑤ 过家兴等. 运动训练学[M]. 北京：北京体育学院出版社，1986：23.

⑥ 图多·博姆帕. 运动训练理论与方法[M]. 马铁，郭小燕，周丰，译. 北京：人民体育出版社，1990：79.

⑦ 阿·博达丘克. 竞技状态的形成与发展[J]. 金玉，译. 浙江体育科学，1995（4）：55-57.

王清从运动实践角度出发，认为竞技能力是指运动员进行训练和参加比赛所必须具备的专门能力。以能力而论，竞技能力主要由体能、技能、战术和心理四种基本能力构成，综合地体现在专项训练和专项竞技比赛过程中，是进行训练和比赛的前提条件。①

程勇民、许伟民将竞技能力定义为运动员参加训练和比赛所具有的能力，其外延包括心、技、体、智四种能力。②

上面的研究认为竞技能力由四个要素构成，体能、技能和心理这三个要素是“三要素”和“四要素”理论的共性部分，第四个要素存在是战术能力还是智能的争议，但是大部分学者从竞赛的角度认为战术能力更为重要。

过家兴更加明确地阐述了竞技能力由体能、技能、战术能力、运动智能以及心理能力构成，并认为其综合地表现于专项竞技的过程之中。③

郑念军等从系统科学哲学的角度对竞技能力系统各组成要素进行了分析，认为竞技能力包含体能系统、技能系统、战能系统、运动智能系统和心理能力系统。④

徐本力认为竞技能力是指体能、技能、智能以及心理和思想作风等能力。⑤

普拉托诺夫把运动能力作为竞技能力，他认为竞技能力是身体训练水平、技术和战术训练水平、心理训练水平及智力水平的综合。⑥

迪特里希·哈雷指出竞技能力有赖于运动员的身体能力、技术和战术的熟练性、智力以及知识和经验。⑦

以上几位学者共同认为竞技能力由体能、技能、战术能力、智能、心理能力和思想作风能力等要素组成，差别在于技能是否包括技术和战术两部分，以及思想作风能力是否可以作为独立的竞技能力。

周西宽认为竞技能力由身体机能、形态、运动素质、技术、战术、智能和心理能力七个要素相互作用构成。⑧

---

① 王清. 我国优秀运动员竞技能力状态诊断和监测系统的研究与建立[M]. 北京：人民体育出版社，2004：24.

② 程勇民，许伟民. 竞技能力、竞技能力结构及其项群划分——传统训练学理论的不足与完善[J]. 山东体育学院学报，2004（5）：35-37.

③ 过家兴等. 运动训练学[M]. 北京：北京体育学院出版社，1986：23.

④ 郑念军，刘新民，刘兴. 竞技能力新论[J]. 西安体育学院学报，2001（1）：51-59.

⑤ 徐本力. 运动训练学[M]. 济南：山东教育出版社，1990：606.

⑥ 普拉托诺夫. 运动训练的理论与方法[M]. 陆绍中，译. 武汉体育学院内部资料，1986：15.

⑦ 迪特里希·哈雷. 训练学——运动训练的理论与方法导论[M]. 蔡俊五等，译. 北京：人民体育出版社. 1985：1-12.

⑧ 周西宽. 体育学[M]. 成都：四川教育出版社，1988：22.

钟秉枢认为竞技实力是指与夺取比赛胜利直接相关的客观力量（主要由运动员的技术、战术水平、身体素质、形态、机能水平以及心理、智力水平来体现）和主观力量（主要由运动员的精神状态、意志品质来体现）结合形成的综合力量①。

过家兴教授指出训练水平包括运动员的身体形态、机能和运动素质及专项运动技术和战术、训练品质和智力的发展水平等。②

从形式上看，以上观点认为竞技能力主要由七个要素组成，但是从内涵来看，“七要素”共同含有身体机能、形态和素质三个要素，而这三个要素都属于体能的范畴，因此可被视为是把竞技能力五要素具体化了。

综上所述，竞技能力的构成主要存在“三要素”“四要素”“五要素”“七要素”几种认识，三要素为体能、技能和心理；四要素为体能、技能、智能和心理能力；五要素为体能、技能、战术、智能和心理；七要素包括身体机能、形态、运动素质、技术、战术、智能和心理能力。

对竞技能力结构（子要素之间的关系问题）的研究，具有代表性的理论有“木桶理论”③、竞技能力非衡结构及其补偿理论④、竞技能力时空变化理论⑤、“合金理论”、“积木理论”、“胶泥理论”⑥和“‘复合素质’理论”⑦等。总体上看，这些研究都是将竞技能力作为一个多因素构成的系统来看待，所以竞技能力具有系统的层次性和结构性特点。

在对竞技能力进行分层时，要遵循逻辑的划分规则，否则就会出现“越级划分”“子项相容”等逻辑错误。规则要求划分后，子项必须相互排斥，即划分后子项的外延之间必须具有不相容关系，不得出现交叉关系和属种关系。另外，作为竞技能力系统内的各要素信息不是相互孤立的，而是相互影响的。在运动训练实践中，各研究又有不同的研究重点，但是不能混淆竞技能力系统的结构与层次关系。只有全面把握竞技能力系统结构的特点，才能探索出运动训练的客观本质规律。

从系统论的层次结构来看，我们不难理解竞技能力各要素之间的构成关系，

---

① 钟秉枢. 运动员基础训练的人文社科指导[M]. 北京：北京体育大学出版社，2005：11.

② 过家兴等. 运动训练学[M]. 北京：北京体育学院出版社，1986：23.

③ 根本勇. 运动训练的基本原则[J]. 林栋，译. 冰雪运动，1987（2）：10-14.

④ 刘大庆. 运动员竞技能力非衡结构补偿理论[R]. 第五届全国体育科学大会论文摘要汇编，1997：41.

⑤ 张英波. 体能主导类快速力量性项群运动员竞技能力状态转移的时空协同理论[J]. 体育科学，2000（4）：24.

⑥ 田麦久. 运动训练学发展历程的回顾及21世纪展望[J]. 北京体育大学学报，1999（2）：34.

⑦ 吴耀宇. 论“复合素质”理论[J]. 山东体育学院学报，2002（1）：1-5.

竞技能力的最高层次为体能、技能、战术能力和心理能力，其次为形态、机能、运动素质、技术等。

三、竞技能力训练

（一）竞技能力训练周期

布·阿·科托夫1916年出版的《奥林匹克运动》一书首先阐述了“运动训练分期的思想”，他把全年训练过程分成一般训练期、准备训练期、专门训练期。[①]

拉乌里·毕卡拉等编著的《竞技运动》一书把全年训练计划分为预备期、春季训练期、夏季训练期和秋冬休息期，这种训练分期的安排当时在田径、游泳、足球等项目中得到了推广。[②]1939 年，苏联的克·赫·格兰登在《运动训练过程计划的内容和一般原理》一书中也明确地把一年的训练周期分为准备期、基本期和过渡期。[③] 苏联的莱图诺夫和普洛考普从运动医学的角度对训练过程进行了阶段划分，首次提出运动员竞技状态的形成具有“训练水平上升阶段、竞技状态保持阶段和训练水平下降阶段”，以及循环往复的周期性特点。[④]

苏联的马特维耶夫 1964 年正式出版了他的权威性专著《运动训练分期问题》[⑤]，从理论和实践两个方面系统、完整地论述了全年训练过程周期划分的理论，指出“竞技状态发展的阶段性是运动训练分期的自然基础”，运动员竞技状态的发展分获得、保持和暂时消失 3 个阶段，呈周期性，按顺序不断交替，并在更高的基础上反复出现。因此，训练周期也与此相应地有 3 个时期：训练期（准备期）——保证竞技状态形成；竞赛期——为保持竞技状态以及为在运动成绩中体现出已经获得的各种能力创造条件；过渡期——保证活动性休息，将训练水平保持在一定水平上，从而把两个训练周期相互联系起来。马特维耶夫还指出，竞技状态发展的各个阶段，是以生物学过程作为基础的顺序发生的各个阶段，而训练的各个分期是以教学过程作为基础的顺序发生的各个阶段。根据这一特点，他把竞技状态获得的过程分为准备期、比赛期、过渡期，并将之

---

① 转引自田麦久. 运动训练学[M]. 北京：人民体育出版社，2006：8.

② 转引自张小娥，叶自青，张哲. 我国国家女子网球队训练特点——析用周期训练理论[J]. 北京体育大学学报，2010（3）：127-129.

③ 转引自陈正. 中国女网北京奥运周期训练过程研究[J]. 成都体育学院学报，2010（8）：49-53.

④ Verchoschanskij J V. Das Ende der “Periodisierung” dessportlichen Trainings im Spitzensport[J]. Leistungssport，1998（5）：14-19.

⑤ 马特维耶夫. 运动训练分期问题[M]. 高大安，译. 北京：人民体育出版社，1978：91.

贯穿于训练的全过程。①同时，他又针对不同时期的特点提出了一整套训练目标、训练内容和训练手段各异的训练理论，如有不同训练时期负荷量与强度的不同比例关系以及一般身体训练与专项训练的不同安排等。②

苏联学者沃罗比耶夫在《现代训练的某些构想》一书中提出“不同时期训练负荷（量和强度）的不同安排在某种程度上阻碍了运动成绩的提高”，他认为“在准备期中靠大负荷量和小强度奠定竞技状态的‘基础’是不可行的”，要“根据运动成绩，既按量也按强度来安排负荷”，还要参考“定期的模拟比赛所特有的负荷情况”，这样运动员在全年中才能以更高的水平参加比赛。③邦达尔丘克针对投掷运动员的训练提出了因人而异的训练观点。这种观点的依据是素质和技术训练要有机结合，同时要充分考虑机体的反应类型和运动员的个人特点，即运动员对负荷反应的差异和进入竞技状态期限的长短。邦达尔丘克指出，运动员进入竞技状态的期限为 2～4 个月或 5 个月以上，而且运动员成绩的变化动态也分 3 种类型。只有根据比赛日程并考虑运动员的个人特点和反应类型来划分训练周期和安排训练计划，才能取得更佳的效果。④

马丁认为，马特维耶夫的古典的周期模式对今日那些竞技水平仍停留在当年马特维耶夫进行研究时的竞技水平的运动员仍然是适用的，但是高水平运动员必须通过高强度的负荷才能提高竞技水平。⑤

苏联的亚基莫夫认为周期论“已不能保证运动员在整个赛季多次达到和超过国际健将的标准”。⑥

苏联训练学专家博伊科（Boiko V. V.）⑦和维尔霍山斯基（Verchoshanskij J. V.）⑧对“训练周期”理论提出了质疑和挑战。德国以施纳（Tschiene P.）为代表的一些训练学专家不仅全面、系统地翻译介绍了博伊科等苏联学者的学术论文⑨，而且参加了对马维特耶夫理论的“围剿”。他们认为马特维耶夫的“周期”理论从一开始就忽视了“比赛”这一训练的唯一目标，在训练中过分强调一般性训练以

① Matwejew L P. Grundlagen des sportlichen Trainings[M]. Berlin（DDR）：1981.

② 转引自陈小平. 对马特维耶夫“训练周期”理论的审视[J]. 中国体育科技，2003（4）：6-9，51.

③ 沃罗比耶夫. 现代训练的某些构想 [J]. 郭廷栋，译. 江苏体育科技，1981（2）：9-22.

④ 转引自麦克斯・琼斯. 铁饼之王博格的训练方法[J]. 周金水，译. 浙江体育科学，1985（2）：60-64.

⑤ 转引自吴贻刚. 论科学理论向运动训练方法转化[D]. 上海体育学院博士学位论文，1999：30.

⑥ 转引自韩菊元. 运动训练文摘[J]. 贵州体育科技，1986（2）：55-57.

⑦ Boiko V V. Dir gezielte Entwicklung der Bewegungsfae-higkeit des Sportlers [M]. Frankfurt：Uebersetzung von Tschiene，1988.

⑧ Verchoshanskij J V. Effektiv Trainieren [M].Berlin：DDR，1988.

⑨ Tschiene P. Die qualitative Ansatz zu einer Theorie des Train-ings [J].Leistungssport，1988（3）：8-11.

及一般训练是专项训练基础的做法，无论从训练的形式上还是从强度上均脱离了专项的要求。另外，机体对外来刺激的适应具有较强的专一性，长期非针对性的训练无法使机体的生理负荷接近或达到机体的专项适应储备能力，所以机体不仅不会产生符合专项要求的适应，而且很可能与之背道而驰，从而导致运动成绩的下降。以施纳为首的许多德国训练学专家赞同博伊科和维尔霍山斯基等以机体的生物适应理论为基点的观点，并相继提出了新的"周期训练"理论，即被称为"单元"（block）的训练模式和在身体素质训练时负荷量从一小周期到另一小周期的"跳跃式转变"理论。其理论的核心是：①训练以专项化为核心；②"适应"是评价训练效果的唯一依据，它是机体对负荷的长期积累效应；③提出了获得负荷集中效应的训练方法。

李山认为，一个完整的大周期力量训练分期结构由解剖学适应期、最大力量发展期、专项力量转化期、专项力量比赛保持与发挥期、过渡期 5 个基本阶段组成，每个阶段的内容、方法、手段及负荷结构相对独立又彼此联系，构成了力量训练的专项化过程。[①]

马德尔（Mader A.）的"机能储备模型"[②]和诺依曼（Neumann G.）等的"改变–适应的时间动态"模型[③]也介绍了训练周期理论，诺依曼的模型是从另一个角度对训练的适应过程进行解释。诺依曼首先提出机体各器官系统受到外来刺激时会产生"变化"，在反复施加负荷的条件下则出现"适应"。其次又根据各器官系统的适应形成在时间顺序上的不同，将适应的过程划分为 4 个阶段，并为各阶段的实现给予了明确的时间期限：①肌肉运动支配程序的改变（7～10d）；②能量储备能力的增加（10～20d）；③神经肌肉系统结构和调节的最优化（20～30d）；④各系统之间的协调配合得到改善（30～40d）。[④]该理论描述了在负荷情况下机体的平衡状态被破坏而产生"变化"，在连续适宜负荷的作用下又形成新的平衡，即一个从量变（积累作用）到质变的"适应"的过程。我们注意到，诺依曼的理论中没有运用传统的"超量恢复"来解释机体器官系统对负荷的反应，而称其为"变化"。依据这一观点来分析，机体在外来负荷的作用下其平衡状态被破坏，具体的反映就是疲劳，当负荷条件不存在时，机体会恢复到原来的初始水

① 李山. 田径运动全年大周期力量训练分期理论研究[D]. 北京体育大学博士学位论文，2005：68.

② Mader A.Aktive Belastungsadaptation und Regulation der Pro-teinsynthese auf zellulaerer Ebene [J]. Deutsche Zeitschrift Sportmedizin，1990；41：40-58.

③ Neumann G. Schuele K P. Sportmedizinische Funktionsdagnostik[M]. Leipzig-Berlin-Heidelberg：Barth Verlagsgesellschaft，1994：13-17.

④ 转引自陈小平. 德国训练学热点问题研究述评[J]. 体育科学，2001，(3)：43-46.

平，如果反复对肌体施加负荷刺激，则机体会由于负荷的累积效果对该刺激产生适应，具体表现为运动器官系统在形态机能方面的改变。

图多·博姆帕指出，运动员的能力由赛前水平提高到竞技状态，并使其处于一个非常高的稳定阶段，所需要的时间平均为4～6周。①而吉布等建议，从较低的运动能力到竞技状态第一区段这一过渡阶段，再到最佳竞技状态阶段的时间因多种因素的影响而不同，同时亦因不同专项运动的不同特点以及教练员的不同训练方法而各异，通常赛前训练阶段一般指比赛前6～8周。②赛前训练阶段的时间长短和训练安排与年周期训练的特点、运动员的训练水平、竞技状态、恢复措施和比赛能力等因素有关。③

吴焕群等认为，根据竞赛日程和气候、季节条件对训练进行分期具有较大的制约作用。④而徐本力在进一步分析影响训练分期周期性和非周期因素时发现，在这两类因素中，还可分出与运动员本身有关的"生物学因素"类（即内因）和与环境条件有关的"环境因素"类（即外因）。外因是变化的条件，内因是变化的依据，外因通过内因而起作用。因而在非周期性因素类中，运动员的训练水平和个人特点是训练分期的主要依据。而在周期性因素类中，运动员的生物学因素则是训练分期的主要依据，所以人的竞技状态则成为最主要的因素。徐本力还认为以竞技状态为主的生物学因素在训练分期诸因素中占首要地位，气候、季节以及竞赛日程是分期不可忽视的外部条件。⑤

殷新喜和尹进飞认为，固定周期的训练理论应该改变。他们提出，全年训练计划应划分为几个训练比赛周期，每个训练比赛周期时间的长短都应根据本年度的训练任务、全年重大比赛的次数和运动员个人的具体情况而定。在各周期练习内容上也要相应地变化，也就是把专项运动技术、专项身体素质和一般身体素质的训练有机地结合起来，总之，要使各种身体素质和专项运动成绩之间达到高度协调。⑥

郑晓鸿指出，体能主导类力量性项群主要包括跳跃、投掷和举重等项目，训练主要以中周期为单位，以练3周调1周或练4周调1周的小周期搭配方

---

① 图多·博姆帕. 运动训练理论与方法[M]. 马铁，郭小燕，周丰，译. 北京：人民体育出版社，1990：91.

② 陈兴胜，冯坚. 田径赛前最佳竞技状态调控原则、训练时间及运动负荷的安排[J]. 上海体育学院学报，1997，21（2）：77-80.

③ 王保成. 田径运动员的赛前训练与比赛能力[J]. 西安体育学院学报，1994（1）：51-56.

④ 吴焕群，王汝英，陈明达. 周期与训练[J]. 体育科学，1982（1）：39-44.

⑤ 徐本力. 对现代训练周期划分的主要依据和完整周期结构确立的看法[J]. 上海体育学院学报，1983（2）：23-30.

⑥ 殷新喜，尹进飞. 关于摔跤训练方法组合学的探讨[J]. 北京体育大学学报，1998（3）：86.

式组合成年度多周期安排的模式，如我国优秀女子标枪运动员徐德妹使用年度周期安排模式。从其竞技状态的变化情况、训练内容的安排、运动负荷的变化趋势来看，其本质仍然是处于年度单周期或双周期或三周期的框架之内，只不过根据比赛日程及比赛重要程度对中周期及小周期的搭配方式进行了一些调整。①

通过以上分析我们可以看出，关于周期研究的争论主要有两点。第一，所有专家、学者对运动员训练过程“周期性”是认可的，他们从不同的角度对竞技能力训练的阶段性进行了诠释，主要对周期的持续时间、周期的内容变化、负荷变化关系存在争议，而这些因素在运动训练过程中都是可变因素，具有不同的组合方式，目的都是提高竞技能力。第二，训练周期划分与比赛安排的矛盾，其实质是训练和比赛是对立统一体；比赛是训练的一部分，比赛也具有训练的作用，只是不同阶段参加比赛的目的不同，比赛成绩也有所差异。只有保持训练的系统性，比赛才能有利于训练水平的提高，要通过系统训练和参赛不断提高运动员的竞技能力水平，从而使其在重大比赛中创造优异的成绩。

（二）竞技能力训练内容

苏联投掷教练员柯马洛娃认为的“传统方案的整个准备期大部分是力量训练，只有在比赛期才系统地进行技术练习”是不适当的，特别是准备期的力量训练都处于有节制的水平，而以轻器械的技术练习为主。②

沃罗比耶夫认为，对一定项目来说，非主要的其他素质的发展应从属于主要素质的发展。他不同意一般身体训练是运动水平的基础，认为在任何一种运动项目中训练水平的基础都是专项训练。他还认为准备期时间不能拖得过长，因为训练过程是一个复杂的动态系统，受多种因素的影响和制约，它必须要从训练实践尤其是训练对象——运动员的具体情况和项目的特点考虑。③也正因如此，现今各运动项目中，不同训练水平的运动员在训练过程中的具体安排是多种多样、纷繁复杂的，欲求统一的变革模式是不实际的也是不可能的，一切都要通过实践和科学实验进行探索。

俄罗斯功勋教练员阿纳多里·巴尔达丘克的实验证明，爆发力训练中把

---

① 郑晓鸿. 高水平快速力量性项群运动员年度训练周期特征[J]. 体育与科学，2003（2）：62-66.

② 转引自张来霆. 少年投掷运动员训练负荷的安排[J]. 北京体育学院学报，1985（3）：89-92.

③ 转引自过家兴等. 运动训练学[M]. 北京：北京体育出版社，1986：17.

杠铃力量和超等长练习结合起来的训练应该是方向一致但内容不同的综合练习，如窄硬拉和向上抛实心球、负重半蹲和原地蹲跳、卧推杠铃和双手对墙抛实心球。[①]美国著名训练学专家沃恩•盖波特也持有这种观点，在传统的杠铃练习后，应加上超等长练习，如负重全蹲加半蹲跳、卧推杠铃加双手胸前推实心球、挺举加穿沙袋背心跳台阶等练习，这是有效锻炼爆发力的最佳途径。

郭廷栋认为，在训练内容方面，平时训练（准备期）或赛前训练（比赛期）都应更符合本项目的专项特点。[②]对于高水平运动员来说，一般身体训练的意义已大为降低。从前那种准备期主要进行一般身体训练和专项辅助训练，比赛期再逐渐向技术训练过渡的做法，因不符合迅速提高专项成绩的要求而被摒弃。但在准备期要侧重完成提高技术、机能、素质等某些方面的任务，因而根据不同项目的要求，训练手段较多，完整（全程）的比赛动作少一些；比赛期则主要集中于完整（全程）的比赛动作和必要的专项辅助练习，练习更接近于比赛的动作。素质与技术的训练应密切结合，实践证明把素质与技术训练分开的做法（如先集中力量训练，然后再进行技术和速度训练）是不适宜的。正如沃罗比耶夫指出的，肌肉力量和工作能力若不加以适当巩固是不能保持7～10天以上的。[③]邦达尔丘克也指出，运动员既非一个素质性的人，也不是技术性的人，不能孤立地对待。专项身体素质能力和专项技术的培养，无论是在各次训练课中还是在较长时期内，都是同步进行的，所以在准备期不应只进行脱离技术的身体训练，也不应只注重技术而忽视必要的身体素质训练。图多•博姆帕对铅球训练的总结认为，身体各部位的力量训练必须按一定比例均衡进行，力量训练的比例为腿部50%、躯干30%、上肢20%。他认为在准备期主要应提高身体素质，年轻运动员身体素质训练和技术训练分别占60%和40%，高水平运动员各占50%。[④]

维尔霍善斯基提出了训练的“集中”（或“浓缩”）结构。他认为，在全年周期结构的安排中专项能力训练具有主要作用。[⑤]力量训练必须“集中”，否则会影响包括速度在内的技术训练的效果。“集中”的力量训练必须在时间上与技

---

① 阿纳多里•巴尔达丘克. 杠铃、跳跃与投掷[J]. 张保英，译. 山西体育科技，1999（4）：31-32.

② 郭廷栋. 训练周期和比赛的直接准备[J]. 体育科学，1988（3）：28-32.

③ 转引自迟爱光. 对苏联现代游泳训练理论有关问题的初步探讨——兼论苏联游泳运动成功的原因[J]. 广州体育学院学报，1983（1）：47-68.

④ 图多•博姆帕. 运动训练理论与方法[M]. 马铁，郭小燕，周丰，译. 北京：人民体育出版社，1990：27.

⑤ 转引自郭廷栋. 训练周期和比赛的直接准备[J]. 体育科学，1988（3）：28-32.

术和速度或其他身体素质的“集中”训练错开，以此作为划分周期的核心。划分周期的另一个原因是，在离比赛较远的平时（准备期）训练中，运动员除了按能够较快提高运动成绩的一般原则和方法训练外，还要完成各阶段的重点训练任务，解决训练中的特殊问题，如加强某些薄弱环节，着重提高某种机能或素质，克服某些技术问题等。这类任务不宜在赛前很紧张、针对性很强的训练中完成。

过家兴等认为主专项训练是训练内容中最接近目标赛事的训练类型，只有这类训练才能反映目标比赛运动的自然特征，而这些特征需要在大周期的特定阶段表现出来，副专项训练也被称为“过渡性训练”。这类训练在当代运动实践中占有重要的位置，特别是在一个训练周期的开始部分。①

马特维耶夫认为一般性训练类型中有两个分类：第一个分类的训练尽量使其对运动员的作用趋同于目标性赛事中的运动作用；第二个分类的训练对运动员的作用趋向于目标性赛事中的运动作用的反向。第二个分类训练的目的是中和专项化运动训练的局限性造成的运动员重要体能指标失衡。在运动实践中，经常有这样的情况：忽视在一般性训练时期（当然不是训练的最开始）进行一些专项训练的必要性。②

阚福林通过对跳跃、投掷项目的训练经验总结，认为适宜采用组合训练方法来训练，训练中某单一训练内容的负荷并不是很大，但组合后整体负荷却很大。③这种整体的大负荷训练可以有效地提高运动员的整体能力。单一内容的大负荷训练可以较快地提高运动员某一方面的能力。两种大负荷训练相比较，大负荷组合训练造成的疲劳往往比大负荷单一训练造成的同等程度的疲劳更易消除。组合训练是在一个训练单元（训练课）中进行多种不同性质的练习，可对中枢神经系统形成多种刺激，不同刺激引起兴奋及时转移，从而对中枢神经系统形成广泛的刺激。单一刺激造成的神经疲劳既集中又深。两者相比较，组合训练方法更有利于运动员神经系统的恢复。

从乳酸、尿肌酐指标的恢复速度来看，“快速力量练习+技术练习+素质练习”的组合课对运动员能量的平衡稳态打破程度大，恢复速度快。组合方式训练课中运动员蛋白质消耗相对较少，机体适应能力强、恢复快。不同训练方式

---

① 过家兴等. 运动训练学. 北京：北京体育学院出版社，1986：17.

② 马特维耶夫. 建立大周期运动训练中的模型目标方法[J]. 王子朴，译. 首都体育学院学报，2004，(3)：1-5.

③ 阚福林. 优秀投掷运动员的力量训练[J]. 山东体育学院学报，1999（2）：1-5.

安排对机体的刺激方式和程度不同。实践工作者认为，训练内容组合安排突出强调的是运动的专项整体训练效益。

李爱东认为，力量训练要在全面发展的基础上根据专项特点有针对性地发展专项所需要的力量素质。[①]例如，投掷运动员应侧重最大力量和爆发力及出手速度等的训练；短跑和跳跃运动员应侧重训练快速力量、相对力量和爆发力；跳跃运动员应侧重提高助跑速度和起跳速度的训练。

尹军等在研究田径速度力量类项目运动员身体素质特征时认为，投掷运动员以提高最大力量和速度力量为核心，以提高单个动作速率为重点，以提高投掷轻器械和重器械能力为基础；跳跃类运动员则表现出以发展速度力量和助跑速度为核心，以提高最大速度、急加速和单个动作速率为重点，以提高最大力量为基础。[②]

陈小平指出，在探寻专项特征时，应该注意项目的共性和个性问题，专项特征的探求应该以专项为核心，只要是能够充分反映专项特点，能够为专项训练提供目标和依据的因素就是项目的专项特征，在这其中既有多个运动项目所共有的特征，也有单一项目所独具的特点。[③]当然，我们还必须注意，一个项目的专项特征并不需要面面俱到，应该从众多的项目特征中甄别和筛选出具有代表性的、对专项成绩具有决定性作用的主要特征；技术和体能是专项特征的两个主要显示点。一般来说，那些对技术依赖性强的项目被称作技术类项目，对体能要求高的项目被称为体能类项目。但是在长期的训练过程中，技术与体能并不截然独立，二者之间存在密切的联系，技术或体能类项目都需要另一方的支持，有时相对薄弱的一方甚至会成为决定运动水平高低的关键因素。因此，无论是技术类项目还是体能类项目，在长期的训练过程中都不能只关心项目主要特征的训练，而应该对两个方面的能力都给予高度重视，特别是进入高水平训练阶段之后，原来不受重视的技术或能力方面的问题都可能成为影响专项成绩的关键因素。虽然项目的力学特征可以作为技术训练的参考依据，但是专项特征绝不是只涉及力学的特征，体能水平对专项特征同样具有极其重要的影响。技术与体能是构成专项特征的两个不可或缺的重要因素，体能的状态以及在专项运动过程中的变化必然影响运动技术的发挥。因此，单纯从技术的角度界定

---

① 李爱东. 田径运动员体能训练的内容与原则[J]. 田径，2002（2）：18-19.

② 尹军，田凌，王晖. 田径速度力量类运动员体能结构特征的研究[J]. 北京体育大学学报，2006（11）：1577-1580.

③ 陈小平. 德国训练学热点问题研究述评[J]. 体育科学，2001（3）：43-46.

专项特征，只能给出专项的外在表现形式，而不能全面反映专项运动时整个机体的内在变化，这样的专项特征对于技术的发展、体能的训练以及负荷的安排缺乏直接的指导。

部分专项运动员赛前的具体训练内容如表 1-4 所示。

表 1-4 部分专项运动员赛前的具体训练内容

项目	研究者	年份	具体内容
跳远	冯树勇等	1992	一般的训练内容被取消，只保留与专项密切相关的技术、速度、专项弹跳及快速力量训练的内容，像速度耐力训练、一般跳跃的训练、一般力量训练及一般身体训练方面的内容大量减少或完全取消
三级跳远	田兆钟等	1992	训练内容更加专项化，采用的练习更加接近专项运动的形式，练习的组织形式更加接近专项比赛的特点。在运动素质练习上，一般素质练习的比例大大减少，专项素质练习的比例增加。在技术训练上，分解练习比例下降，完整练习比例上升
跳高	黄健	1992	一般不再改进跳高的基本技术，主要在于调整体能，提高专项身体素质
跳跃、投掷	阚福林	1997	抓住全程的速度、节奏、用力顺序及全力投掷时技术的稳定程度训练是最主要的，在很大程度上突出了赛前的专项训练内容与手段方法
田径项目	过家兴	1995	一般性练习所占的平均比例为 17.6%，投掷练习最高占比为 40%，而辅助性练习所占的平均比例为 19.1%；专项练习所占平均比例为 67%

所有项目的运动都是一个动态、连续和变化的过程，专项的技术、体能以及心理都会在这个过程中产生变化，这种变化本身也同属于专项特征的范畴，而且在很大程度上是更加全面和深入的运动特征。静态的专项特征只能在一个点上反映专项的特点，而不能展现专项运动的整体变化过程，运动员的专项能力在运动开始和结束时会出现很大的差别，这种差别很可能就是决定运动水平的关键因素。所以如果只掌握了专项运动的静态特征，而不了解过程的变化，那么不仅会造成在专项特征认识上的不全面，而且会影响到专项特征对训练实践的指导作用，阻碍专项训练的正确发展。①

依照传统的分期内容安排，内容安排过于固定很难有效解决需要区别对待的训练问题。为了实现所有目的，结合实际的训练情况及人体的生物学发展变化特点与规律，有效地安排训练内容，这将是我们进一步研究的问题。

从训练内容的研究可以看出，大部分训练学专家反对单一内容的训练，他们认为训练过程是训练内容综合化的过程，只是不同阶段安排的训练重点不同。

① 陈小平. 论专项特征——当前我国运动训练存在的主要问题及对策[J]. 体育科学，2007（2）：72-78.

（三）竞技能力训练负荷

1. 不同负荷人体训练效应的相关研究

资料显示，运动员进行长时间的大负荷训练后，血中睾酮含量下降至不到平常的1/10，同时二氢睾酮含量也大为降低，小于0.05ng/mL（正常为0.3～1ng/mL），出现睾丸的雄激素崩溃现象。①弗尔纳杰夫等认为在速度力量性项目中，成绩的提高主要靠紧张激烈的大强度训练，在这种训练中激素系统起巨大的作用。②但长期增加激素系统的活动会导致其衰竭，甚至会引起某些疾病。弗尔纳杰夫等指出，紧张激烈的训练不应超过两个月，多次大负荷的无针对的重复训练可导致荷尔蒙系统（主要是交感神经肾上腺和垂体肾上腺皮质系统）机能潜力的消失或机能受到长时间抑制，即出现预防机体过度衰竭的保护性反应。

20世纪80年代后期，马德尔以适应理论为基础，从细胞代谢的层面讨论了人体机能对于负荷变化的反应，细胞蛋白质分解与合成周期使细胞质量和结构与长期形成的人体机能水平相适应。③人体不仅具有一个标准的细胞蛋白质代谢率，而且在负荷作用下还有“机能受限性”蛋白质代谢率的提高。在正常情况下，蛋白质的凋亡与再生应当呈一种动态平衡状态，运动员在良性负荷刺激下，蛋白质的合成将超过凋亡，如果这种合成的增加集中在一些对运动能力具有重要影响甚至起决定性作用的蛋白质上，必然会使运动员的运动能力得到提高，但是如果运动员的负荷过大，超出了他们的生理极限，蛋白质的破坏将大于合成，运动员的运动能力必然下降。

2001年，格兰德根据最大强度的肌肉收缩形式提出了“肌肉智慧理论”，在骨骼肌最大或次最大主动用力收缩中，使用肌电图很容易观察到运动单位的放电频率下降，甚至几秒钟内就出现肌肉的活性降低。④

神经对肌肉的支配能力首先表现在肌纤维的类型上，不同类型的肌纤维除了在肌肉组织结构上不同之外（如肌红蛋白、线粒体和氧化酶等），在神经的解剖结构和生理功能上也存在很大差别。不同肌纤维具有不同的神经支配特点，使慢肌、快肌以及快肌的亚类型对同样的负荷刺激（尤其是负荷强度刺激）的反应不同；特别是被称作“中间型”的Ⅱa型和Ⅱc型快肌纤维对力量训练方式

① 陈章豪. 兴奋剂和雄激素疗法（文献综述）[J]. 体育科学，1987（1）：38-43.
② 转引自郭廷栋. 训练周期和比赛的直接准备[J]. 体育科学，1988（3）：28-32.
③ 转引自陈小平. 德国训练学热点问题研究评述[J]. 体育科学，2001（3）：43-46.
④ 转引自冯炜权. 运动生物化学研究进展[M]. 北京：北京体育大学出版社，2006：344.

具有敏感的适应性，它们收缩的速度和耐力通过长期的训练可以得到改变，出现慢肌的特征或向Ⅱb 型快肌的方向发展；肌纤维这一双向“可塑性”对力量训练提出了更高的要求。

主要刺激成人结缔组织生长的是身体活动时所产生的物理力量，组织适应的程度与训练强度的刺激成正比，类似于骨骼与肌肉，超过日常活动强度的张力加于结缔组织，并维持一般重复次数，则会刺激结缔组织改变。耐力训练对结缔组织普遍产生的反应是增加胶原的新陈代谢。肌腱内特殊变化会增加胶原纤维的直径，增加胶原纤维的直径则有更多的共价交叉连接，从而增加胶原纤维的数量及包束密度。高强度负荷会使肌肉系统的结缔组织产生净增长，并且强化软骨母细胞，低中强度的运动不能显著改变结缔组织的胶原成分，中等的有氧运动可以增加软骨的厚度，激烈的运动不会引起退化性关节病。

2. 训练负荷安排的相关研究

阿巴杰耶夫认为，波浪式地调整负荷有损于前阶段获得的训练积累，小负荷过渡调整等于人为地使运动机能和成绩下降。[①]在负荷量和强度方面，无论准备期还是比赛期，都不应把二者机械地对立和分割开来。准备期训练并不只注重量的积累而忽视强度，比赛期训练也不应忽视必要的量。

契纳认为训练过程是训练量和强度合理搭配的负荷过程[②]，准备期训练包含许多与全程动作和完整技术动作相比难度稍低的分解技术练习、发展各种必要素质的局部练习以及在某些项目中发展必要机能的一般身体练习等，所以运动员的负荷量较大，强度稍小。但定期进行极限强度的训练或测验，经常进行次极限强度和大强度训练仍是必要的；如有特别有效的恢复措施，则更应这样做。正因为准备期负荷量很大，强度也不小，所以建议，如准备期较长，应隔一定时期，如 6～8 周，插入一个预防性间歇期（保护期），以防过度疲劳和过度训练。而赛前训练内容精简集中，总的负荷量减小，局部训练和一般身体训练取消，从而使运动员能以更充沛的精力进行强度较大的专项训练。

1971 年，阿罗谢夫提出系统交替结构模式。[③]两个系统（一般负荷系统和专项负荷系统）开始时差不多，随着训练过程的推移，专项负荷不断增加，一般负荷不断减少；当比赛期开始或重大比赛到来时专项负荷达到最高点，使一

---

① 转引自郭廷栋. 训练周期和比赛的直接准备[J]. 体育科学，1988（3）：28-32.

② 转引自周振华. 我国男子 20 公里高水平竞走运动员专项训练负荷控制的研究[D]. 北京体育大学博士学位论文，2013：25-26.

③ 转引自林卫国，周锦琳，王红英. 运动训练分期理论的发展现状及展望[J]. 北京体育大学学报，2004，27（2）：262-265.

般负荷转化为专项成绩。

有研究表明，比赛成绩取决于比赛期90%以上强度的重复次数。契纳也指出，最佳运动成绩有赖于专项训练的强度和量（相关系数分别为0.85和0.76），他也把强度这个因素放在首位。①

郭廷栋指出突出强度不等于强度过大，强度过大能耗尽神经能，引起过度兴奋，破坏神经过程的平衡，造成恢复困难，这种情况对于处在离比赛较近的直接准备期中的运动员来说是非常危险的，甚至能直接导致比赛失利。神经类型不太平衡、抗干扰能力差的运动员更要注意这一点。强度这个因素不是孤立的，要把它和负荷量、负荷难度、恢复措施等因素一起加以考虑。②

陈小平从负荷重量的角度认为以最大力量的90%为界可将最大力量负重（75%～100%）进一步划分为两个不同的功能区域，即优先发展运动神经募集能力的最大负荷（90%～100%）和优先发展肌肉横断面积的次最大负荷（75%～90%）。从练习次数的角度，打破重量与次数的负线性对应关系，将练习次数纵向划分为两个不同级别，即发展神经支配能力的练习（<10次）和发展肌肉潜能的练习（>10次）。在训练实践中我们能够发现，运用发展神经支配能力训练获得的最大力量，在最大力值和力值形成速度上均明显高于增加肌纤维体积的训练。

苏联的沃罗比耶夫在其《现代训练的某些构想》一书中认为在准备期中靠大负荷量和小强度奠定竞技状态的基础是不可行的，要根据运动成绩，既按量也按强度来安排负荷，还要定期模拟比赛所特有的负荷和紧张情况，这样运动员在全年中才能以更高的水平参加比赛。③可惜的是，即使提供有效的恢复措施也是难以做到这一点的。因为较长时期进行激烈紧张的大负荷训练，运动员的身体潜力便会耗尽，最明显的表现是体内的雄激素水平显著降低。

1977年，斯塔里什卡和契纳提出，优秀运动员应在全年训练的各个阶段，都将负荷的量和强度保持在80%以上，并始终保持良好的竞技状态，这样才能多次参加比赛，取得优异的成绩。④

图多·博姆帕则强调，“对必须提高速度或爆发力的运动项目，训练量可以

① 转引自林卫国，周锦琳，王红英. 运动训练分期理论的发展现状及展望[J]. 北京体育大学学报，2004，27（2）：262-265.

② 转引自林卫国，周锦琳，王红英. 运动训练分期理论的发展现状及展望[J]. 北京体育大学学报，2004，27（2）：262-265.

③ 转引自郭廷栋. 训练周期和比赛的直接准备[J]. 体育科学，1988（3）：28-32.

④ 转引自文超. 田径运动高级教程（第二版）[M]. 北京：人民体育出版社，2003：51.

比准备期达到的水平要低，但其强度应不断增加，且在重大比赛前 2 周左右达到最高水平，然后再逐渐降低”。[①]谢亚龙、王汝英等认为，“在处理负荷强度诸因素关系时，是在保证强度的前提下再考虑其他因素。运动负荷的辩证关系告诉我们在赛前训练安排运动负荷时，绝对不能只考虑其中一个方面，而应该在考虑一方面的同时还应把握另一方面”。[②]过家兴等指出，“在训练过程中，运动员在完成某一项练习时，往往既含有量的成分，又含有强度的成分，因此，在训练中很难将它们严格区分开来，两者应是相辅相成、互相促进、不断提高的”。[③]

彭小愉从负荷的角度提出将跳高训练的赛前阶段再次进行划分的理论与方法，一般划分为准备阶段、调整阶段和临赛阶段。准备阶段一般为 3～4 周，总的负荷量是全年最高负荷量的 50%～60%，负荷量每周逐步减少，而强度逐渐提高，使机体渐渐达到良好的竞技状态。调整阶段一般为 2～3 周，这个阶段的负荷量是全年最高负荷量的 30%～40%，强度在赛前两周达到最高值。临赛阶段一般为 1～2 周，负荷量逐步减少至全年最高负荷量的 20%～30%，强度和量都减小。[④]

阚福林在研究我国田径投掷项目发展力量素质的过程中，为了搞清楚力量训练中负荷量和负荷强度的关系，根据项目特点和我国运动员具体情况进行了大量的试验，找出了量和强度比较好的组合方式，即在以杠铃力量为主要手段的训练中，采用重复训练法，以 70%～80%的强度成组做练习（5 次×5 组），推着杠铃向上走，提高力量的训练水平。这种量和强度组合的安排，保证了绝对力量不断提高，保证了必要的动作速度，保证了动作幅度及动作质量。就训练效果而言，明显高于以 90%～95%强度训练的训练效果。[⑤]在训练课负荷强度的安排方面，李建臣、阚福林认为在专项技术强度中技术训练强度为 93%，在专项素质强度中力量训练强度为 70%～80%、跑跳素质强度为 80%组合，能达到较好的训练效果。[⑥]

训练量的变化规律在不同的大周期中是在不断调整的，决定性的因素是运动员的“专业训练年龄”和运动员个体的“训练性”（承受训练的能力）。相对

---

① 图多・博姆帕. 运动训练理论与方法[M]. 马铁，郭小平，周丰，译. 北京：人民体育出版社，1990：79-87.

② 谢亚龙，王汝英. 中国优势竞技项目制胜规律[M]. 北京：人民体育出版社，1989：73.

③ 过家兴，延峰，李少丹，等. 体能类项群优秀运动员重大比赛前训练安排的规律（续）[J]. 北京体育大学学报，1995（2）：66-73.

④ 彭小愉. 跳高运动员临赛阶段训练初探[J]. 广州体育学院学报，1998（2）：98-102.

⑤ 阚福林. 对组合训练方法在训练中运用的思考[J]. 体育科研，1997（4）：12-17.

⑥ 李建臣，阚福林. 现代推铅球运动[M]. 北京：北京体育大学出版社，2007：95.

于训练年龄短的运动员，给训练年龄长的运动员大量增加运动负荷从而获得的运动成绩的增长并不显著。[①]与此，训练性好的运动员通过增加较小的运动量就可以达到运动成绩的显著提高。

涅多贝瓦罗经过四周的爆发力训练后，采用30%～50%的负荷再训练3周，速度提高了16%～18%，而采用70%～90%的负荷进行训练，力量提高了17%～19%，因此，他认为30%～90%的负荷是发展爆发力的最佳训练强度。[②]

休·汉弗莱在跳高专项技术训练中，根据训练目的分为：①质量日——低于运动员最好成绩10～15cm跳15次（充分休息）；②耐力日——低于运动员最好成绩20cm以上，共跳25～30次；③个人纪录跳——在低于运动员最好成绩5cm范围内跳12～14次。[③]

邓运龙认为赛前直接准备期的安排除了遵循一般规律外，还要根据以往经验和运动员的具体情况灵活处置。[④]有的运动员的训练负荷是逐渐练上去的（这是正常情况下多数人采用的），有的是逐渐减负荷的，也有的运动员是以某种起伏的负荷量进行训练。例如，运动员在前一阶段训练中就出现了过度疲劳的症状，进入比赛直接准备期后各项生理指标、主观感觉和运动成绩均不佳，就不能盲目地采用大负荷训练，而一定要调整，使运动员身体情况有了转机后再逐渐增加负荷，最终的目的是使运动员的最佳状态正好在比赛中呈现。

尹军、李鸿江对田径速度力量项群运动负荷控制特征的研究认为，年度训练过程中的准备期训练重点集中在发展绝对力量、速度力量和专项技术训练等方面，负荷变化表现为负荷量和负荷强度几乎平行发展并呈现出渐进性递增特征，其中负荷强度一般控制在最高成绩80%～90%的水平上。[⑤]比赛期的负荷量约下降20%，但负荷强度上升10%，而过渡期则表现出负荷量和负荷强度同时下降的特征。小周期训练过程中的赛前小周期负荷变化表现出负荷量有所降低但负荷强度却有所增加的特征，并且负荷强度在赛前2周左右达到最高水平。

闫闯等对男子跳高运动员张树峰的小周期专项力量训练特征进行研究后认为：张树峰小周期专项力量训练手段主要有7种，比大周期训练手段少13种，小周期的训练量比大周期减半；小周期的训练强度 90%～95%，平均强度为93.3%，大周期的平均强度为80%～95%，平均强度87.5%；大周期的训练课为

① 转引自陈小平. 对马特维耶夫“训练周期”理论的审视[J]. 中国体育科技，2003（4）：6-9，51.
② 转引自叶绍明. 负重练习是发展跳远运动员专项力量的良好方法[J]. 武汉体育学院学报，1961（1）：22-24.
③ 休·汉弗莱. 跳高[M]. 刘江南，译. 北京：人民体育出版社，2002：321.
④ 邓运龙. 训练观念——运动训练理论指导实践的中介[J]. 北京体育大学学报，2004（10）：1409-1412.
⑤ 尹军，李鸿江. 田径速度力量项群运动负荷控制特征的研究[J]. 西安体育学院学报，2006（1）：77-81.

12次，小周期的训练课为6次。他们据此对张树峰的大小周期的划分标准提出了疑问。[①]

从以上有关训练负荷的研究中，我们可以看出以下两点。

第一，不同训练负荷对不同神经肌肉系统的刺激–适应反应不同，训练效果也不同，并且人体对负荷的适应反应是有限的。

第二，训练过程是负荷量和负荷强度的组合变化安排过程，训练负荷安排具有阶段性特点，训练过程中负荷强度变化是有范围的，具有个体差异性。

四、核心竞技能力

谢亚龙、王汝英等开始尝试寻找主导竞技能力的因素及其发展规律，但他们的研究主要还是在专项训练理论的层次上展开的。[②]田麦久首次提出以运动员竞技能力的主导因素为标准进行项目分类，并在此基础上建立了体能主导和技能主导的两大类项群理论体系。[③]这些研究为“专项训练理论”与“一般训练理论”搭建了更好的操作平台，使理论研究与训练实践更为接近，也为我们进一步探索训练实践的理论提供了思维导向。核心竞技能力受到体育界的普遍重视，因此得到不断发展和完善，其中主要的理论进展包括依复合主导竞技能力的项群划分、多标准多维度的项群组合、训练大周期划分的项群特点以及项群概念的广泛应用。

刘大庆发现，运动员竞技能力结构中各个子能力之间的不均衡状态是普遍存在的[④]，竞技能力呈现出非衡结构，从哲学意义上说，这种现象的存在又是绝对的。但竞技能力构成因素中某种素质或能力的缺陷，在一定程度上可以为其他高度发展的某种素质或能力所弥补或代偿，从而使得总体的竞技能力保持在一个特定水平。我们可以看出，所谓“高度发展的素质”就是竞技能力核心要素对专项成败的重要作用。

田麦久以“复合主导竞技能力”取代单一主导竞技能力作为标准对部分项群的主导竞技能力作了更为准确的表述，进而对部分项群名称做了调整。在同一篇论文中，他还阐述了“多标准多维度的项群组合”概念。田麦久指出，经典的项群训练理论中，主要是以运动员竞技能力的主导因素、运动技术的动作

---

① 闫闯，周忠革，许小冬. 国家田径队男子跳高运动员张树峰小周期专项力量训练特征的研究[G]. 第八届全国体育科学大会论文摘要汇编（二）. 北京：中国体育科学学会，2007：263-264.

② 谢亚龙，王汝英. 中国优势竞技项目制胜规律[M]. 北京：人民体育出版社，1989：127.

③ 田麦久. 训练学理论与训练实践[J]. 体育科学，1983（2）：36-42.

④ 刘大庆. 运动员竞技能力结构功能补偿现象研究[J]. 武汉体育学院学报，1999（1）：94-97.

特征和运动成绩的评定方法为三个分类标准建立起的三个主要的分类体系。而实际上我们应该认识到，由于有无穷个分类标准，项群体系的划分从理论上来讲也有着无穷个。所以在竞技能力的研究过程当中，我们完全可以根据自己的需要建立新的项群体系，从而展开相应的研究。①

每个运动员的竞技能力结构都有各自的特点，但优秀运动员竞技能力结构中又有着许多共同的特征，竞技能力的核心因素就是这些特征的具体体现。建立优秀运动员核心竞技能力的结构模型，既可以科学地概括并准确地描述这些共同特征，又可以为运动员确定竞技能力训练目标提供标准的参照系。

本章要点

本章主要对竞技能力、训练周期、训练内容和训练负荷等竞技能力训练相关要素的理论发展进行了梳理和归纳。

（1）竞技能力的概念应该从三个方面理解：第一，竞技能力是由先天性竞技能力和后天性竞技能力（训练水平）组成的；第二，竞技能力包括比赛和训练两个方面；第三，竞技能力是体能、技能、心理和战术能力的综合体现。因此，竞技能力组成要素主要包括体能、技能、战术能力和心理能力；核心竞技能力是专项训练中决定项目最高水平的竞技能力要素。

（2）运动训练安排具有“周期性”阶段特征，“周期”大小具有可变性，周期性变化主要有训练内容的周期变化和训练负荷的周期变化，且受目标比赛的影响比较大。

（3）训练内容安排应该具有综合化的特点，各种训练内容应该安排在每个训练阶段，但是不同阶段训练内容的重点应有所不同。

（4）人体对负荷的适应反应是有限的，不同训练负荷对不同神经肌肉系统的刺激–适应反应不同，训练效果也不同；训练过程中不同训练负荷量与强度的组合过程具有阶段性特点，而训练负荷变化是有范围的。

① 田麦久. 我国运动训练学理论体系的新发展[J]. 北京体育大学学报，2003（2）：145-148.

第二章　田赛项目高水平运动员的竞赛特点

刘大庆等认为竞技能力是运动员参加训练和比赛的本领，运动员通过训练实践获得竞技能力，又在比赛中得到检验，从而被社会认可。①

运动员综合能力只有不断地在实践中培养，在比赛场上真枪实弹的特定环境中去磨炼，特别是在与强手的激烈对抗中才能获得真实的感知，得到全面的锻炼，比赛是检验训练效果的最佳途径。有学者提出：“20 世纪 70 年代以来，欧洲田径运动水平迅速提高，一个重要原因就是他们通过频繁的比赛提高运动员的竞技水平，众多学者、专家和教练员都认识到运动竞赛的重要性。”②

当前，全球竞技体育商业比赛增多已经成为趋势，但中国田径整体实力与世界领先水平还存在很大差距，田径比赛的影响力不够，尤其是有影响力的运动员太少。商业集团不能获得相当的广告效应，因此对田径商业比赛的热情不高，商业性比赛依然很少。基于此，中国田径协会也采取了相应的措施，增加了田径大奖赛、特许赛等一系列赛事，为田径运动员提供了更多的比赛机会，而且亚洲田径联合会和国际田径联合会也举办了很多的大奖赛，即使没有商业性比赛，高水平运动员依然有充足的比赛机会。中国田赛项目高水平运动员在北京奥运会周期（2005～2008 年），每年参加比赛的场次平均为 28.5 次（表 2-1），2005 年最少，为 24 次，2006 年最多，为 32 次，每年比赛场次都超过了世界田赛优秀运动员平均的 22.3 次。中国田赛项目运动员的平均参赛场次比世界优秀运动员还多，可以看出参赛机会不是限制中国田赛项目高水平运动

① 刘大庆等. 运动员竞技能力结构特点与基础训练方法[M]. 北京：北京体育大学出版社，2006：37.

② 史敏. 田赛项目高水平运动员竞技表现特点及影响因素研究[D]. 北京体育大学硕士学位论文，2005：76.

员比赛的主要因素，运动员可以根据自身的训练需求选择参加比赛。“以赛带练，练赛结合”得到许多教练员的认可和训练学专家的推崇，比赛已经成为训练的重要组成部分，基于此，对高水平运动员参赛规律的研究成为训练理论研究的重要部分。田径比赛受商业影响较小，干扰因素少，更有利于从客观上研究田赛高水平运动员的参赛特点与规律。

表 2-1　2005～2008 年中国田赛高水平运动员参赛场次统计表

项目	2005 年	2006 年	2007 年	2008 年	平均
比赛场次/次	24	32	30	28	28.5

运动员竞赛是其自身竞技能力在比赛中的表现。竞技能力的表现既是一个瞬时概念，也是一个过程概念，因为它既可以指运动员一次比赛中的竞技表现，也可以指运动员一时期多次比赛的竞技表现。对中国田赛项目高水平运动员表现的研究，就是对这一群体在一定时期内多次比赛中反映出来竞技能力变化特点的研究。运动员竞赛也体现在两个维度上，即一次比赛和一定时期内比赛所体现的特点。现代竞技体育竞赛带有明显的年度周期性特征，人们通常以年度周期作为组织系统运动训练过程的基本单位，因此，对在一定时期内运动员竞技表现特点的研究非常必要。

第一节　田赛项目高水平运动员年度参赛次数特点

从对中国田赛 2008 年世界前 20 名运动员 2004～2008 年参赛次数统计分析来看，国内田赛高水平运动员年度最多参赛 12 次，最少参赛 4 次，平均参赛次数为 8.95 次，国外优秀运动员年度最多参赛 27 次，最少参赛次数为 6 次，平均参赛次数为 17.15 次，年度比赛平均次数几乎是中国运动员的两倍（表 2-2）。这与运动员的培养体制有关系，我国田径运动采取“举国培养体制”，训练经费都是由国家或各省区市拨款，运动员要为国家与地方争夺荣誉，主要通过参加国内外重要比赛，以达到为国争光、为省区市争金夺银的目的。此外，他们的待遇主要受重要比赛成绩影响，如奥运会、世界田径锦标赛、全运会、全国田径锦标赛和田径冠军赛为目标比赛。从整体来看，中国运动员的平均参赛次数比国外优秀运动员少。田径强国美国、德国、英国等大多采取的是职业化培养

表 2-2 国内外优秀运动员参赛次数比较

项目	平均参赛次数/次	标准差	标准误差
国内优秀运动员（*n*=6）	8.95	0.53	0.22
国外优秀运动员（*n*=6）	17.15	3.49	1.42

模式，运动员的训练经费主要来自参加比赛的奖金与赞助商，因此，他们必须多参加比赛，提高自身的影响力，以达到增加收入的目的。运动员的训练、比赛商业化程度高，受商业活动的影响大。而中国高水平运动员不受这些因素的影响，保证了训练的系统性，在技术上精益求精，这也是中国运动员在身体素质多方面不如一些强国运动员的情况下，依然能够达到世界高水平并在世界田径运动中占有一席之地的原因。

从统计数据来看，中国田赛五个项目群 2004 年参赛次数平均为 10.7 次，明显高于 2001 年的参赛次数（2001 年王倩的研究表明我国田赛项目高水平运动员年度参赛均值为 5～6 次[①]），这与中国田径协会于 2004 年开始推行全国田径竞赛运动员积分排名制有关。积分方法是：按照中国田径协会审定的“田径项目分值表”对运动员每场比赛成绩进行积分统计和排名；将每名运动员一年中 5 场（含室内 1 场）最好比赛成绩积分累加除以 5（不足 5 场也将比赛成绩积分累加除以 5，其余类推）。每名运动员所得分值即为该运动员年度积分，并以此积分进行排名。许多运动员为了积分，比赛次数明显增多，同时打破了原来的训练节奏。在 2004 年雅典奥运会上中国田赛项目除了女子链球运动员张文秀取得第七名外，其他项目无一人进入前八名，那也是中国田赛项目的低谷。由此可见，运动员应在保证训练系统性的基础上参加比赛。虽然现代运动训练呈现参赛次数越来越多的趋势，但并不是次数越多越好，如果对比赛次数与时机把握不好，比赛目的不明确，就难以达到“以赛带练”的目的。田麦久在阐述年度训练过程中系列比赛及负荷的动态变化时也指出：“运动员参赛次数的增加，反映出现代运动训练和竞赛强度的明显提高，但是比赛次数绝不是越多越好。”[②]过多的高强度比赛可能导致运动员神经系统疲劳积累，从而影响其在重大比赛中技术的发挥。

① 转引自史敏. 田径项目高水平运动员竞技表现特点及影响因素研究[D]. 北京体育大学硕士学位论文，2005：71.

② 田麦久. 运动训练学[M]. 北京：人民体育出版社，2000：43.

一、田赛项目高水平运动员年度参赛次数整体特征

大部分教练员通过分析，认为运动员在2004年度参赛成绩不理想是因为参赛场次过多，2005、2006年田赛项目高水平运动员的平均比赛次数都少于2004年（图2-1）。运动员年度比赛平均次数女子短投项目最多，为9.94次，女子长投项目次之，为8.92次，女子跳跃远度项目为8.9次，男子跳跃远度项目为8.78次，女子跳跃高度项目为8.43次，男子跳跃高度项目最少，为8.32次。运动员年度平均参赛次数可总结为：女子短投项目>女子长投项目>女子跳跃远度项目>男子跳跃远度项目>女子跳跃高度项目>男子跳跃高度项目。但各个项目总体年度参赛次数差别不显著。

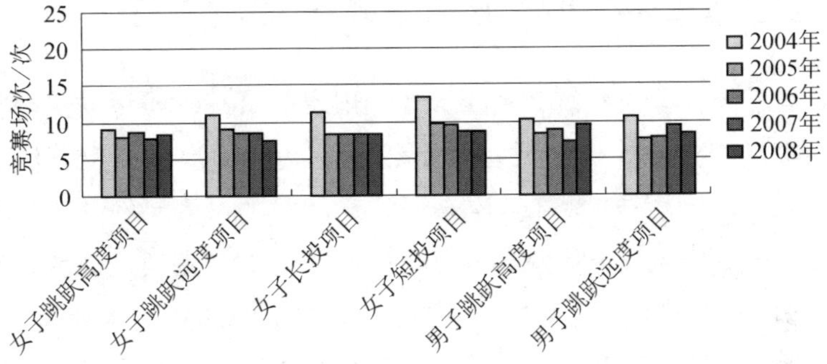

图2-1　田赛高水平运动员年度参赛次数示意图[①]

从运动员总体年度平均参赛次数来看，投掷项目的平均参赛次数高于跳跃项目，并且这几个项目的参赛次数与奥运会的成绩具有一致性。短投项目3人参赛，3人通过及格赛，2人进入前八名，名次成功率66.6%；长投项目5人参赛3人进入决赛，3人进入前八名，名次成功率为60%。女子跳跃远度项目1人参赛并进入决赛，及格赛成功率100%，没有进入前八名，但在2007年世界锦标赛上获得名次；男子跳跃远度项目5人参赛，1人通过及格赛，及格赛成功率为20%；女子跳跃高度项目4人参加比赛，1通过及格赛，及格赛成功率为25%；男子跳跃高度项目2人参加比赛，及格赛全部被淘汰。目前我国参赛次数较多的项目是成绩比较稳定的投掷项目，我国投掷项目高水平运动员整体实力水平较高且发展稳定，跳跃项目虽然达到了一定的高度，但是稳定性不足，

① 有需要本书高清彩色大图的，可以联系作者索取。

运动员经常受伤病的困扰，不能系统地训练和比赛。例如，从 2008 年北京奥运会参赛运动员来看，男子跳远运动员周灿和男子跳高运动员黄海强就受到伤病影响，没有比赛成绩，而在正常的情况下，他们年度参赛也在 9～10 次。对投掷项目来说，许多运动员虽然也受到伤病影响，但是大部分还是能够系统地参加比赛。与跳跃运动员相比，投掷运动员的训练安排更为合理，而如何解决跳跃运动员系统训练与比赛的问题还需要进一步研究。

总体来看，中国田赛项目高水平运动员的年度平均参赛次数趋于稳定。女子跳跃高度项目运动员总体年度参赛次数呈现大小交替变动的状态，女子跳跃远度项目运动员年度参赛次数呈递减的趋势，女子投掷项目运动员参赛次数相对比较稳定，男子跳跃高度和远度项目的参赛次数呈波动性变化。

二、田赛项目高水平运动员年度参赛次数个体特征

从年度个体参赛次数统计情况来看，田赛项目高水平运动员根据训练安排的不同阶段和实际比赛需要，每个年度参赛的场次安排也有所不同（图 2-2、图 2-3）。从具体的参赛场次来看，运动员的参赛频率并不均衡，年度参赛次数呈动态变化，个体差异性很大。由于参加北京奥运会的运动员是根据他们 2007～2008 年的比赛成绩确定的，并且 2008 年奥运会在中国举行，各省区市都比较重视，这些运动员稳定发挥都有可能进入前八名，因此教练员和运动员都全力以赴进行备战，这个时期的竞赛安排也反映了他们训练的思路。

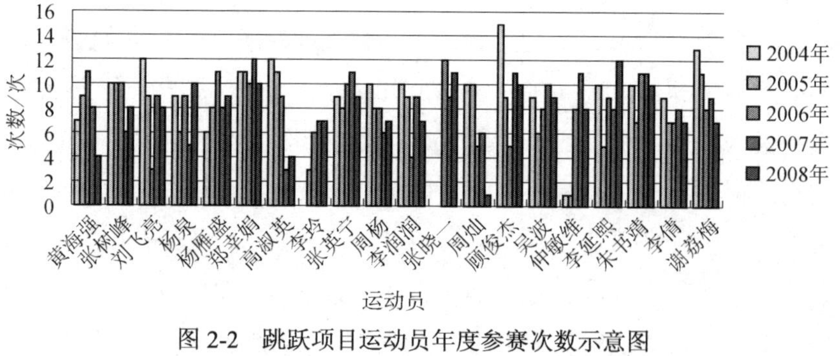

图 2-2　跳跃项目运动员年度参赛次数示意图

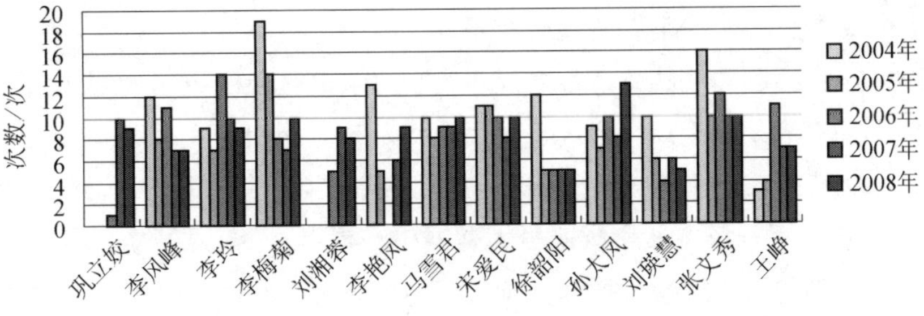

图 2-3　投掷项目运动员年度参赛次数示意图

(一) 跳跃项目高水平运动员年度参赛次数个体特征

运动员的参赛次数一方面受训练规律的影响,另一方面受参赛目的的影响。在备战奥运会的过程中，国家集训队运动员的训练都是围绕争夺北京奥运会参赛资格进行的。根据运动员的参赛资格情况，可将跳跃项目运动员分为 2007 年达标运动员、2008 年达标运动员和预备参赛运动员。

2007 年达标运动员的特点:张英宁在上海第一场室内比赛就获得了 A 标成绩，为了进一步提高竞技能力水平，教练员安排了周密的训练计划，在抓体能的同时，做了“以赛带练”的训练安排。刘飞亮则在 2006 年系统训练的基础上，经过多半个赛季的努力，在全国大学生运动会上获得了 A 标成绩。郑幸娟是年轻队员，她在 2006 年处于技术巩固时期，经过系统的冬训，她在全国室内田径锦标赛北京站上获得了 B 标成绩，为了进一步提高国际比赛的经验，她又参加了国际大奖赛和几乎所有的国内比赛。李润润 2006 年进行了起跳腿技术的改进训练，2007 年经过多场比赛进一步巩固了技术，在赛季最后获得了 A 标成绩。周灿经过 2006 年康复训练，在伤病得到康复的情况下，在苏州全国田径大奖赛上获得了 A 标成绩。顾俊杰在 2006 年经过康复训练，2007 年经过 6 次比赛后在苏州全国田径大奖赛上获得了 A 标成绩，随后又参加了全国田径锦标赛、世界田径锦标赛和一些其他国际比赛。仲敏维是一名年轻队员，在 2007 年邹振先三级跳远挑战赛上获得了 A 标成绩，同时连续参加了全国田径锦标赛、世界田径锦标赛等。谢荔梅在 2007 年重点进行了体能训练，专项技能以“以赛带练”的方式进行，在室外第一场比赛就获得了 A 标成绩。由于有了较好的体能储备，谢荔梅专项成绩不断突破，成为 2007 年参赛场次较多的运动员，并取得了很好的成绩，但连续大强度的比赛带来的体能上的不平衡导致了系列损伤和过度疲劳。以上运动员 2007 年获得达标成绩后，2008 年参赛次数减少，总体年度参赛场次呈现“小—大—小”的变化特征。

2008年达标运动员的特点：李延熙为了北京奥运会在2007年进行了系统的体能训练，比赛场次减少，2008年最后一场苏州全国田径大奖赛中获得了A标成绩。李玲在2006年的比赛中发现了技术问题，2007年对握竿技术进行改进，也在2008年最后一场苏州全国田径大奖赛中获得了A标成绩。周杨是一名年轻队员，2007年重点改进摆体技术，延长了冬训时间，直接参加2008年的最后一场室内比赛并获得了A标成绩，随后又有控制地参加了其他比赛，相对来说参加比赛的场次较少，避免了比赛过多导致的过度疲劳。李延熙、周杨年度参赛次数呈现出“大—小—大”的变化特征。

预备参赛运动员的特点：张树峰2007年经过康复训练，2008年几乎参加了所有的达标比赛，都没能获得A标成绩。杨泉和张晓一2007年获得了B标成绩，都有实力冲击A标成绩，但2008年经过努力没有获得A标成绩，年度参赛次数三人都呈现出“大—小—大”的特点。吴波、杨雁盛、朱书靖都已经获得了B标成绩，与奥运会A标成绩很接近，但2007年为获得A标成绩使体能消耗很大，2008年奥运会前比赛成绩不理想。朱书靖和吴波年度参赛次数呈现出“小—大—小”的特点。

总体来看，跳跃项目高水平运动员的年度参赛次数呈现出大小交替的特点。跳跃项目中有绝对实力达到奥运会A标的运动员很少，他们的竞技能力最高水平接近或达到A标，但比赛成绩不稳定，因此需要经过系统训练，在不断提高竞技能力的基础上继续提升对训练规律的把握。

（二）投掷项目高水平运动员年度参赛次数个体特征

投掷项目中除了链球运动员王峥2008年达标外，其他运动员都在2007年获得了北京奥运会达标成绩。投掷项目是中国田径优势项目，运动员不仅会为达奥运会的参赛标准费力，也在争夺奥运会报名资格上相互竞争。徐韶阳和李风峰由于伤病的原因，训练以恢复和改进技术为主，通过考量自身竞技能力来选择比赛，参赛次数相对较少，年度比赛次数呈减少与持平趋势。刘湘蓉的实力与其他3名成绩在19米以上而且在世界田径锦标赛上表现良好的运动员有一定差距，她力求在“好运北京”选拔赛中获得报名机会，训练以系统提高自身的竞技能力为主，参赛次数呈“小—大—小”特点。巩立姣是年轻队员，2007年首次参加世界大赛就获得了世界田径锦标赛第七名，有很大的发展潜力，为了进一步提高与改进技术，提升竞技能力与水平，她的训练安排得较为系统、全面，放弃了冬训室内所有比赛，年度比赛次数减少。铁饼项目中马雪君与孙太凤竞争最激烈，两人通过多场比赛来争夺奥运报名资格，但是过多的比赛使训练节奏被打破，2008 年出现了过度疲劳，导致竞技水平低于 2007 年，整体年度参赛次数呈现“大—小—大”的特点，这也是一种比赛被迫增多的情况。

李梅菊和宋爱民都是老运动员，经过 2007 年的调整，训练的内容与负荷有了改变，两人有计划地参加比赛，比赛次数增多，年度参赛次数呈现“大—小—大”的特点。女子链球项目运动员较早地获得了参赛资格，她们的训练都是以提高能力为主的系统训练，王峥和张文秀 2007 年和 2008 年年度参赛次数处于稳定持平的状态，较 2006 年减少，而刘瑛慧由于伤病原因，年度参赛次数有所减少，总体呈现出“小—大—小”的特点。李艳凤也是一名老运动员，受严重伤病的影响，2006 年的康复训练导致一整年没有参加比赛，2007 年开始适应性训练并参加比赛，获取比赛积分，2008 年有计划地参加了关键比赛，表现出了较强的竞技能力，取得了参赛资格，年度参赛次数呈现上升趋势。

总体来看，中国田赛项目高水平运动员参赛次数一方面受自身竞技能力及训练阶段特点的制约，另一方面受运动员个人重大比赛目标的制约。高水平跳跃项目运动员年度参赛次数总体呈现出大小交替的变化，高水平投掷项目运动员年度参赛次数总体呈“小—大—小”的变化特征，而以提高竞技能力为训练目标的运动员在重大比赛年中年度比赛次数有减少的趋势。

第二节　田赛项目高水平运动员年度参赛时间特征

田麦久研究指出，“运动员参赛次数的增加，反映出现代运动训练和竞赛强度的提高”[①]，也就是说参赛次数主要反映出训练和比赛强度的特点，但是不能准确反映出运动员和教练员对训练、比赛安排的具体指导思想，要想寻找其中的规律，还要分析每名运动员年度参赛的时间变化特点、参赛的间隔与时间区域分布特点，这也有助于把握运动训练的本质。

① 田麦久. 运动训练学[M]. 北京：人民体育出版社，2000：47.

一、田赛项目高水平运动员年度参赛整体时间特征

从田赛项目高水平运动员人均月参赛次数的总体变化情况（图 2-4、图 2-5）来看，投掷与跳跃项目运动员参赛时间安排存在不同，因此有必要对田赛项目运动员的年度参赛整体时间特征进行研究。

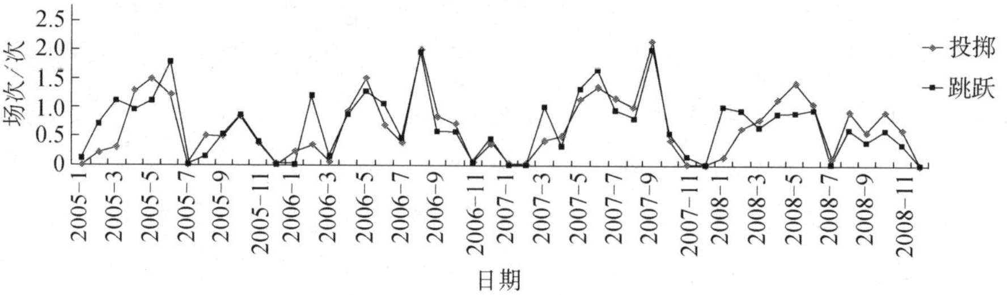

图 2-4　田赛项目高水平运动员 2005～2008 年人均月参赛次数示意图

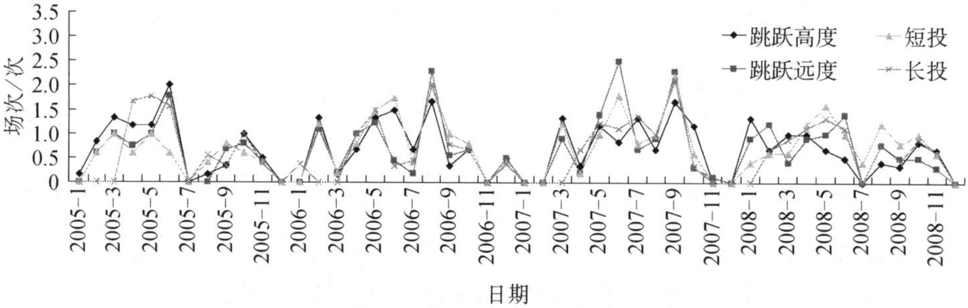

图 2-5　田赛项目高水平运动员 2005～2008 年人均月参赛次数示意图

（一）投掷项目高水平运动员年度参赛整体时间特征

从投掷项目高水平运动员人均月参赛次数情况来看，短投项目在变化趋势上与长投不同，二者之间的差异主要是比赛安排的不同。由于长投是室外项目，室内比赛一般不设置长投项目，如果没有特殊比赛安排，每年的 1～3 月室内赛阶段则没有长投比赛安排，而短投项目是室内项目，因此，研究投掷项目运动员的比赛时间特征要考虑长投与短投项目之间的差异。

1. 长投项目高水平运动员年度参赛整体时间特征

从运动员人均月参赛次数来看长投项目的比赛特点。由于 2005 年运动员都准备全运会，各方面训练比较系统，训练周期接近 5 个月，5 月进入比赛阶段，6 月比赛次数达到第 1 个高峰，7 月运动员的参赛次数都为 1 次，这一阶段

成为第1个竞赛高峰期；8～10月是第2个比赛高峰期；9月比赛减少，运动员全力为10月的全运会备战，10月达到第3个竞赛高峰期，随后运动员便进入调整休息阶段。2005年长投项目具有3个参赛高峰期。2006年长投项目2月出现第1个比赛高峰期，5月出现第2个比赛高峰期，8月出现了第3个比赛高峰期。2007年5～7月呈现出第1个比赛高峰期，9月出现第2个比赛高峰期。2008年长投项目4月开始比赛，5～6月出现第一个高峰期，8～10月出现第2个参赛高峰阶段，2008年长投项目运动员比赛次数具有“双高峰”特点。

由于2005年的全运会与2008年的奥运会，这两个年度成为重要比赛年，参赛最多次数出现在第一高峰期；2006年和2007年参赛最多次数出现在第二高峰期。2005年全运会后，大部分运动员于2006年进入调整阶段，2006年下半年进入主要比赛期；2007年是2008年奥运会备战与练兵的准备年，全年比赛均衡分布。2008年长投项目运动员参赛次数有减少的趋势，这是因为在奥运会比赛前运动员要安排1～2个月的系统训练，而且这个阶段没有比赛安排。

2. 短投项目高水平运动员年度参赛整体时间特征

从短投项目人均月参赛次数来看，2005年3月是第1个比赛高峰期，5月为第2个比赛高峰期，10月为第3个比赛高峰期。2006年2月出现第1个比赛高峰期，5、6月出现第2个比赛高峰期，8月全国锦标赛时出现第3个比赛高峰期，由于亚运会的举办，12月又出现了第4个比赛小高峰期。2007年3、6、9月各出现一次比赛高峰期。2008年2月、6月和8月出现了3个比赛高峰期。总体来看，大部分年度呈现3个比赛高峰期，2006年由于亚运会、全国田径锦标赛和世界青年田径锦标赛都在下半年，因此出现了4个比赛高峰期，最多比赛次数出现在8月，而其他的几年都出现在5、6月，因为这个阶段室外比赛开始，大奖赛比较多，温度比较适宜，对训练、比赛比较有利，也是提高积分的阶段，大部分运动员都能够参加。在每年的重要目标赛事阶段，运动员的比赛次数有减少的特点，因为运动员通常会为重大比赛系统安排训练，这个阶段比赛相对减少，但运动员也会保持一定的参赛次数。

（二）跳跃项目高水平运动员年度参赛整体时间特征

跳跃项目包括高度项目与远度项目，这两类项目运动员的技术表现存在差异，这与训练比赛安排有一定关系。从比赛的变化趋势来看，跳跃高度项目和远度项目的运动员在参赛次数上的差异也影响了各自的成绩，尤其是重大比赛中的成绩。因此，对跳跃项目运动员参赛时间特征的研究也要分别进行，这样对不同项群项目的研究才能更有针对性。

1. 跳跃高度项目高水平运动员年度参赛整体时间特征

从参赛次数来看，跳跃高度项目 2005 年 3、6、10 月出现 3 个参赛高峰期，7 月为调整阶段。通过系统训练，运动员为 10 月的全运会做好了准备。2006 年 2、5、8 月是 3 个比赛高峰期，由于亚运会在 12 月，所以出现了第 4 个小高峰期。2007 年 2 月出现了第 1 个室内比赛高峰期，5～7 月是第 2 个比赛高峰阶段，9 月出现了第 3 个比赛高峰期，11 月结束全年比赛。2008 年室内比赛较早，1 月就出现了第 1 个比赛高峰期，3、4 月出现第 2 个参赛高峰阶段。撑竿跳高运动员李玲也在 2008 年 3 月室内比赛中达到北京奥运会 A 标要求，为 2008 年 5 月的“好运北京”选拔赛做好了竞技能力的准备。2008 年 9 月出现了第 3 个参赛高峰期。跳跃高度项目通常每年具有 3 个参赛高峰期。

2. 跳跃远度项目高水平运动员年度参赛整体时间特征

从跳跃远度项目高水平运动员人均月参赛次数来看，2005 年 3 月出现第 1 个比赛高峰期，4 月比赛稍有减少，5 月开始增加，6 月达到年度最大参赛次数的第 2 个高峰期，7、8 月运动员进入调整系统训练阶段，9 月开始参加比赛，在 10 月全运会达到第 3 个比赛高峰期，整个年度参赛次数表现出 3 个高峰期。2006 年 2 月出现第 1 个参赛高峰期，3 月没有比赛，4、5 月呈现出第 2 个参赛高峰期，经过 6、7 月的少量比赛，8 月出现了第 3 个高峰期，由于 12 月有亚运会，出现了第 4 个参赛高峰期。2007 年 3 月出现第 1 个参赛高峰期，7 月出现了第 2 个高峰期，第 3 个参赛高峰期则在 9 月出现。2008 年 2 月进入室内比赛期，3 月出现第 1 个参赛高峰期，6 月出现比赛的第 2 个高峰期，第 3 个参赛高峰期在 8 月出现，而这个月正是奥运会比赛期。整体来看，跳跃远度项目运动员年度人均月参赛次数也呈现 3 个高峰期。另外，与跳跃高度项目不同的是，跳跃远度项目的年度重要比赛都出现在参赛高峰期内，最高参赛次数大部分是第 2 个参赛高峰期。

（三）田赛项目高水平运动员总体参赛时间特征

从不同田赛项目高水平运动员年度参赛变化看，运动员重大比赛年比赛前具有明显的“参赛高峰”特征，80%的运动员参赛高峰期出现在比赛前 2～3 个月，赛前 1 个月无赛事安排，如 2005 年全运会、2006 年亚运会、2008 年奥运会前。运动员为了参加重大比赛，通常会安排 2 个训练大周期准备比赛。第 1 个训练周期的前阶段使各项身体素质全面发展，采取“赛练结合”的训练方式，根据竞技能力发展的需要参加比赛，最后阶段通过集中参加比赛将素质能力集中转化为专项能力，提高运动员整体竞技能力。之后经过 1～2 周调整进入第 2 个训练周期，也就是赛前训练期，赛前训练期的运动员主要在保持其他能力的基础上，进一步提高专项力量和专项速度，系统提高比赛技术能力，使专项速度和专项力量达到最高水平，以在重大比赛周保持最高的专项能力。例如，北京奥运会前，大部分运动员训练安排是参加完 5 月底的“好运北京”选拔赛，即奥运会选拔赛结束后的第 1 个训练周期，经过 1～2 周进入奥运会赛前训练阶段，这个阶段运动员会按时段完成不同的训练任务，参赛次数减少，所以重大比赛年具有典型的参赛高峰特征。

在非“高峰”月，运动员基本上每个月会根据竞技能力训练需要选择性地参加比赛，以检验不同阶段训练任务的完成情况，参赛任务具有训练针对性，时间安排基本上与“练三周调一周”“练两周调一周”的小周期、短节奏训练安排密切相关。因此，运动员在重大比赛阶段会围绕比赛安排训练，其他时间则围绕训练安排比赛，整个训练过程是将“比赛中心”和“训练中心”的训练任务综合的过程，“训练中心”的比赛任务具有差异性和针对性。

从田赛项目高水平运动员的总体参赛特征来看，长投项目运动员年度参赛次数多具有 2 个高峰期，短投项目和跳跃项目有 3 个参赛高峰期，全年都参加比赛已经成为当前田赛项目运动员的参赛特点。重要比赛对参赛安排有影响，重要比赛阶段比赛次数少，而远离重大比赛的时间则比赛次数增多。

二、田赛项目高水平运动员年度参赛个体时间特征

对田赛项目高水平运动员的总体分析可能会掩盖运动员独特的训练、比赛特点，因此，为了更为准确地揭示运动员的参赛特点与本质，针对运动员的个体研究也很必要。

（一）跳跃项目高水平运动员年度参赛个体时间特征

1. 跳跃高度项目高水平运动员年度参赛个体时间特征

跳跃高度项目运动员大部分一年只有 1 个参赛高峰阶段，但是各个项目会根据不同的训练目的安排运动员参赛，这也使得各运动员参赛的时间特征出现差异（图 2-6）。

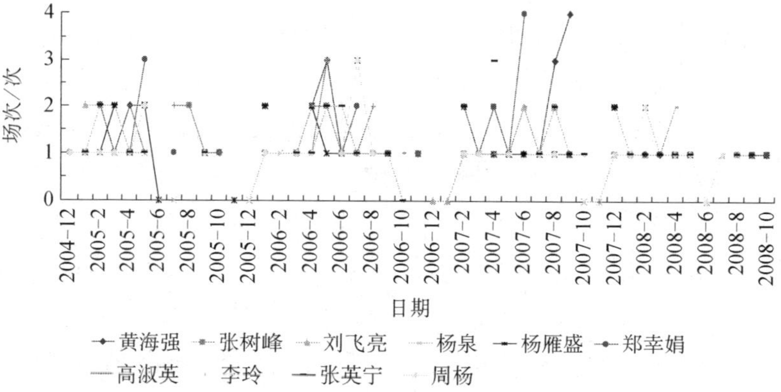

图 2-6 跳跃高度项目高水平运动员个体月参赛次数示意图

从男子撑竿跳高运动员来看，杨雁盛在 2005～2007 年每年出现了 1 个比赛高峰阶段，而在 2008 年出现了 2 个比赛高峰阶段。2005 年因全运会年度比赛次数较少，间隔时间长，4～6 月连续参加了 5 场比赛；2006 年 6、7 月集中参加了 6 场比赛，为 8 月参加世界青年田径锦标赛调整竞技状态；2007 年为了提高竞技能力，进入系统训练年，比赛安排比较均匀，6～10 月共参加 6 场比赛，并创造了 5.6 米的个人最好成绩；2008 年 2、3 月连续参加了 6 场比赛，主要是为了达到奥运会 A 标报名资格，10、11 月各参加了 1 场比赛，表现出“双高峰”的参赛特点。刘飞亮 2005～2008 年每年都在室内比赛阶段集中参加两三场比赛。这两名撑竿跳高运动员每年有 1 个比赛高峰，其他时间都是以 1～2 月间隔参赛。

女子撑竿跳高运动员周杨 2005、2006 年以 1 个月为参赛间隔周期，2007 年采用 2 个月的参赛间隔周期，2008 年比赛高峰期相对比较灵活，这与她的训练安排有关系。周杨在 2006～2007 年对摆体技术进行了改进，打破了原来技术的动力定型，建立了新的技术动力定型，因此比赛次数减少。

2. 跳跃远度项目高水平运动员年度参赛个体时间特征

跳跃远度项目高水平运动员主要采用全年都参加比赛的形式，具有“单高峰”和“双高峰”的参赛特征（图 2-7）。

从男子三级跳远运动员来看，李延熙在 2007 年冬训阶段加强了全面身体素质的训练，为了将良好的素质及时转化为专项能力，通过“以赛带练”提高转化效果，5、6 月集中参加了 6 场比赛，出现 1 个比赛高峰期。2008 年面临奥运会达标问题，2 月集中参加了 3 场比赛；经过 1 个多月的系统训练，在 5、6 月

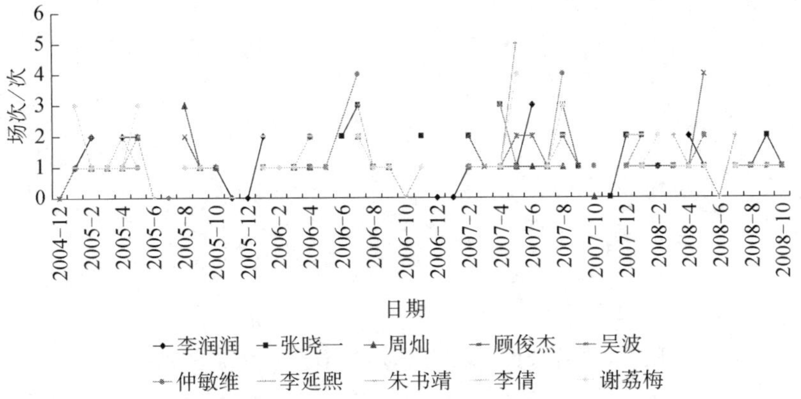

图 2-7　跳跃远度项目高水平运动员个体月参赛次数示意图

进入第 2 个比赛高峰阶段，经过 4 场比赛，获得了 A 标成绩，完成了达标任务，进入奥运会准备期，这一年有 2 个参赛高峰。

顾俊杰 2008 年 6 月连续参加 4 站亚洲大奖赛，表现出“单高峰”的特点，其他年度采用全年都安排比赛的形式。谢荔梅在 2005、2007 年具有参赛“双高峰”的特点，她 2006 年的参赛高峰为 6 月大奖赛、锦标赛阶段，2007 的参赛高峰出现在 6 月亚洲大奖赛期间。

跳跃远度项目高水平运动员主要采用全年参赛的形式，比赛次数主要有“单高峰”和“双高峰”两种类型，参赛高峰通常在室内比赛阶段。

（二）投掷项目高水平运动员年度参赛个体时间特征

1. 短投项目高水平运动员年度参赛个体时间特征

从铅球运动员个人比赛安排来看（图 2-8），女子铅球运动员李梅菊 2006、2007 年具有“双高峰”，2005、2008 年具有 3 个高峰；李玲 2006、2007 年具有 3 个高峰，2008 年约 1 个月参加一次比赛，年度比赛次数较为稳定，与“练三周调一周”或“练两周调一周”的小周期、短节奏的训练安排相一致，这种安排负荷强度大，容易导致神经疲劳，应该注意对训练强度和节奏的控制。

2. 长投项目高水平运动员年度参赛个体时间特征

从女子铁饼运动员参赛安排来看（图 2-9），宋爱民在 2005、2008 年表现为“双高峰”，2006、2007 年表现为“单高峰”。由于我国铁饼项目实力较强，几位运动员都能够达标，主要竞争在于奥运会参赛报名资格，而 2008 年运动员的成绩表现具有决定性作用，故 2006、2007 年运动员主要进行调整恢复，改进训练手段，提高综合竞技能力水平，系统训练的时间较长。

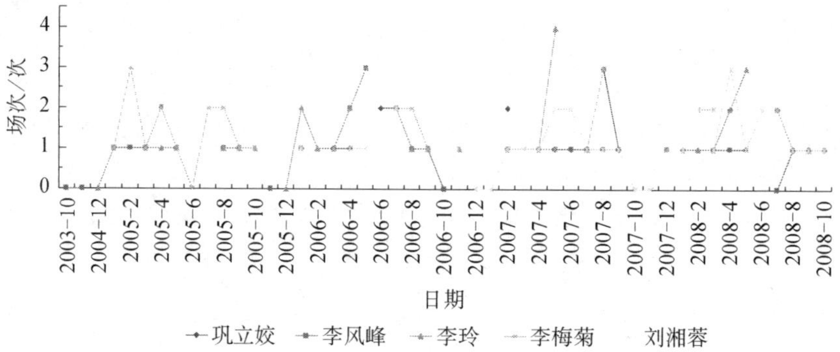

图 2-8 短投项目高水平运动员个体月参赛次数示意图

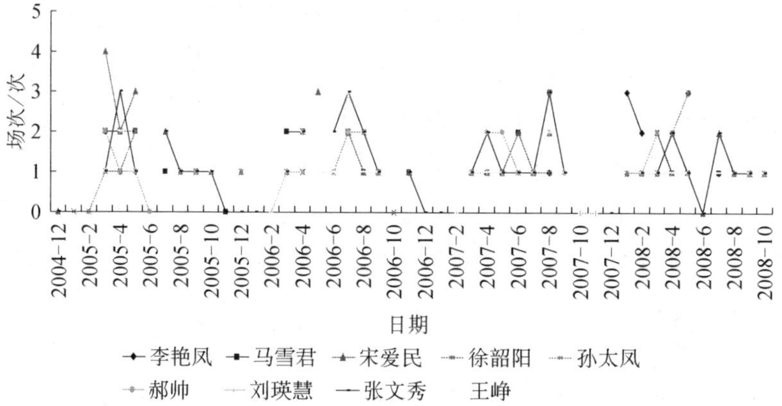

图 2-9 长投项目高水平运动员个体月参赛次数示意图

投掷项目高水平运动员年度参赛次数具有 1～3 个参赛高峰期，每个年度都有不同的安排，相对比较灵活。重大比赛年年度训练安排中，年度参赛高峰特征明显，这是因为重大比赛前运动员通常安排 9～12 周的赛前系统训练。由此可见，为了在年度重要赛事中有最佳表现，围绕重要赛事来安排训练和比赛是中国田赛项目高水平运动员的共同特点。

第三节 田赛项目高水平运动员比赛成绩波动特点

运动成绩包括比赛名次和竞技水平两个方面。竞技水平是运动员所具备的竞技能力在比赛中的表现，田赛项目是可测量的项目，可以通过跳的高度、远度或投的远度来评价竞技水平的高低，具体表现为比赛成绩。比赛成绩也会综合反映训练强度的大小，因此可以用比赛成绩来分析高水平运动员年度竞技能力的变化特点与规律。

一、田赛项目高水平运动员多年成绩波动特征

比赛成绩是运动员竞技能力水平的最直接表现形式，也是判断运动员竞技能力水平高低的主要依据。从年度成绩来看，反映运动员竞技能力的主要指标为最好成绩，最好成绩是竞技能力实力水平和发挥水平的综合表现形式。竞技实力和竞技能力的稳定性可以通过年度参赛平均成绩来反映，平均成绩与最高成绩越接近，平均成绩百分比就越高，竞技能力稳定性就越高。运动训练过程是以提高运动员竞技实力为训练目标的，因此，要将实力提高作为训练科学性的标准。根据平均成绩、最高成绩和平均成绩百分比变化关系确定成绩的四种类型，分别为稳定增长型、快速增长型、保持型和下降调整型。稳定增长型表现为平均成绩提高、最好成绩提高或保持、平均成绩百分比提高，或平均成绩保持、最好成绩提高、平均成绩百分比略下降；快速增长型表现为平均成绩稳定或提高、最好成绩提高、平均成绩百分比提高或下降；保持型表现为平均成绩稳定、最好成绩保持或下降、平均成绩百分比提高或保持稳定；下降调整型表现为平均成绩下降、最好成绩下降或保持、平均成绩百分比下降或提高。只要具备了某一型的大部分特征，就可以归入该型。

（一）跳跃项目高水平运动员多年成绩波动特点

从中国跳跃项目高水平运动员年度最好成绩的变化情况来看（图 2-10、图 2-11），2004～2008 年个人年度最好成绩有提高的趋势。根据中国跳跃项目实际情况，只有达到奥运会 A 标的运动员才有机会参加奥运会，而 A 标基本上超过了大部分运动员 2007 年以前的个人最好成绩。

从个人最好成绩来看，2006 年有 4 名运动员、2007 年有 10 名运动员、2008 年有 4 名运动员出现了个人最好成绩，由此，可以看出中国大部分运动员处于竞技能力提高阶段。

从参加奥运会跳跃项目的运动员的年度平均成绩的变化情况来看（图 2-10～图 2-15），女子三级跳远运动员谢荔梅 2005～2007 年连续 3 年都提高了个人最好成绩和年度平均比赛成绩，但平均成绩百分比持续下降，具有明显的快速增长型的特征，而在 2008 年平均成绩下降、最好成绩下降，但平均成绩百分比提

高，具有下降调整型的特征，总体表现出“快速增长型—下降调整型”的特征。

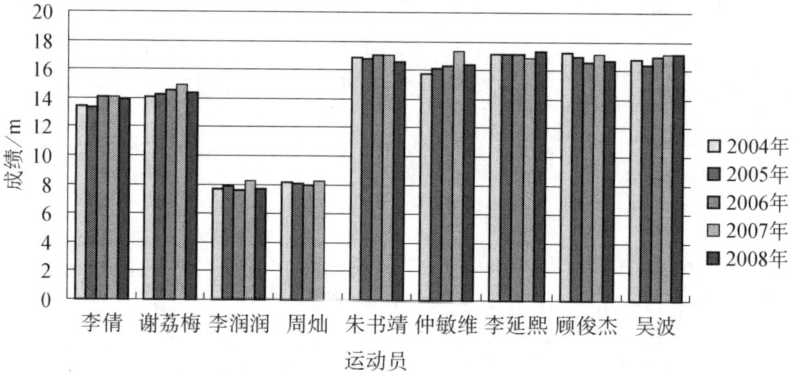

图 2-10 跳跃远度项目运动员年度最好成绩变化示意图

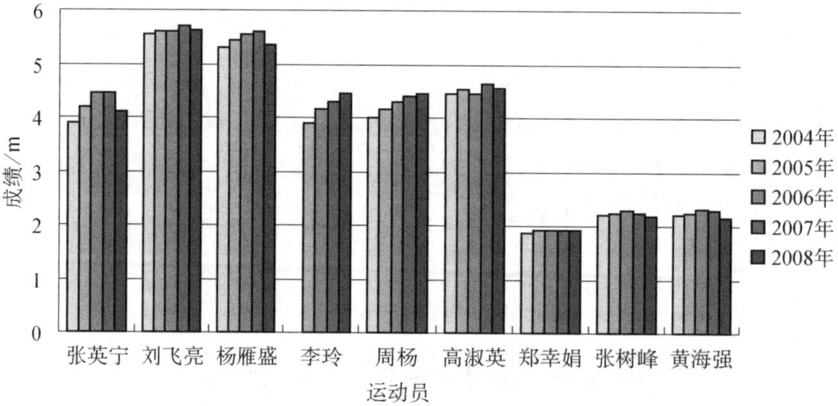

图 2-11 跳跃高度项目运动员年度最好成绩变化示意图

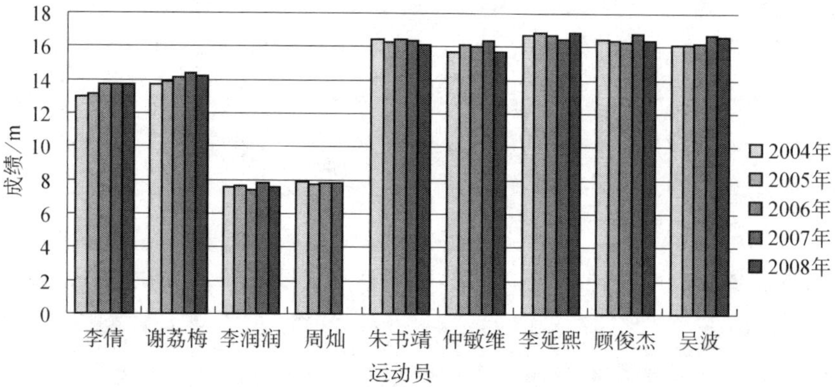

图 2-12 跳跃远度项目运动员年度平均成绩变化示意图

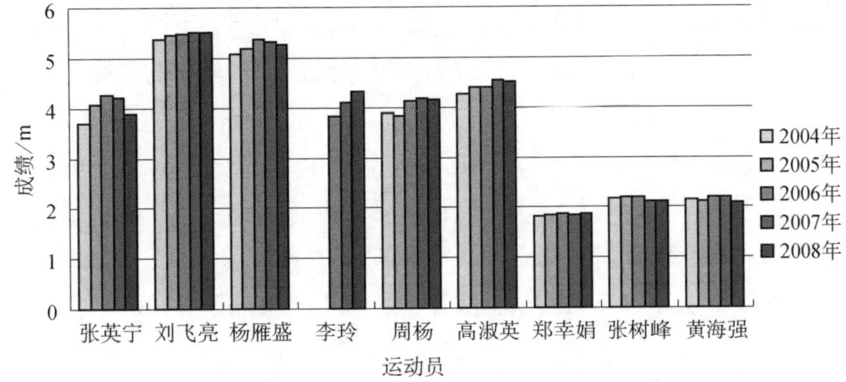

图 2-13 跳跃高度项目运动员年度平均成绩变化示意图

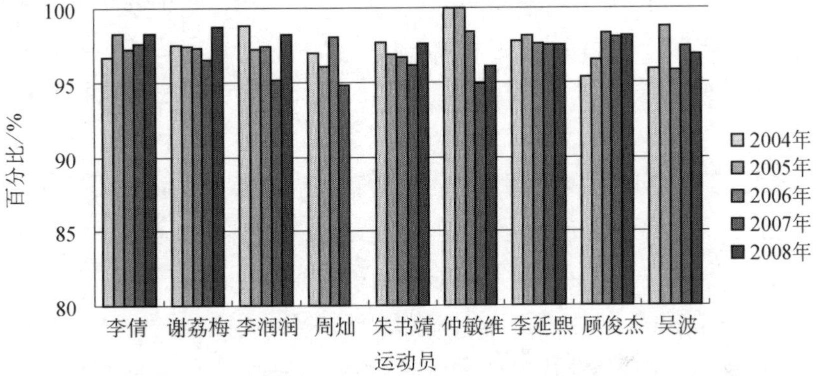

图 2-14 跳跃远度项目运动员年度平均成绩百分比变化示意图

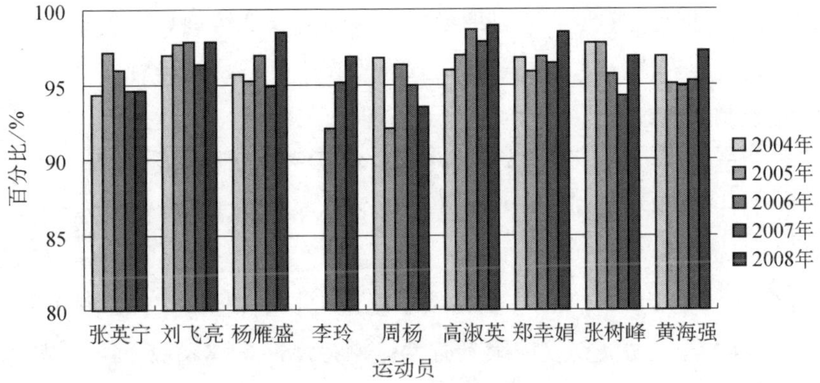

图 2-15 跳跃高度项目运动员年度平均成绩百分比变化示意图

男子三级跳远运动员李延熙 2005、2006 年表现出稳定增长型的成绩特征，年度平均成绩提高、最好成绩保持和平均成绩百分比提高；2007 年年度平均成绩和最好成绩略下降，平均成绩百分比持平，具有下降调整型特征；2008 年年度平均成绩和最好成绩都得到提高，平均成绩百分比略有下降，具有快速增长型特征，表现出“稳定增长型—下降调整型—快速增长型”的特征。

撑竿跳高运动员高淑英在 2005～2007 年连续提高了年度平均比赛成绩，2005 年表现出快速增长型特征，2006、2007 年具有稳定增长型的特征，而 2008 年表现为下降调整型，年度平均成绩、最高成绩都出现了下降，但平均成绩百分比提高，表现出“快速增长型—稳定增长型—下降调整型”的特征。

由此可以看出，这几名运动员大体都表现出“快速增长型—下降调整型”的特征。

周杨 2007、2008 年个人最好成绩提高、年度平均成绩基本保持、平均成绩百分比下降，具有稳定增长型特征；2006、2007 年连续两年提高个人最好成绩和年度平均成绩，但是平均成绩百分比逐年下降，具有快速增长型特征，成绩表现不稳定，成为影响大赛成绩的主要因素，表现出“快速增长型—稳定增长型”的特征。

总体来看，中国跳跃项目高水平运动员 2005～2008 年都出现了下降调整型的成绩变化，只是出现的年份不同，其中跳远运动员李润润和周灿、三级跳远运动员仲敏维和顾俊杰、撑竿跳高运动员张英宁和杨雁盛的成绩在 2007 年都表现出快速增长型，而在 2008 年表现出下降调整型。只有撑竿跳高运动员李玲连续三年提高个人最好成绩、年度平均比赛成绩和平均成绩百分比，具有明显稳定增长型特征，这是由于她刚开始参加专业训练，并且年龄小，正处于成绩提高最快的阶段。

总之，运动训练实践中需要根据专项成绩进行训练规划，教练员在制定多年训练计划时要考虑运动员的专项训练阶段和个人竞技能力发展特点，以便更为科学地控制训练过程，使运动员不断追求个人的最好成绩。

从运动员年度参赛表现来看，2005 年 16 名系统训练的运动员中，有 12 名具有稳定增长型和快速增长型的特点，有 2 名有下降调整型的特点，有 2 名具有保持型的特点，总体竞技能力有提高的趋势。

2006 年 18 名运动员中，有 5 名属于稳定增长型和快速增长型，1 名属于下降调整型，12 名运动员年度成绩具有保持型特点，总体表现为保持型特征。

2007 年 18 名运动员中有 11 名具有快速增长型年度参赛特征。2008 年中国跳跃项目运动员 60%以上是下降调整型，这种训练安排不利于奥运会取得好成绩，但是有利于提前获得参加奥运会的资格。从训练目标来看，由于中国跳跃项目高水平运动员当时的水平与奥运会报名标准还存在差距，很少有运动员有把握达标，因此，大部分运动员的训练安排都以达到奥运会报名标准为目标。

从北京奥运会跳跃项目参赛运动员 2008 年度参赛特征来看，10 名参赛运动员中有 6 名运动员表现为下降调整型，这些运动员大多由于伤病而进行被动调整，另外还有 2 名快速增长型运动员和 2 名稳定增长型运动员。

多数中国跳跃项目高水平运动员 2005～2008 年参赛成绩表现为“稳定增长型—保持型—快速增长型—下降调整型”，少数运动员表现为“稳定增长型—保持型—下降调整型—快速增长型”。

（二）投掷项目高水平运动员多年成绩波动特点

从中国投掷项目高水平运动员年度最好成绩（图 2-16、图 2-17）来看，中国女子铅球、女子铁饼和女子链球项目中都有多名运动员个人成绩超过奥运会报名标准，具有冲击奖牌的能力，因此，投掷运动员的训练与比赛安排更为系统。

从运动员 2005～2008 年最好成绩来看，铁饼运动员宋爱民 2005 年在亚运会上创造了 65.23m 年度最好成绩，2006 年马雪君在全国田径锦标赛上创造了 65m 年度最好成绩，2007 年孙太凤创造了 64.98m 年度最好成绩，2008 宋爱民创造了 64.31m 年度最好成绩。

从铅球运动员年度最好成绩来看，2008 年李梅菊创造了 19.09 米年度最好成绩，2006 年李风峰创造了 19.13 米年度最好成绩，2007 年李玲创造了 19.38 米年度最好成绩，2008 年巩立姣创造了 19.40 米年度最好成绩。链球运动员张文秀 2005～2007 年连续 3 年提高个人最好成绩，2008 年又保持了最好成绩的稳定性，保证了中国链球的高水平。

2005～2008 年，个别运动员竞技能力有起伏，但是由于每个运动员最高水平出现的时间差异，相互间弥补了不足，从而保证了中国投掷项目最高水平的稳定性，这种运动员最高水平的“异时性”特征不但保证了中国运动员年度整体竞技实力的稳定，而且还可以使个别运动员有充足的调整训练时间，避免因国际比赛任务的压力连续比赛而过度疲劳，这也是中国运动员连续创造国际比赛好成绩的保障。

从女子投掷运动员个人最好成绩来看，2005 年有 2 名、2006 年有 3 名、2007 年有 3 名、2008 年有 3 名运动员出现个人最好成绩，投掷项目高水平运动员主要处于竞技能力保持阶段的人占多数，从她们的实力来看，只要她们发挥出水平就可以取得好成绩。因此，训练安排主要是保持最高竞技能力，提高比赛的稳定性；年轻队员则以提高竞技能力为主。

从参加奥运会比赛的运动员成绩来看（图 2-16～图 2-21），链球运动员张文秀2005～2007年连续3年提高个人最好成绩和年度平均比赛成绩，但平均成绩百分比持续下降，具有明显快速增长型的特征；而2008年平均成绩、最好成绩和平均成绩百分比都下降，具有下降调整型年度特征，表现为"快速增长型—下降调整型"的特征。

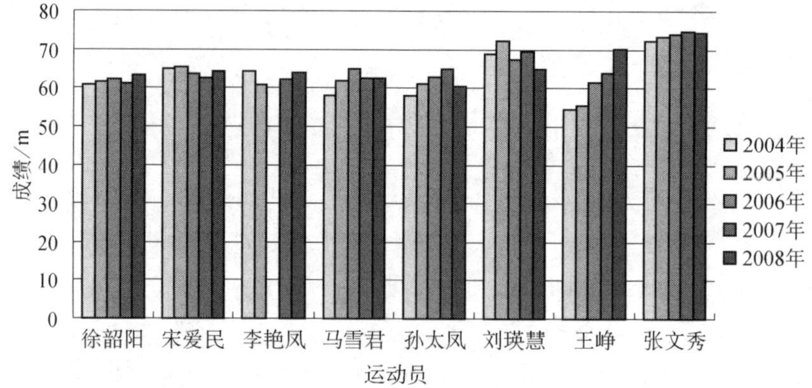

图2-16 长投项目运动员年度最好成绩变化示意图

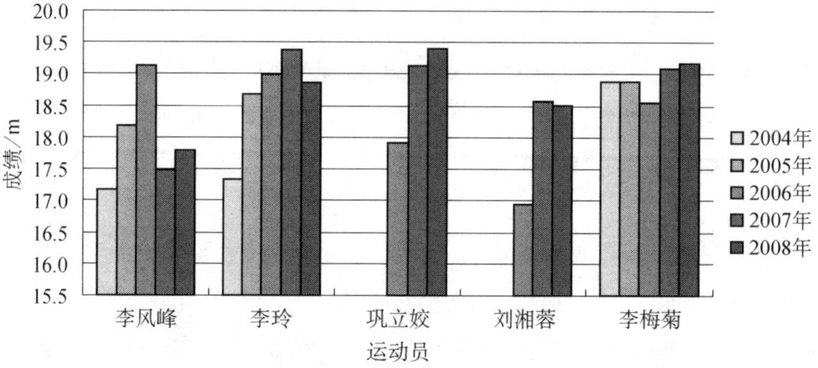

图2-17 短投项目运动员年度最好成绩变化示意图

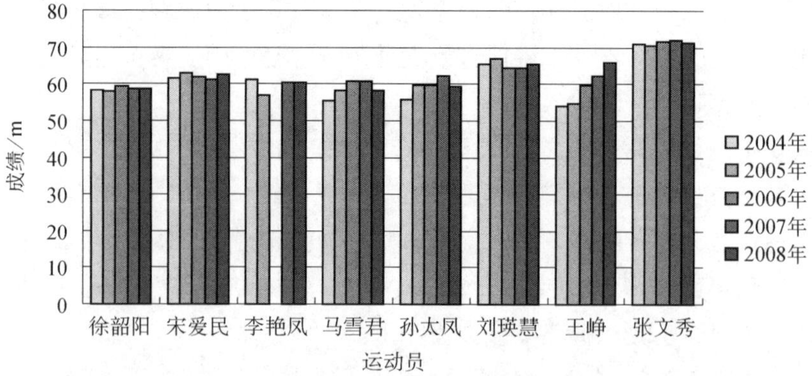

图2-18 长投项目运动员年度平均成绩变化示意图

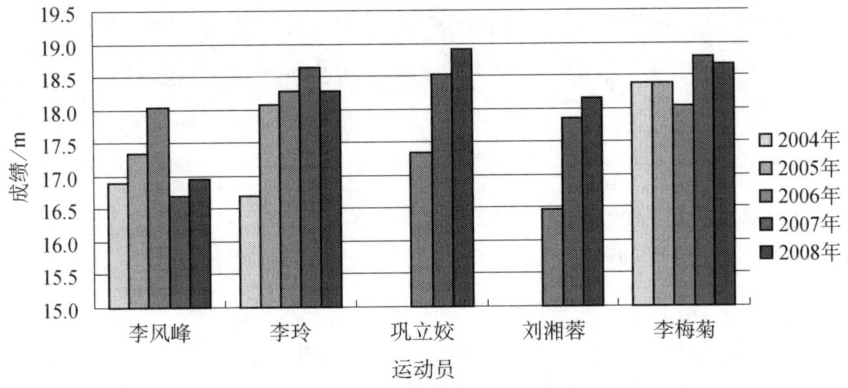

图 2-19　短投项目运动员年度平均成绩变化示意图

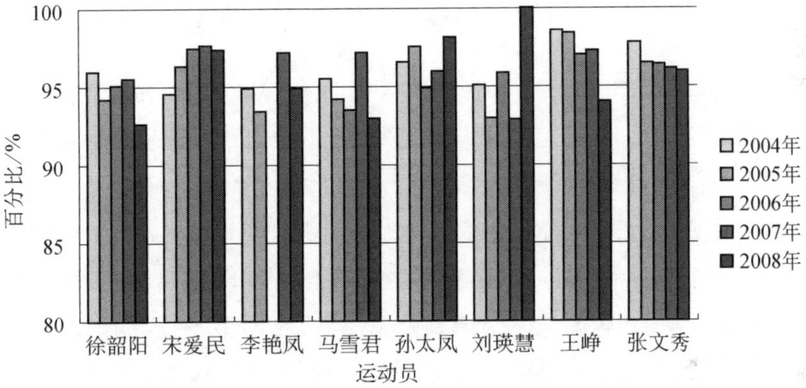

图 2-20　长投项目运动员年度平均成绩百分比变化示意图

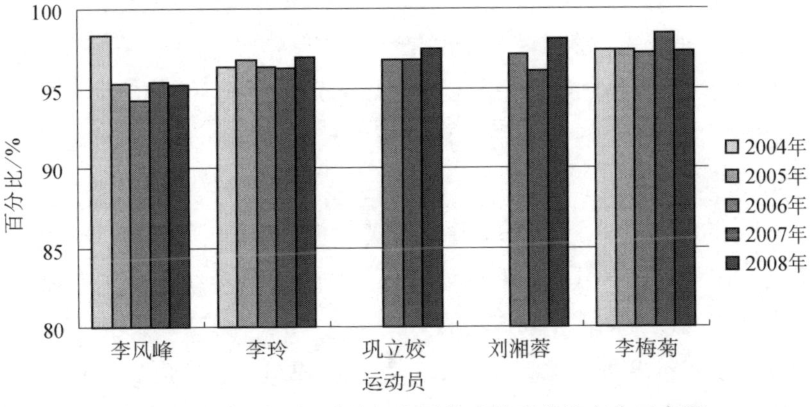

图 2-21　短投项目运动员年度平均成绩百分比变化示意图

铁饼运动员宋爱民 2005 年个人最好成绩和年度平均比赛成绩比 2004 年大幅度提高，具有明显快速增长型的特征；2006、2007 年年度最好成绩和年度平均比赛成绩下降，但平均成绩百分比持续提高，具有下降调整型的特征；2008年年度最好成绩和年度平均比赛成绩提高，但平均成绩百分比下降，具有典型的快速增长型特征。总体表现出“快速增长型—下降调整型—快速增长型”的特征。

李艳凤在2005年全运会受伤后，2006年进行全面调整恢复，主要以恢复最高竞技能力为主，2007、2008年年度最好成绩提高和年度平均比赛成绩保持稳定，但平均成绩百分比下降，具有典型的快捷增长型特征。总体表现出“下降调整型—快速增长型”的特征。

女子铅球运动员巩立姣是一名刚开始参加专业训练的年轻队员，2006～2008年连续3年提高个人最好成绩和年度平均成绩，平均成绩百分比也同时提高，呈现出典型的稳定增长型特征。总体表现出稳定增长型的特点，这是年轻队员的特征。

李梅菊2005年年度最好成绩、年度平均比赛成绩和平均成绩百分比与2004年持平，具有保持型特征；2006年度最好成绩、年度平均比赛成绩和平均成绩百分比同步下降，具有下降调整型特征；2007年度个人最好成绩、年度平均比赛成绩和平均成绩百分比同步提高，具有典型快速增长型的特征；2008年个人最好成绩提高，年度平均比赛成绩和平均成绩百分比下降，具有下降调整型的年度特征。总体表现出“保持型—下降调整型—快速增长型—下降调整型”的特征。

李玲2005年个人最好成绩、年度平均比赛成绩和平均成绩百分比同时提高，具有典型的稳定增长型特征；2006年个人最好成绩和年度平均成绩同时提高，年度平均成绩百分比下降，具有典型稳定增长型的特征；2007年年度个人最好成绩和年度平均比赛成绩提高，年度平均成绩百分比下降，具有稳定增长型的特征；2008年年度最好成绩和年度平均比赛成绩下降，平均成绩百分比提高，具有典型的下降调整型特征。总体表现出“稳定增长型—下降调整型”年度交替的变化特征。

孙太凤2005～2006年连续2年提高个人最好成绩、年度平均比赛成绩，平均成绩百分比下降，具有典型的快速增长型特征；2007年年度个人最好成绩和年度平均比赛成绩提高，平均成绩百分比提高，具有稳定增长型特征；2008年年度最好成绩和年度平均比赛成绩下降，平均成绩百分比提高，具有典型的下降调整型特征。总体表现出“快速增长型—稳定增长型—下降调整型”的特征，这种类型是年轻队员达到高水平时的典型特征。

马雪君2005～2006年连续2年提高个人最好成绩、年度平均比赛成绩，平均成绩百分比下降，具有典型的快速增长型特征；2007年年度最好成绩下降，年度平均比赛成绩保持，平均成绩百分比提高，具有典型的保持型特征；2008年年度最好成绩保持，年度平均比赛成绩和平均成绩百分比下降，具有下降调整型特征。总体表现出“快速增长型—保持型—下降调整型”年度变化特征。

女子链球运动员王峥2005～2008年连续4年个人最好成绩和年度平均比赛成绩提高，2005、2006、2008年平均成绩百分下降，具有典型的快速增长型特征。2007年平均成绩百分比提高，具有稳定增长型的特征，平均成绩百分比的持续下降说明竞技能力稳定性越来越低，可能会导致比赛中出现成绩不稳定的情况。刘瑛慧、徐韶阳的参赛成绩表现出保持型的特点。

从年度比赛成绩波动特点来看，中国投掷高水平运动员在2006、2007年具有下降调整型的特点，运动员有充分的调整时间进行“补短”训练，消除竞技能力要素的不平衡发展，在竞技能力稳定阶段和保持阶段参加比赛。

中国投掷项目高水平运动员2005～2008年参赛成绩特点表现为“稳定增长型—下降调整型—快速增长型”或“快速增长型—稳定增长型—保持型”，有的高水平运动员表现为“稳定增长型—快速增长型—下降调整型”。大部分投掷运动员在2008年处于增长阶段和保持阶段，少部分运动员处于下降调整阶段。

二、田赛项目高水平运动员年度成绩波动特征

（一）跳跃项目高水平运动员年度运动成绩波动特点

从女子跳跃高度项目高水平运动员比赛成绩变化（图2-22）来看，撑竿跳高运动员高淑英2005、2006年参赛成绩表现为双赛季、双高峰的特点，2007年参赛成绩为单赛季、单高峰的特点，2008年参赛成绩为双赛季单高峰的特点。2005年第1个比赛高峰出现在室外比赛阶段，最好成绩出现在5月上；第2个比赛高峰出现在6、7月全运会准备阶段，最好成绩出现在8月赫尔辛基世界田径锦标赛上；2006年5、6月和8、9月比赛比较集中，最好成绩出现在6月11日国际田径邀请赛和9月世界杯田径赛上；2007年5、6月的室外比赛阶段参赛次数较多，年度最好成绩出现在6月锐步田径大奖赛上；2008年为了备战北京奥运会，5、6月参赛最多，形成第1个比赛次数高峰期，8、9月为第2个比赛次数高峰期，最好成绩出现在8月北京奥运会上，比赛成绩变化呈现为大赛高峰型的特点。

高淑英主要参加每年的室外比赛和下半年秋季的比赛，第一阶段主要是大赛前的准备期，并且能够达到较高的水平；第二个阶段主要是参加国内外大赛，

提高竞技水平。

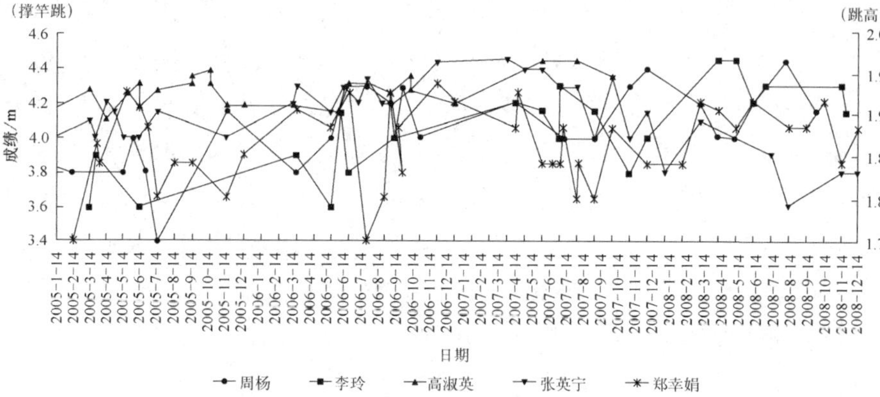

图 2-22　女子跳跃高度项目运动员参赛成绩变化示意图

周杨 2005、2006 年参赛成绩变化呈现为双赛季、双高峰的特点，2007、2008 年表现为双赛季、单高峰的特点。2005 第 1 个成绩高峰出现在 5 月全国田径大奖赛上，第 2 个成绩高峰出现在 10 月全动会上；2006 年第 1 个成绩高峰出现在 7 月的全国青年田径锦标赛上，2006 年第 1 个参赛高峰出现在 5、6 月，第 2 个参赛高峰出现在 8、9 月，最好比赛成绩出现在 8 月的世界青年田径锦标赛上；2007 年第 1 个参赛高峰出现在 2、3 月室内比赛阶段，第 2 个参赛高峰出现在 8、9 月，最好成绩出现在 11 月的第六届城市运动会上；2008 年第 1 个参赛高峰出现在 2、3 月，周杨的成绩比较差，主要为巩固技术，第 2 个参赛高峰出现在 5、6 月，在 6 月苏州全国田径大奖赛上创造了个人最好成绩，并达到了奥运会 A 标报名资格，可以看出周杨的主要参赛阶段有室内阶段、春季比赛阶段和秋季比赛阶段，通常最好成绩出现在 5、6 月或 8、9 月，比赛最高成绩出现在高峰的最后阶段，表现出“滞后性”的特点。

跳高运动员郑幸娟 2005、2007 年具有三赛季、单高峰的比赛成绩特征，2006、2008 年具有三赛季、三高峰的特征。郑幸娟全年参加比赛，通过比赛逐渐提高训练强度，这是因为她的技术训练都是全程助跑，技术训练全年比较系统，主要在强度上进行调节。

从男子撑竿跳高比赛成绩变化（图 2-23）来看，刘飞亮 2005 年具有双赛季、单高峰的特点，2006～2007 年具有单赛季、单高峰的特点，2008 年表现为双赛季、双高峰的特点。2005 年主要参加了 2、3 月的 3 场室内比赛和 6、7 月的大奖赛，并在 6 月普雷方丹田径精英赛上创造了 5.70 米的个人最好成绩；2006 年只参加了室内阶段的 2 场比赛，在 2 月 25 日全国田径锦标赛上创造了室内个人最好成绩；2007 年集中参加了 6～9 月安排的 9 场比赛，并在 7 月 23 日全国大学生运动会上创造了新的全国纪录；2008 年参加了室内 3 场比赛，并打破了室内比赛的全国纪录，第二个成绩高峰出现在奥运会后的全国比赛中，奥运会成绩为 5.55 米。刘飞亮主要有 2 个参赛阶段，室内比赛阶段表现比较稳定，第二个比赛阶段成绩不够稳定，可能是训练安排有问题，单高峰成绩的安排不利于在国际重大比赛中创造好的成绩。每年下半年的比赛会在上半年报名，如果上半年比赛成绩差就没法取得报名资格。如果好成绩出现在上半年，由于竞技能力水平与达标资格标准有一定差距，达到达标标准消耗很大，恢复时间较长，在下半年国内外重要赛事中则很难取得好名次。

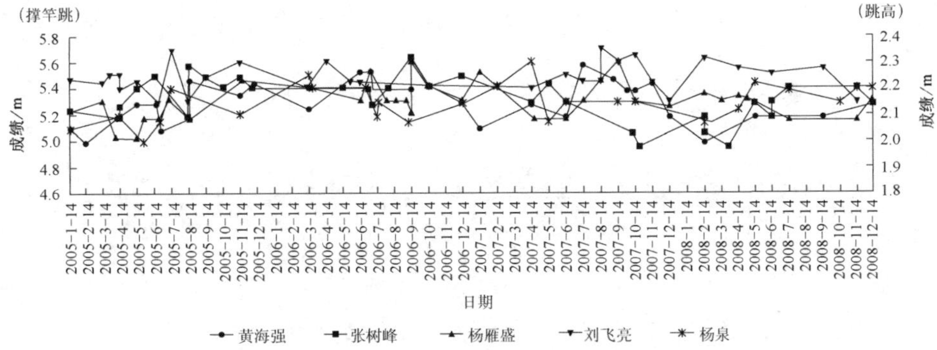

图 2-23　男子跳跃高度项目运动员参赛成绩变化示意图

从跳跃远度项目高水平运动员比赛成绩及其变化（图 2-24～图 2-27）来看，三级跳远运动员李延熙的成绩特征 2005 年为三赛季、双高峰，2006 年为多赛季、多高峰，2007 年为单赛季、单高峰，2008 年为三赛季、三高峰。李延熙在 2007 年由于以体能训练为主要任务而进入比赛阶段比较晚，其他年份都是采用全年参赛的方式，通常最好成绩出现在 5、6 月室外春季比赛阶段和 8、9 月的

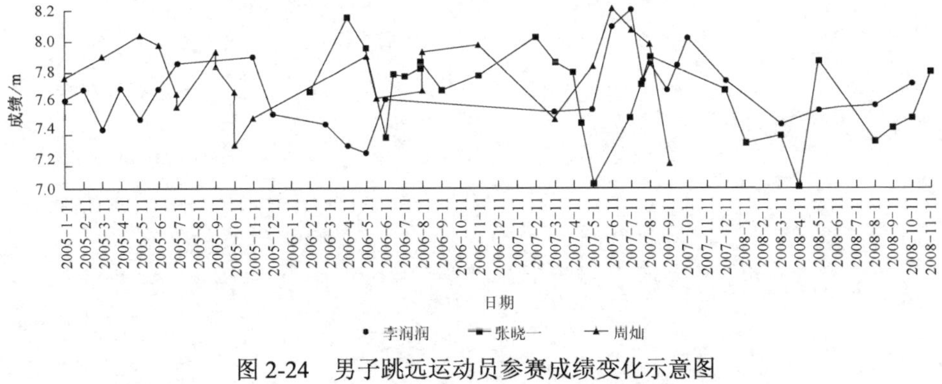

图 2-24　男子跳远运动员参赛成绩变化示意图

秋季比赛阶段，室内比赛主要是检验冬训效果，对成绩没有特别要求，由于 2008 年需要达到奥运会 A/B 报名标准，因此室内比赛成绩有提高，所以出现了 3 个成绩高峰阶段。

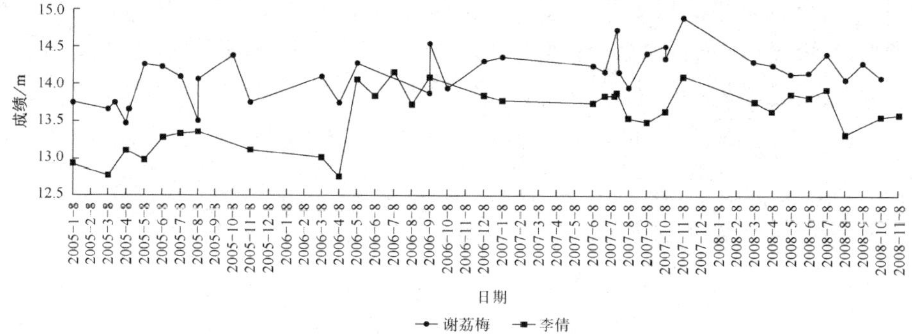

图 2-25　女子三级跳远运动员参赛成绩变化示意图

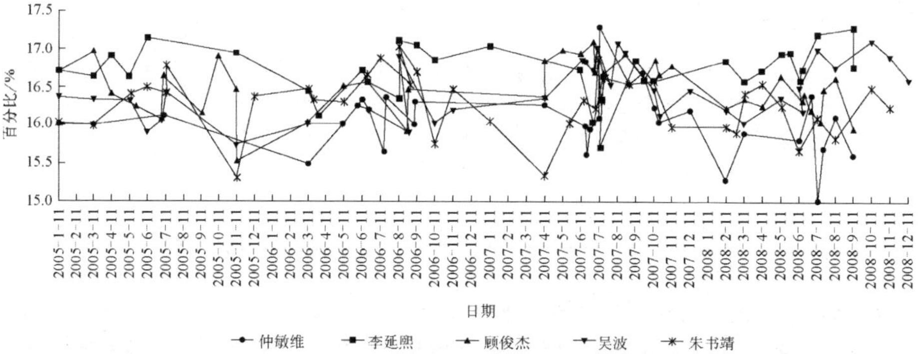

图 2-26　男子三级跳远运动员参赛成绩变化示意图

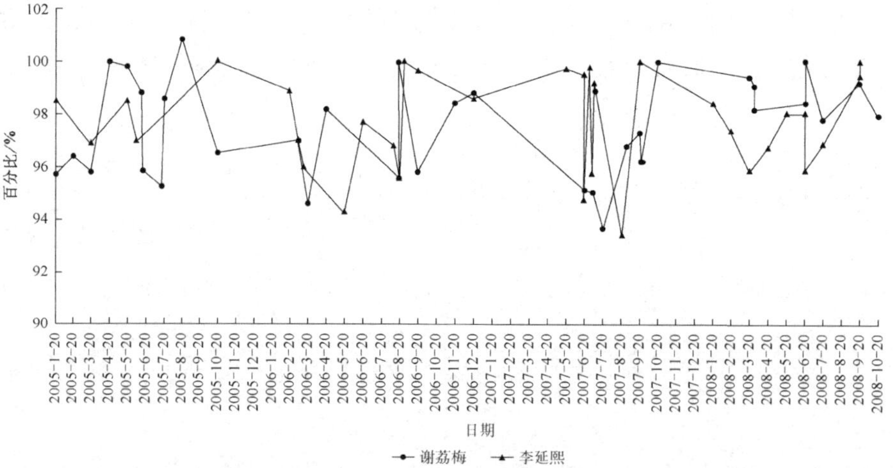

图 2-27　跳跃远度项目运动员年度参赛成绩百分比示意图

从谢荔梅成绩变化来看，具有明显的三赛季、双高峰的特点，2005 年开始为第 1 个阶段（室内比赛阶段），比赛成绩较低，第 2 个阶段出现在 5、6 月，同时也达到了第 1 个竞技能力高峰阶段，在 8、9 月进入第 3 个比赛阶段，并在全国田径大奖赛上创造了个人最好成绩；2006 年由于亚运会在 12 月，她第 1 个阶段主要参加了室内的比赛，成绩较低，第 2 个阶段为 8、9 月的全国比赛阶段，比赛成绩达到最高，12 月参加了亚运会比赛，成绩接近最高水平；2007 年冬训加强了体能训练，由于加大基础体能训练量，技术练习少，平均比赛成绩低，但是体能训练使身体能力提高，起到了“补短训练”的作用，因此，她也创造了个人最好成绩并打破了亚洲纪录，出现了亚洲田径大奖赛比赛阶段和全国田径冠军赛 2 个成绩高峰。

中国跳跃项目高水平运动员年度参赛成绩变化主要有“单赛季、单高峰”“双赛季、单高峰”“双赛季、双高峰”“三赛季、三高峰”“三赛季、双高峰”等特征。

（二）投掷项目高水平运动员年度运动成绩波动特点

投掷项目中的女子铅球、女子铁饼、女子链球是中国田赛的优势项目，有多名运动员具有大赛夺取名次或奖牌的能力，她们在 2007、2008 年国际大赛上取得了一系列好成绩，在世界大赛中的稳定表现确立了中国女子投掷项目在国际田径运动中的地位。这些运动员能够在国际比赛中获得好的名次，一方面是因为运动员竞技能力的提高，另一方面是运动员在国际大赛中保持了良好的竞技状态，这与运动员年度竞技能力训练安排有很大的关系，参赛成绩是运动员竞技能力的直接表现形式。因此，对运动员比赛成绩及其变化（图 2-28～图 2-31）的研究有利于准确把握训练的规律与特点。

从张文秀年度比赛最好成绩变化来看，2005 年具有 2 个参赛阶段，年度最好成绩出现在 6 月的全国田径锦标赛上，年度次好成绩出现在 11 月的东亚运动会上；2006 年具有 2 个参赛阶段，年度最好成绩出现在 12 月亚运会上，次好成绩出现 8 月的全国田径锦标赛上；2007 年具有 2 个参赛阶段，年度最好成绩出现在 8 月全国田径锦标赛上，年度次好成绩出现在 6 月全国田径大奖赛上；2008 年具有 2 个参赛阶段，年度最好成绩出现在 8 月的北京奥运会上，赛季次好成绩出现在 5 月大阪国际田联大奖赛上。通过以上数据我们可以看出，张文秀每个赛季都能达到最高和接近最高水平，年度比赛成绩具有“双赛季、双高峰”的特点。

宋爱民在2005年具有2个参赛阶段，年度最好成绩出现在6月亚洲田径大奖赛上，年度次好成绩出现在9月的亚洲田径锦标赛上；2006年具有2个参赛阶段，年度最好成绩出现在12月亚运会上，年度次好成绩出现在6月的印度亚洲田径大奖赛上；2007年为调整年，具有2个参赛阶段，年度最好成绩出现在7月的国际田联系列赛上，年度次好成绩出现在8月全国田径锦标赛上；2008年为奥运会年，具有3个参赛阶段，年度最好成绩出现在3月的全国田径积分赛上，年度次好成绩出现在10月的全国田径锦标赛上。

李梅菊2005年具有3个参赛阶段，年度最好成绩出现在6月的全国田径锦标赛上，年度次好成绩出现在10月全运会上；2006年具有2个参赛阶段，年度最好成绩出现在8月的全国田径锦标赛上，年度次好成绩出现在9月的印度国际投掷赛上；2007年具有2个参赛阶段，年度最好成绩出现在9月的世界田径锦标赛上，次好成绩出现在5月肇庆全国田径大奖赛上；2008年具有3个参赛阶段，年度最好成绩出现在8月的奥运会上，年度次好成绩出现在3月的世界室内田径锦标赛上。

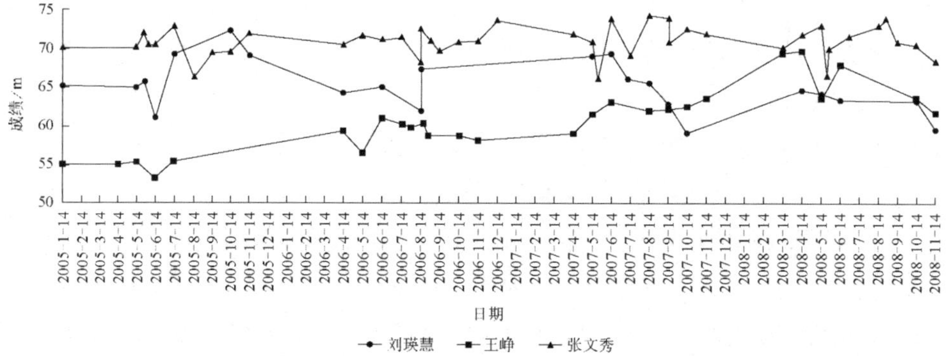

图2-28　女子链球运动员参赛成绩变化示意图

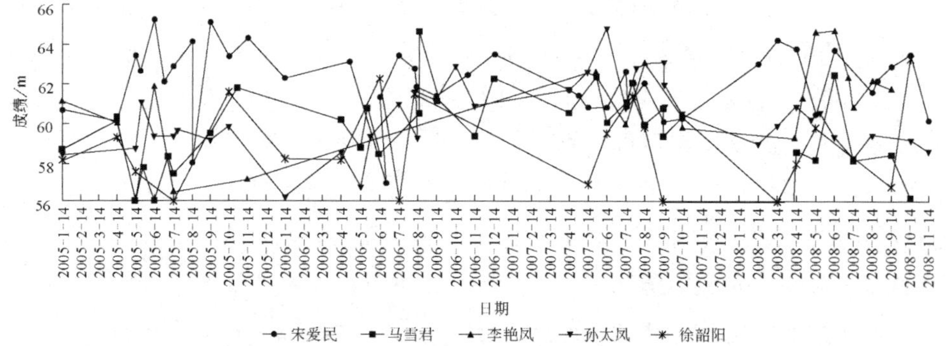

图2-29　女子铁饼运动员参赛成绩变化示意图

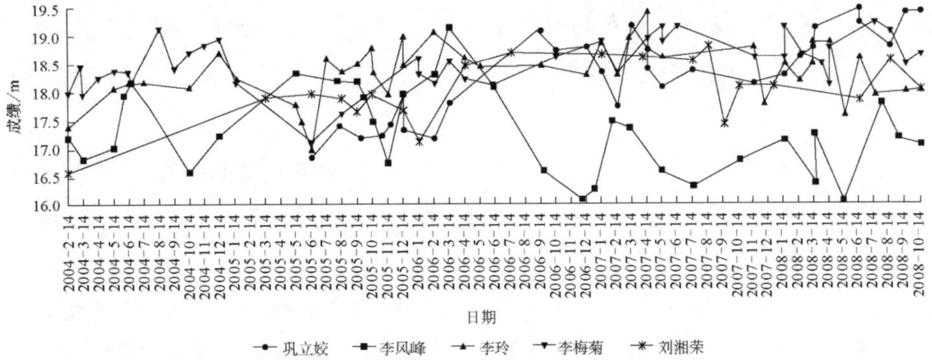

图 2-30　女子铅球运动员参赛成绩变化示意图

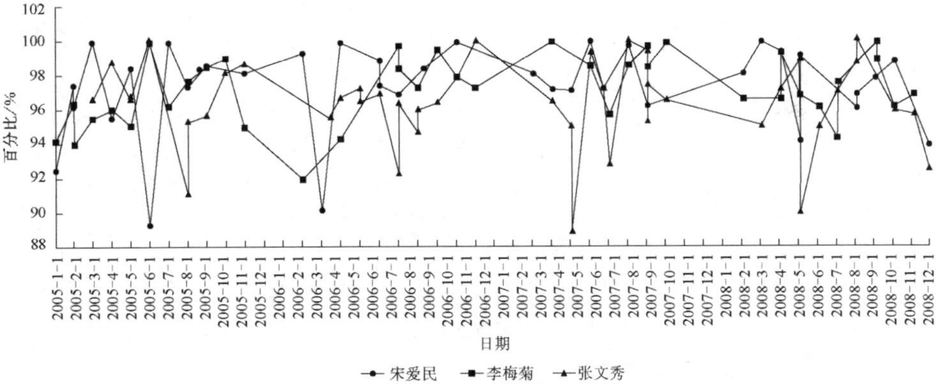

图 2-31　女子投掷项目运动员年度参赛成绩百分比变化示意图

徐韶阳由于伤病原因，主要以恢复性训练为主，2007、2008 年具有 2 个参赛阶段，但是每年只有一次成绩突破 62 米，其他比赛成绩都不到 60 米，具有明显的“双赛季、单高峰”比赛成绩特征。

中国投掷项目高水平运动员主要有 2 个或 3 个参赛高峰阶段，但是比赛成绩都表现出“双高峰”的特点，具体表现为“双赛季、双高峰”和“三赛季、双高峰”的成绩变化形式。

本章要点

（1）跳跃项目高水平运动员年度参赛次数具有大小交替的年度变化特征，训练年参赛次数多，比赛年参赛次数少。投掷项目高水平运动员比赛年年度参赛次数呈减少趋势。

（2）田赛项目高水平运动员全年安排比赛。投掷项目高水平运动员参赛次数具有 1～3 个高峰期；跳跃项目高水平运动员主要采用全年参赛的形式，参赛次数有“单高峰”和“双高峰”两种形式，“双高峰”中第一高峰出现在室内比赛阶段。

（3）投掷项目高水平运动员 2008 年主要处于保持和增长阶段，成绩发挥比较稳定；跳跃项目高水平运动员 2008 年主要处于调整阶段，这也是中国跳跃项目奥运会成绩不好的主要原因。

（4）跳跃项目高水平运动员年度成绩主要有“单赛季、单高峰”“双赛季、单高峰”“双赛季、双高峰”“三赛季、三高峰”“三赛季、双高峰”等特征。投掷项目高水平运动员年度成绩主要有“双赛季、双高峰”“三赛季、双高峰”两种特征。

第三章　田赛项目高水平运动员的核心竞技能力训练理论

第一节　对田赛项目核心竞技能力的认识

认识或研究运动项目，首先是以对这个项目的界定和项目的外表特征为切入点，再逐步深入到项目的内在本质，探索项目的发展特点与规律。对田赛项目研究也要从田赛项目的定义开始。

《田径》一书将“田赛”定义为以高度或远度计算成绩的田径项目，田赛是田径运动的一类，是在田径场规定的区域内进行的跳跃及投掷项目竞赛的统称，分为跳跃及投掷项目。①《田径运动高级教程》中将“田赛”定义为在专门场地上举行的比赛项目。其中，跳跃是非周期运动项目，运动员通过助跑，在合理运动速度下完成起跳，使自己的身体腾起，以克服最大的垂直高度或水平方向的空间距离为目的（撑竿跳高除此之外，其需要借助于撑竿的摆动、反弹和支撑反作用力）；投掷也是非周期性运动项目，运动员以旋转或直线的助跑方式使器械获得预先速度，然后通过最后用力使器械运行最大的水平空间距离。②谢慧松认为，田径的跳跃和投掷项目要求运动员具有高爆发力，主要表现为专项动作速度和专项位移速度。③从能源供应的角度来看，ATP-CP（磷酸原系统）是田赛项目人体的主要供能系统（表 3-1）。

---

① 全国体育学院教材委员会. 田径[M]. 北京：人民体育出版社，1991：17.

② 全国体育学院教材委员会. 田径运动高级教程[M]. 北京：人民体育出版社，1994：78.

③ 谢慧松. 现代田径运动专项速度研究[M]. 北京体育大学出版社，2006：67.

表 3-1 不同项目运动中人体主要的能量来源

分类	项目	主要能源
短跑	100m、200m、110m 跨栏	ATP-CP、糖酵解
中跑	800m、1 500m、3 000m	糖酵解、有氧氧化
长距离	5 000m、10 000m	有氧氧化
竞走	10km、20km、50km	有氧氧化
跳跃	跳远、跳高、三级跳远、撑竿跳高	ATP-CP
投掷	标枪、铁饼、链球、铅球	ATP-CP

莱奈尔兹（Lehnertz）将快速力量分为“启动”和“结束”两种类型，他认为快速力量存在不同的表现形式。①许多以快速力量为主的运动项目中，一些项目要求运动员在最短的时间内达到最大的值，如短跑的起跑和跳跃的起跳动作，而另一些项目则要求在技术动作结束时获得最大的力值（如田径的投掷）。②王卫星等认为跳跃项目在运动开始时即以最快的速度达到最大值（冲击式的爆发用力），如跳高、跳远的起跳等；投掷项目是在运动结束时达到最大力值（持续性的加速用力），如铅球、铁饼、标枪等投掷器械时的出手。③

对田赛项目的界定包括：第一，田赛项目是非周期性快速力量项目；第二，田赛项目都是通过不同形式的助跑完成最后用力，以获取最大空间目标距离的项目；第三，田赛项目是可测量性项目，竞技能力通过在一定运动速度下，以有利的身体姿势开始，短时间内克服固定的阻力（人体或器械），通过人体腾跃的高度，以及器械或人体飞行的远度进行成绩评判。

综合上述分析，本书认为田赛项目是通过不同形式的助跑，在一定运动助跑速度的基础上，通过最后用力阶段在短时间内克服固有的阻力（人体或器械），获取最大目标空间距离的非周期性快速力量项目。

从前面的叙述可知，竞技能力包括体能、技能、战术能力、心理能力等。其中，对运动员竞技水平起决定性作用的要素即为核心竞技能力。

我们开展的竞技能力核心因素问卷调查结果显示，58.9%的专家认为田赛项目是以体能和技能共同为核心的项目（表 3-2）。不过，战术训练对于田赛项目也很重要。田赛项目比赛中场地、器材变化不大，对手变化的方式相对固定，运动技能主要通过运动员内部的本体感受器所介入的反馈来调节。从动作的环境条件和运动员之间的联系来看，田赛项目中运动员的运动技能属于闭锁式

① Lehnertz K. Mechanismen der Kraftregulierung im Skelettmuskel[J]. Leistungs-sport，1985，15（4）：33-34.
② 转引自陈小平. 力量训练的发展动向与趋势[J]. 体育科学，2004，24（9）：90-94.
③ 王卫星，彭延春. 运动员体能与技战术发挥的关系[J]. 北京体育大学学报，2007，30（3）：289-293.

运动技能。在这些项目比赛中，战术相对稳定，运动员主要根据自身的水平来进行安排即可。另外，战术变化形式相对固定，很少作为训练的主要内容单独安排，主要在实战训练中体现。运动心理对运动员比赛有重要的影响，运动心理的作用已经得到广大教练员、运动员和训练学专家的认可，也是影响比赛水平发挥的主要因素之一。在运动训练过程中，教练员对运动员的心理训练与体能、技能训练是同步进行的，很少进行单纯的心理训练。总之，田赛项目竞技能力的核心是体能和技能，心理、战术、智能等因素在田赛项目竞技能力结构中处于基础层，其他一些不确定因素则处于外围层（图 3-1）。

表 3-2　田赛项目竞技能力核心因素问卷调查结果

项目	体能核心	技能核心	体能、技能均核心	心理核心
训练学专家（n=16）	2	2	9	3
教练员（n=32）	4	6	20	2
科研人员（n=8）	2	2	4	0
合计（n=56）	8（14.3%）	10（17.9%）	33（58.9%）	5（8.9%）

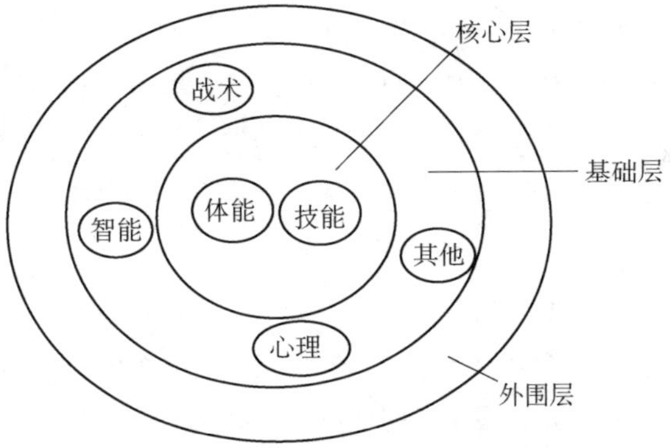

图 3-1　田赛项目核心竞技能力结构图

我们开展的田赛项目体能与技能关系调查的结果显示（表 3-3），80.4%的专家认为体能和技能是相辅相成、相互促进、相互提高、不可分割的。“一元论”认为体能与技术本是“一元”的，不存在没有体能内容的动作技术，也不存在没有技术形式的体能发展。技术与体能就像形式与内容一样，在客观现实中是无法分离的。没有技术的体能对竞技能力的提高是没有意义的，没有体能的技术也是根本不存在的。所以，本书认为体能与技能是田赛项目的核心竞技能力，体能与技能的训练是田赛项目运动员训练的核心内容，是训练的主体结构，是提高田赛项目高水平运动员竞技能力整体水平和成绩的主要突破点。但心理能力、战术能力等因素在田赛项目竞技能力中也有着重要的作用，缺少其中任何一个都不能达到较高的竞技能力水平，也不能在比赛中取得理想成绩。

表 3-3 田赛项目体能与技能关系调查结果

	体能决定技能	技能决定体能	体能和技能相辅相成	不确定
训练学专家（n=16）	4	0	12	0
教练员（n=32）	4	0	28	0
科研人员（n=8）	3	0	5	0
合计（n=56）	11（19.6%）	0（0%）	45（80.4%）	0（0%）

第二节 田赛项目高水平运动员核心竞技能力训练理论构架

一、田赛项目高水平运动员核心竞技能力训练理论界定

运动训练学是建立在专项训练实践、专项训练理论和现代体育科学技术发展基础上的，系统阐明运动训练中带有共性的、普遍性的理论问题的，反映运动训练一般规律的一门新兴体育交叉学科。《运动训练科学化探索》中将运动训练理论解释为研究运动训练活动的固有规律及相应的训练原则和训练方法的科学。①

专项训练学则以各专项训练“特殊规律”为主要研究对象，侧重于专项训练的基本理论和方法、手段的研究，专项技、战术是专项训练学主要的研究对象。一般训练理论与专项训练理论的关系是共性与个性的关系，一般训练理论来源于专项训练理论，并指导专项训练。从图 3-2 可看出，专项训练理论处于运动训练科学的基础层，与专项训练实践关系最密切，为项群训练理论及一般运动训练理论提供依据。

通过对田赛项目高水平运动员训练规律进行归纳，进而对训练学专家、田赛项目科研人员和优秀田赛项目教练员进行田赛项目训练理论必要性问卷调查，可以看出，71.43%的专家、科研人员和教练员认为田赛项目训练理论是非常必要的，28.57%的专家认为是有必要的（表 3-4）。因此，从统计结果来看，对于建立田赛项目高水平运动员核心竞技能力训练理论体系的必要性，专家的认识是一致的。

① 田麦久. 运动训练科学化探索[M]. 北京：人民体育出版社，1988：91.

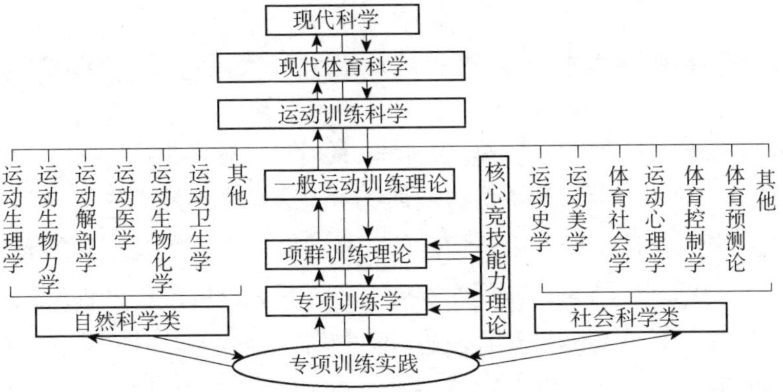

图 3-2　运动训练学的学科体系①

表 3-4　专家、科研人员和教练员对建立田赛项目训练理论必要性问卷调查结果

项目	非常必要	有必要	一般	没必要	完全没必要
训练学专家（n=16）	10	6	0	0	0
教练员（n=32）	24	8	0	0	0
科研人员（n=8）	6	2	0	0	0
合计（n=56）	40（71.43%）	16（28.57%）	0（0%）	0（0%）	0（0%）

我国田赛项目高水平运动员在世界田径锦标赛和奥运会中屡次取得优异成绩，已逐渐形成一套具有中国特色的训练理论、指导思想、训练方法等成功经验，但是到目前为止，从训练实践角度对中国田赛项目高水平运动员训练规律和训练实践经验进行总结的研究还不多，能将中国田赛项目高水平运动员成功的训练实践经验系统总结并上升到理论高度的研究更少。所以，对中国田赛项目高水平运动员竞技能力的研究是一件非常重要的工作，将对中国高水平田赛项目运动员的训练有着重要的指导意义。

田麦久认为运动训练是竞技体育活动的重要组成部分，是为提高运动员的竞技能力和运动成绩，在教练员的指导下，专门组织的有计划的体育活动。②

我们认为可以将训练理论体系理解为是运动训练中相互关联、相互作用的训练组成部分按照一定规律和特有方式有机结合的整体。本书是针对田赛项目核心竞技能力即体能和技能训练理论的研究，因此，田赛项目运动员核心竞技能力训练理论是指相互关联、相互作用的体能与技能训练按照一定规律和特有方式有机结合的整体。

① 改编自全国体育院校教材委员会．运动训练学[M]．北京：人民体育出版社，2008.

② 田麦久．运动训练学词解[M]．北京：北京体育大学出版社，2002：54-55.

二、田赛项目高水平运动员核心竞技能力训练理论研究内容

运动训练理论的研究主要针对为何练、练什么、练多少、怎样练（图 3-3），即训练目标、训练内容、训练负荷及训练组织这 4 个问题而进行，不同的研究都承担着在各个层次上回答上述问题的任务。随着每个训练项目的兴起、发展和变化，其训练理论体系也在不断发展变化。从训练发展的过程可以看出，训练的两个阶段就是从实践上升到理论，再由理论指导实践并应用于实践的过程，理论发展过程实际是“实践—理论—实践—理论”的循环过程。在训练理论研究中，研究人员既要抓住训练的实质和核心问题，又要考虑到其他因素的影响，不断深化训练理论体系。

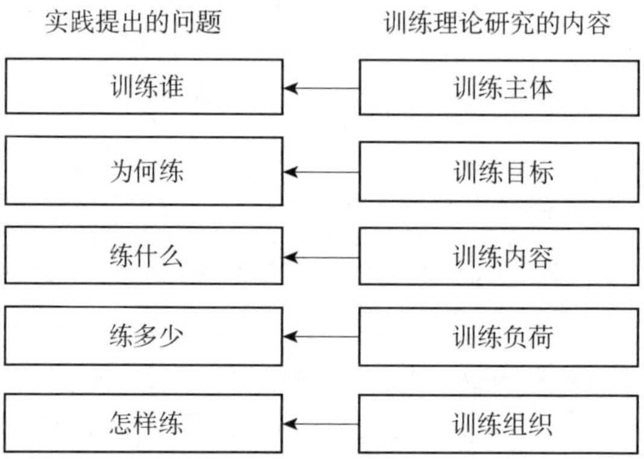

图 3-3　运动训练理论研究内容①

三、田赛项目高水平运动员核心竞技能力训练理论构架

田赛项目高水平运动员核心竞技能力训练理论是一个完整的体系，但是它又是田径项目训练理论体系中的一个分支。从竞技能力结构来看，田赛项目训练理论体系应该包括体能、技能、心理能力、战术能力等；从田赛项目的设置来看，可以分为投掷训练理论体系和跳跃训练理论体系；从训练理论研究的内容来看，包括训练目标、训练内容、训练负荷、训练组织 4 个方面。每个训练子体系下属的结构都可以再进行细化，或是进行重新组合，任何一个系统都不是独立的，几个子系统之间相互交错，相互包容。

近年来，一般运动训练理论和项群训练理论得到了快速的发展，宏观的理

---

① 改编自田麦久. 运动训练学[M]. 北京：人民体育出版社，2000.

论研究渗透了训练学研究内容的各个方面，而且很多的理论研究也比较成熟，同时训练学研究者也借鉴和结合了很多训练学以外的学科研究范式，并取得了很多成果。然而，很多学者也注意到，微观问题的研究，特别是每个项目高水平运动员训练规律和理论的研究成果并不丰厚，而这样的研究对于高水平运动队伍训练来说恰恰又是最需要的。

根据训练理论研究内容的界定，本书建立了田赛项目高水平运动员核心竞技能力训练理论体系构架，包括训练目标、训练内容、训练负荷和训练组织 4 个方面的内容，这 4 个方面的内容围绕解决高水平田赛项目运动员训练中的实际问题，形成了特定的时空协同关系，且相互交错、相互制约、相互影响，最终形成了一套完整的训练体系。训练体系来源于实践并指导实践，是训练实践上升到理论的表现，是训练经验的总结；训练理论是开放的系统，随着人们对运动训练实践认识水平的提高，训练理论也在不断地推进，训练的科学化水平也越来越高。

田赛高水平运动员核心竞技能力理论体系研究内容专家问卷调查结果显示，100%的专家同意对训练理论研究内容的子系统——训练目标、训练内容、训练负荷和训练组织进行研究（表 3-5）。

表 3-5　田赛高水平运动员核心竞技能力理论体系研究内容专家问卷调查结果（n=56）

研究内容	非常同意	同意	不同意	不确定
训练目标	41（73.21%）	15（26.79%）	0（0%）	0（0%）
训练内容	48（85.71%）	8（14.29%）	0（0%）	0（0%）
训练负荷	31（55.36%）	25（44.64%）	0（0%）	0（0%）
训练的组织	26（46.43%）	30（53.57%）	0（0%）	0（0%）

第三节　田赛项目高水平运动员核心竞技能力特点

一、田赛项目高水平运动员年龄结构情况

运动成绩是判断一个运动员整体训练水平是否成熟、科学和合理的重要标准，但是在关注最高水平运动成绩的同时，还要注意运动员的年龄结构特点，如高水平运动员的开始训练年龄、训练周期、训练年限。

（一）田赛项目高水平运动员年龄结构特点

从年龄结构上来看，中国女子投掷项目运动员的平均年龄小于世界优秀运动员，长投项目平均年龄为26.2岁，比世界优秀运动员平均年龄小1.9岁；短投项目平均年龄24.6岁，比世界优秀运动员平均年龄小1.8岁。但是从年龄结构来看，长投项目中宋爱民、李艳凤和刘瑛慧三人都在30岁以上，而且在世界大赛中的运动成绩还在不断提高；26～30岁阶段的有2名运动员，她们都有比较好的国际比赛表现；22～26岁阶段有4名运动员，虽然女子链球是新设项目，发展较晚，但是这几名运动员具有较高的水平。张文秀在2008年北京奥运会比赛中创造了个人该赛季最好成绩，并获得了一枚铜牌，具有很大的发展潜力。从以上分析可以看出，中国长投项目高水平运动员总体年龄结构比较合理，大部分运动员都处于世界排名前30名，其中5名运动员处于世界排名前10名且成绩相对比较稳定。

女子短投项目也是我国田赛的优势项目，5名运动员中的4名具有19米以上的水平，平均年龄24.6岁，比世界优秀运动员平均年龄小1.8岁。30岁的李梅菊近年不断地提高个人的最好成绩，在世界室内锦标赛上获得了铜牌；李玲年龄24岁，处于黄金年龄阶段，获得了2007年世界锦标赛第4名，而且创造了个人最好成绩；最小的巩立姣才19岁，这两年进步很快，北京奥运会获得第五名，并且创造了个人最好成绩。从以上分析可以看出，中国女子短投项目在老、中、青三个年龄阶段都有世界水平的运动员，年龄结构比较合理，这也是3名中国运动员能够同时进入奥运会、世界田径锦标赛决赛的基础。

中国跳跃高度项目运动员集中在21～25岁的年龄阶段，平均年龄23岁，以中、青年为主，缺少年龄较大的运动员，世界优秀运动员的平均年龄为25.1岁，但是我国最大年龄的运动员才25岁，这是我国跳跃高度项目存在的不足。虽然我国的跳跃高度项目曾经创造过辉煌的历史，但是由于受高受伤率的困扰，大部分高水平运动员只是“昙花一现”，运动寿命短暂，运动成绩稳定性差。这可能是缺乏老运动员的一个主要原因，也是制约中国跳跃高度项目持续发展的主要因素，这一问题需要引起重视。

在北京奥运会备战周期中，中国男子跳跃远度项目高水平运动员平均年龄为25.3岁，其中跳远运动员周灿年龄31岁，李润润26岁，张晓一20岁，形成老、中、青结合的年龄结构；三级跳远运动员吴波、顾俊杰、李延熙、朱书靖、仲敏维年龄分别为27岁、26岁、25岁、24岁和22岁，他们的年龄比较集中，形成中、青结合的年龄结构，这几名运动员也都创造过国内好成绩，处于运动生涯的黄金阶段。可以看出，中国跳跃远度项目运动员的年龄结构比较合理，并且有发展潜力。

同期，中国女子跳跃高度项目平均年龄为 21.2 岁，比世界优秀运动员平均年龄小 4.5 岁。除了高淑英 29 岁外，其他几名队员都小于 20 岁。可以看出跳跃高度项目总体年龄偏小，这也是她们成绩发挥不稳定的主要因素之一。但是，如果针对这些运动员的具体情况进行科学训练，避免出现大面积伤病，中国女子跳跃高度项目也可以成为中国未来几年具有发展潜力的项目。

总体来看，田赛投掷项目运动员的年龄结构较为合理，具有可持续性。跳跃项目运动员年龄偏小，尤其是跳跃高度项目损伤率较高，但是一些运动员依然能够达到国际健将水平，说明我国这个项目在专项训练手段上具有独到之处，但在内容安排上还存在问题，需要在训练中不断提高。

（二）田赛项目高水平运动员开始训练年龄特点

从开始训练的年龄来看，女子跳跃高度项目平均为 12.6 岁，跳跃远度项目平均为 12.5 岁；女子长投项目平均为 13.1 岁，短投项目平均为 13.4 岁；男子跳跃高度项目平均为 13 岁，跳跃远度项目平均为 13.4 岁。中国田赛项目高水平运动员开始训练的年龄基本是十二三岁，比世界优秀运动员开始训练的平均年龄小 1～2 岁。然而，这并不是影响中国运动员运动训练水平进一步提高的主要因素，因为这个年龄阶段的孩子正处于发展动作速率、灵活性、协调性以及柔韧性等身体素质的敏感期，如果训练得法，可以有效地为孩子们将来的进一步发展和提高打下坚实的基础，特别是对他们将来速度的发展和技术动作能力的发展有很大的帮助。从开始田径训练到开始系统专项训练是一个非常关键的时期，在一定程度上有助于弥补中国运动员体能某些方面的不足，有效地开发运动员的运动天赋。但是，一定要注意训练的针对性、全面性和可控性，避免出现过早专项化的现象。

（三）田赛项目高水平运动员达到国际健将年龄特点

从运动员达到国际健将年龄来看，中国女子跳跃高度项目高水平运动员达到国际健将的平均年龄为 17.6 岁，平均训练年限为 5 年，达到国际健将的训练年限很短（表 3-6），这说明中国的教练员对女子跳跃高度项目运动员的训练有很强的专项训练实践经验。但成年阶段的运动员稀少，说明在训练安排上还有优化的空间。跳跃高度项目教练员能够培养出非常出色的正在生长发育阶段的具有国际水平的青少年运动员，但是却很难突破成年运动员训练的问题，这个问题一旦得到合理解决，中国又会迎来女子跳跃高度项目的辉煌。中国女子跳跃远度项目达到国际健将的运动员平均年龄为 20.5 岁，平均训练年限与世界优秀运动员的训练年限基本相同，年龄基本合理，但是高水平运动员太少，从而影响了国际比赛成绩。

表 3-6 中国田赛项目高水平运动员年龄统计表

项目		内容	$\bar{x}\pm S$	最大值	最小值
女子跳跃项目	女子跳跃高度项目（5 人）	开始田径训练年龄/岁	12.6±0.61	14	12
		达到国际健将年龄/岁	17.6±1.21	20	16
		达到国际健将年限/年	5±0.83	6	3
	女子跳跃远度项目（2 人）	开始田径训练年龄/岁	12.5±0.50	13	12
		达到国际健将年龄/岁	20.5±1.50	22	19
		达到国际健将年限/年	8±2	10	6
女子投掷项目	女子投掷长投项目（8 人）	开始田径训练年龄/岁	13.1±1.35	16	10
		达到国际健将年龄/岁	20.1±1.17	23	15
		达到国际健将年限/年	7±0.93	11	4
	女子投掷短投项目（5 人）	开始田径训练年龄/岁	13.4±0.72	15	12
		达到国际健将年龄/岁	20.6±1.20	24	18
		达到国际健将年限/年	7.2±0.67	8	6
男子跳跃项目	男子跳跃高度项目（5 人）	开始田径训练年龄/岁	13±0.53	14	12
		达到国际健将年龄/岁	19.4±0.67	21	18
		达到国际健将年限/年	6.4±0.49	9	5
	男子跳跃远度项目（6 人）	开始田径训练年龄/岁	13.4±0.43	15	12
		达到国际健将年龄/岁	20. 4±0.67	24	17
		达到国际健将年限/年	7±1.21	10	2

中国女子投掷长投项目达到国际健将运动员的平均年龄为 20.1 岁，平均训练年限为 7 年；中国女子短投项目达到国际健将运动员的平均年龄为 20.6 岁，平均训练年限为 7.2 年。中国男子跳跃高度项目达到国际健将运动员的平均年龄为 19.4 岁，平均训练年限为 6.4 年；中国男子远度项目达到国际健将运动员平均年龄为 20.4 岁，平均训练年限为 7 年。

综上所述，在年龄方面，中国田赛项目高水平运动员开始训练的年龄普遍较小，女子跳跃高度项目运动员达到国际健将年龄较小，训练成材年限短。女子跳跃远度项目、男子跳跃项目和女子投掷项目达国际健将的训练时间在6～10年，20岁左右达到国际健将水平。从达到国际健将运动员的年龄来看，田赛项目是成年类项目。

二、田赛项目高水平运动员体能特点

（一）田赛项目高水平运动员身体形态特点

从中国高水平运动员总体的身高来看，女子跳跃项目运动员与世界优秀运动员水平相当，而且分布相对比较集中（表3-7）。女子跳跃高度项目运动员身高最高的为1.85m、最低的为1.72m，平均为1.788m；女子跳跃远度项目与跳跃高度项目的身高相当，平均身高为1.785m，略高于世界优秀运动员1.734m的平均身高，最高身高达到了1.84m，最低为1.73m，在身高方面已经具备了世界优秀运动员的条件。

表3-7　田赛项目高水平运动员身体基本情况统计表

项目		指标内容	国内运动员			国外优秀运动员
			$\bar{x}\pm S$	最大值	最小值	$\bar{x}\pm S$
女子跳跃项目	女子跳跃高度项目	身高/cm	178.8±3.42	185	172	176.4±4.97
		体重/kg	61.8±5.72	66	57	61.3±8.17
		年龄/岁*	21.2±2.98	29	18	25.7±4.08
		BMI指数	19.35±0.97	20.81	17.72	19.70±1.23
	女子跳跃远度项目	身高/cm	178.5±5.5	184	173	173.4±7.50
		体重/kg	59.5±2.5	62	57	61.8±3.79
		年龄/岁	24±1	25	23	22.7±6.59
		BMI指数*	18.67±0.33	19.05	18.31	20.55±1.41
女子投掷项目	女子投掷长投项目	身高/cm*	180±3.74	185	174	176.6±4.14
		体重/kg	86.8±6.96	108	85	88±8.36
		年龄/岁	26.2±0.39	31	22	28.1±3.18
		BMI指数	28.39±1.21	21	17	28.22±1.22
	女子投掷短投项目	身高/cm	178±3.52	183	172	176.6±7.80
		体重/kg	106±3.97	115	100	85.2±9.22
		年龄/岁	24.6±2.13	29	19	26.4±3.06
		BMI指数	28.08±1.89	31.01	25.08	27.32±1.32
男子跳跃项目	男子跳跃高度项目	身高/cm	188.4±3.41	191	187	189±6.91
		体重/kg	71.4±4.59	79	65	74.1±6.41
		年龄/岁	23±1.23	25	21	25.1±2.96
		BMI指数	20.13±1.21	22.59	17.82	20.74±2.37

续表

项目		指标内容	国内运动员			国外优秀运动员
			$\bar{x}\pm S$	最大值	最小值	$\bar{x}\pm S$
男子跳跃项目	男子跳跃远度项目	身高/cm	182.5±5.56	190	174	184±6.57
		体重/kg	72±4.32	83	63	75.2±6.04
		年龄/岁	25.3±2.43	32	22	24.4±3.75
		BMI 指数	21.6±0.82	22.99	19.23	22.21±1.21

注：BMI（body mass index）是身体质量指数；*表示中外运动员该指标差异显著；世界优秀运动员为 2008 年各项目世界排名前 30 名的运动员。

跳跃项目男了运动员的平均身高略低于世界优秀运动员。男子跳跃高度项目运动员身高最高为 1.91m，最低为 1.87m，平均为 1.884m，世界优秀运动员为 1.89m；男子跳跃远度项目运动员平均身高为 1.825m，略低于世界优秀运动员 1.84m 的平均身高，最高身高达到了 1.90m，最低为 1.74m，男子跳跃项目运动员在身高方面也基本具备了世界优秀运动员的条件。

从 BMI 指数来看，我国女子跳跃远度项目运动员 BMI 指数为 18.67，明显低于世界优秀运动员的 20.55，接近健康的下限（18～25 为健康范围），这方面应该引起我们的注意。BMI 反映了肥胖状况及充实度，运动员体质状况影响承受运动负荷的能力。例如，三级跳远运动员谢荔梅身体单薄，具有很好的天赋，连续几次打破亚洲纪录，但是由于伤病影响了训练的系统性，在 2008 年北京奥运会上没能发挥出最高水平；身体充实度不够是受伤率高的原因之一，这已经成为制约我国运动员竞技能力水平进一步提高的主要因素。男子跳跃项目运动员 BMI 指数与世界优秀运动员相当。

女子投掷长投项目高水平运动员 BMI 指数为 28.39，与世界优秀运动员的 28.22 很接近；女子投掷短投项目运动员 BMI 指数为 28.08，稍高于世界优秀运动员 27.32，达到了肥胖标准（28），这是由于投掷项目是克服器械阻力的项目，需要通过一定的体重来提高身体的绝对力量，同时投掷项目还是速度力量性项目，不仅需要力量，器械出手速度也是制胜因素。因此，投掷项目要求运动员具备力量的同时，也对其速度提出了更高的要求。当前，随着人们对投掷项目速度水平重视程度的提高，运动员的 BMI 指数有下降趋势，中国投掷运动员的体质指数高于世界优秀运动员，但未达到统计学差异。

从身体形态特征来看，中国高水平田赛项目运动员从选材到培养，身体形态已经与世界优秀运动员相当，这也是这些运动员达到国际运动水平的身体基础。

（二）田赛项目高水平运动员身体机能特点

白细胞、红细胞、血红蛋白、红细胞比容是反映运动员基本健康状况的指标。血尿素是反映训练量的一项指标，这项指标必须与教练员的训练安排节奏相对应才具有实际意义。一般来说，大负荷训练时指标相应较高，训练负荷小或运动员处于调整期时指标相应较低。睾酮是反映运动员的当前能力，特别是恢复能力的指标。在训练和比赛过程中，游离睾酮与运动员训练、恢复能力及成绩水平（不考虑其他外界因素）较为一致。皮质醇是肾上腺素分泌的一种激素，机体应急时大量分泌皮质醇，可加速蛋白分解，使血糖升高。因此，在运动训练中，皮质醇被认为是评定疲劳的敏感指标。肌酸激酶和血睾/皮质醇比值这两项指标反映了运动员的疲劳状况，可以使教练员及时了解运动员在训练中肌肉受刺激后的恢复程度，以及运动员在不同训练阶段机体能量代谢与合成的变化情况，从而提高训练安排的合理性，防止伤病出现。

田赛项目属于体能性快速力量项目，对体能具有较高的要求，训练负荷强度较大，连续的大负荷训练会降低体能状态，体能不足会影响训练质量。在田径的训练过程中，“超量补偿”原理在训练中被普遍运用，运动能力就是按照“疲劳—恢复—超量补偿”这一规律逐步得到提高的。在高水平运动员训练过程中，“没有疲劳的训练是无效的训练，没有消除疲劳就没有提高”已经成为田径训练领域的共识，其中疲劳的程度是一个重要的因素。过浅，运动员难有大的提高；过深，则又容易造成疲劳过度，运动员难以得到恢复。所以必须掌握好训练的程度，使疲劳恰到好处，这样才能取得最佳的训练效果，而这也决定了运动员身体机能具有“波动性”特点。因此，运动员训练过程也是人体机能变化的过程，一方面要确保训练负荷有效，另一方面又要防止出现过度疲劳。

田赛项目持续时间短、强度大，对运动员整体机能水平要求高。田赛项目的身体机能监控主要是在运动员训练调整状况下进行，观察运动员身体机能的恢复水平，了解运动员的基本健康状况、训练能力、恢复能力和运动员疲劳程度等，使运动员身体机能水平稳定在一个相对合理的范围，因此，田径运动员身体机能变化又具有“稳定性”特点。通常情况下，红细胞计数男运动员为（4.0～5.6）×10^{12}个/L、女运动员为（3.5～5.0）×10^{12}个/L，红细胞比容男运动员为0.4～0.57L/L、女运动员为0.35～0.48L/L，血红蛋白男运动员为130～165g/L、女运动员为120～150g/L，血尿素男运动员为4.0～7.0mmol/L、女运动员为4.0～8.0mmol/L，白细胞计数男运动员为（4～9）×10^{9}个/L；女运动员为（4～11）×10^{9}个/L，肌酸激酶男运动员为10～300U/L、女运动员为10～200U/L，睾酮男运动员为 280～1000ng/dL、女运动员为 10～100ng/dL；上午皮质醇男运动员为 9.09～29.09ug/dL、女运动员为 7.27～25.45ug/dL 可视为正常。一般来说，睾酮/皮质醇比值低于训练期前 25%而又不回升时应调整训练计划，增加恢复措施。

田赛项目高水平运动员的身体机能指标存在性别差异和个体差异，如睾酮指标男女差别就比较大（表 3-8、表 3-9）。从单个运动员身体机能指标的变化情况来看（例见图 3-4、图 3-5），接受不同训练后指标变化不同，力量和技术训练内容后肌酸激酶变化较大，其他指标变化平稳。因此，在运动训练实践中，对运动员身体机能指标评定时，要在一定范围内结合运动员个人训练特点进行，训练中要掌握运动员的个体变化规律与特点，结合训练目的与任务，帮助教练员更为科学地安排训练负荷。通常情况下，当 2～3 个指标同时出现异常或 1 个指标变化特别大时，要及时调整训练计划。

表 3-8　中国女子田赛项目高水平运动员身体机能指标统计

姓名	白细胞/（10^9个/L）	红细胞/（10^{12}个/L）	血红蛋白/（g/L）	红细胞比容/（L/L）	肌酸激酶/（U/L）	血尿素/（mmol/L）	睾酮/（ng/dL）	皮质醇/（μg/dL）
郑幸娟	5.0	4.16	128	0.37	131	5.38	69.44	15.35
谢荔梅	5.8	4.14	127	0.376	121	4.68	50.46	14.4
李倩	4.7	4.59	130	0.416	110	4.95	56.97	19.31
李玲	10.6	4.52	135	0.398	170	6.00	58.01	17.29
王峥	5.5	4.26	134	0.392	111	6.31	40.22	16.86
张文秀	6.7	4.37	134	0.391	283	6.19	68.15	10.69
刘瑛惠	4.9	4.12	128	0.374	313	7.22	107.29	20.09
李梅菊	7.7	4.69	135	0.397	487	7.55	56.44	13.95
李艳凤	7.9	5.13	137	0.417	151	5.27	54.63	13.97
孙太凤	6.4	4.24	120	0.362	150	6.20	47.02	16.27
宋爱民	10.9	4.31	128	0.373	114	5.11	48.85	13.86
巩立姣	5.1	4.48	135	0.387	305	5.06	84.31	16.99
张英宁	5.2	4.03	127	0.37	162	4.95	58.98	21.63
李玲	6.0	4.43	125	0.379	88	6.64	58.29	15.94
高淑英	7.8	4.34	117	0.354	220	6.5	72.01	16.1
$\bar{x}$	6.68	4.39	129.33	0.3873	194.4	5.87	62.07	16.18
s	1.969	0.2775	5.815	0.018	109.279	0.886	16.683	2.757

注：2008 年 12 月 7 日测试结果。

表 3-9　中国田赛项目男子高水平运动员身体机能指标统计

姓名	白细胞/（10^9个/L）	红细胞/（10^{12}个/L）	血红蛋白/（g/L）	红细胞比容/（L/L）	肌酸激酶/（U/L）	血尿素/（mmol/L）	睾酮/（ng/dL）	皮质醇/（μg/dL）
杨泉	5.9	5.02	153	0.437	198	4.29	652.92	12.86
刘飞亮	6.1	5.46	164	0.475	108	6.02	882.39	19.53
杨雁盛	3.8	5.03	153	0.449	218	7.36	542.63	15.26
黄海强	6.8	5.08	148	0.443	417	5.57	680.89	17.07
张晓一	6.2	4.84	146	0.426	281	4.41	853.72	13.88
李润润	7.4	4.81	141	0.423	233	6.18	884.14	13.77
周灿	5.8	5.18	164	0.481	323	5.86	693.23	16.21
吴波	4.2	5.39	163	0.477	128	3.83	651.36	20.85

续表

姓名	白细胞/（10^9个/L）	红细胞/（10^{12}个/L）	血红蛋白/（g/L）	红细胞比容/（L/L）	肌酸激酶/（U/L）	血尿素/（mmol/L）	睾酮/（ng/dL）	皮质醇/（μg/dL）
仲敏维	8.1	5.24	153	0.457	464	5.31	775.37	14.83
李延熙	5.8	4.7	144	0.424	186	5.59	603.47	16.11
朱书靖	7.6	4.87	155	0.446	233	3.00	905.52	19.04
顾俊杰	5.4	4.81	151	0.454	480	4.77	787.75	14.24
$\bar{x}$	6.09	5.04	152.92	0.45	272.42	5.18	742.78	16.14
S	1.281	0.243	7.681	0.020	124.424	1.183	121.929	2.532

注：2008 年 12 月 7 日测试结果。

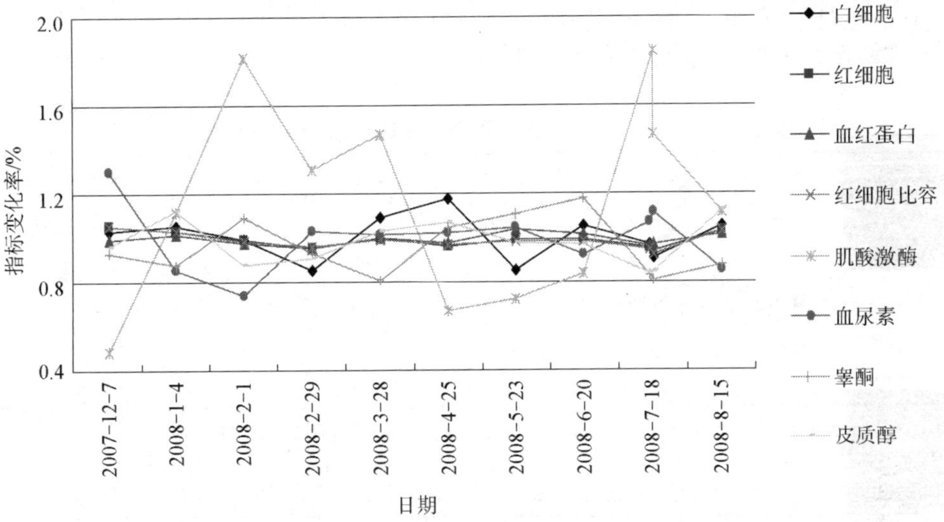

图 3-4　谢荔梅身体机能变化率示意图

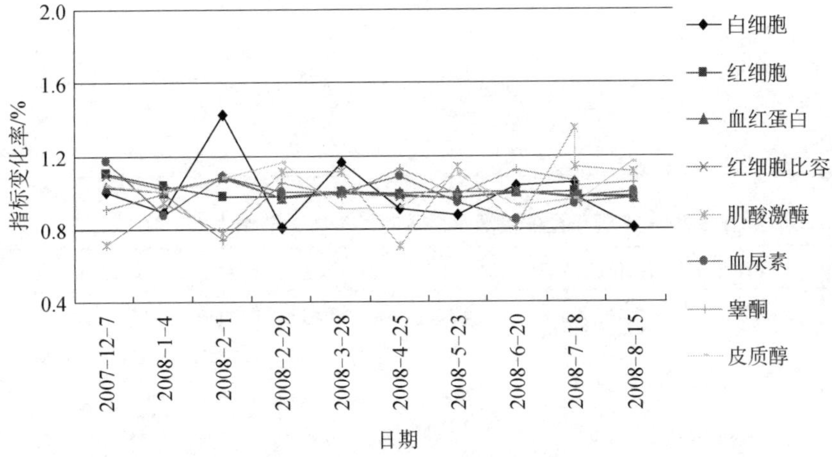

图 3-5　李延熙身体机能变化率示意图

（三）田赛项目高水平运动员身体素质特点

关节力量的大小受专项技术动作影响较小，反映了运动员的基础力量能力；最大峰力矩反映关节肌肉群的最大工作能力，代表了关节的基础力量的水平。

从身体关节屈伸力矩看，中国田赛项目高水平运动员髋关节、膝关节、踝关节、肩带和腰背肌肉群的力矩比值具有差异性（表 3-10～表 3-13）。躯干完成技术动作是三维空间相对运动的动作，是一个综合用力的过程，因此，躯干力量平衡性大于上下肢力量平衡性。人体运动是主动用力的过程，人体通过大关节的伸肌肉群的主动用力完成各种运动技术动作，屈肌肉群辅助完成技术动作，因此，身体大关节肌肉群的伸肌力量大于屈肌力量。

表 3-10 跳跃远度项目高水平运动员身体关节峰力矩（60°/s） （n=8）

关节	左屈肌/左伸肌	右屈肌/右伸肌	左屈肌/右屈肌	左伸肌/右伸肌	左屈肌	右屈肌	左伸肌	右伸肌
髋关节	0.46	0.49	0.99	1.06	1.95	1.97	4.26	4.04
膝关节	0.50	0.52	0.96	0.98	1.88	2.00	3.78	3.92
踝关节	0.20	0.18	1.07	0.94	0.46	0.43	2.26	2.42
肩带	0.98	0.82	1.08	0.89	0.95	0.89	0.98	1.09
腰背		0.56			2.06		3.76	

注：屈伸力矩=最大力矩/体重，单位为 N・m/mg；腰背屈伸比=前屈肌：后伸肌。

表 3-11 跳跃高度项目高水平运动员身体关节峰力矩（60°/s） （n=10）

关节	左屈肌/左伸肌	右屈肌/右伸肌	左屈肌/右屈肌	左伸肌/右伸肌	左屈肌	右屈肌	左伸肌	右伸肌
髋关节	0.53	0.61	0.97	1.09	2.41	2.51	4.53	4.21
膝关节	0.54	0.54	0.93	0.92	1.77	1.93	3.30	3.62
踝关节	0.23	0.22	1.04	0.98	0.44	0.42	1.92	1.97
肩带	0.85	0.79	1.05	0.98	1.15	1.10	1.36	1.40
腰背		0.77			2.57		3.43	

表 3-12 投掷长投项目高水平运动员身体关节峰力矩（60°/s） （n=8）

关节	左屈肌/左伸肌	右屈肌/右伸肌	左屈肌/右屈肌	左伸肌/右伸肌	左屈肌	右屈肌	左伸肌	右伸肌
髋关节	0.73	0.72	0.82	0.81	1.59	1.94	2.17	2.68
膝关节	0.34	0.33	1.08	1.03	1.20	1.11	3.48	3.37
踝关节	0.5	0.35	1.04	0.72	0.53	0.51	1.06	1.48
肩带	0.80	0.77	1.00	0.96	0.85	0.85	1.06	1.10
腰背		0.66			2.01		3.06	

表 3-13　投掷短投项目运动员身体关节峰力矩（60°/s）　（n=5）

关节	左屈肌/左伸肌	右屈肌/右伸肌	左屈肌/右屈肌	左伸肌/右伸肌	左屈肌	右屈肌	左伸肌	右伸肌
髋关节	0.87	0.63	1.05	0.76	2.13	2.04	2.45	3.22
膝关节	0.53	0.83	0.59	0.91	1.61	2.75	3.01	3.31
踝关节	0.31	0.37	1	1.21	0.33	0.33	1.09	0.9
肩带	0.76	0.61	1.04	0.83	0.88	0.85	1.16	1.4
腰背	0.5				1.23		2.44	

完成技术动作的过程是各关节的屈伸肌群协同工作的过程，不同身体部位的关节屈伸比不同，协同作用也不同。如果屈伸肌群失去比例的平衡，就会导致动作的稳定性降低，容易出现运动损伤。因此，各关节不同肌肉群的力量的大小不能追求绝对的平衡，而是在一定基础上比例的相对平衡。2008 年备战北京奥运会训练期间，跳跃项目运动员 40%的损伤是被动肌肉群的损伤，明显高于主动肌肉群的损伤（19.8%），这说明中国田赛项目高水平运动员存在被动肌群训练不足的问题。运动员在对主动肌肉群加强训练的同时，对被动肌肉群也要进行相应的训练，以避免运动损伤影响训练的系统性。

运动项目不同，关节力量也具有不同的特点。从左右伸展肌肉群工作力矩来看，跳跃项目运动员起跳腿的伸展力矩都大于摆动腿的伸展力矩，这是由于运动员起跳腿着地的过程承受数倍于身体体重的冲击力量，从而引起的适应性变化；摆动腿屈肌力量高于起跳腿是由于摆动腿的折叠摆动，屈肌肉在完成动作的过程中发挥着重要作用，经过长期训练，屈肌群发生了适应性变化，以便应对相应的动作负荷。

田赛项目高水平运动员最大力量是专项力量的基础，其能否在完成技术的过程中充分表现出来却主要取决于不同肌肉在时间和空间上的协调配合。训练中不仅要提高运动员专项主动肌肉群的力量，更重要的是提高完成动作的主动肌肉群、辅助肌肉群和拮抗肌肉群的协调性，训练中既要有助于专项提高的“扬长”素质训练，也要有提高弥补专项训练不足的“补短”素质训练，这样才能使专项运动水平得到提高。因此，运动员基础力量训练也不能盲目采用全面的训练手段，训练的安排要围绕专项的需要进行，提高专项基础训练的全面性。

综上所述，田赛项目高水平运动员的体能具有以下特征。

（1）从身体形态特征来看，中国田赛项目高水平运动员从选材到培养，身体形态已经与世界优秀运动员相当，也是这些运动员达到国际运动水平的身体基础。

（2）中国田赛项目高水平运动员身体的机能具有稳定性、波动性和个体差异性。

（3）中国田赛项目高水平运动员身体素质具有项目差异性，基础力量训练安排要围绕专项的需要进行“补短”训练和“扬长”训练，从而提高身体素质训练的全面性。

三、田赛项目高水平运动员核心竞技能力技能特征

（一）田赛项目技术阶段界定

1. 田赛项目成绩的决定因素

田赛项目是通过不同形式的助跑，在一定运动速度的基础上，克服固有的阻力（人体或器械）完成技术动作，获取最大空间目标距离的非周期性速度力量运动项目。从运动学的角度来看，跳跃远度项目是在水平助跑基础上进行跳跃获得最远空间距离的项目，属于水平运动（助跑）和抛射运动（起跳至落地）相结合的运动项目；从跳跃远度公式（1）来看，抛射远度主要取决于抛射的初速度和抛射的角度。跳跃远度项目腾起瞬间的初速度是由通过助跑获得的水平速度和通过起跳获得的垂直速度合成而来的，这两个速度值越大，腾起初速度的值越大。

$$H_1=\frac{v_0^{\ 2}\sin 2\alpha}{g}$$（v_0为初速度，α为抛射角，g为重力加速度）（1）

跳跃高度项目是在水平助跑基础上进行跳跃获得最大空间高度的项目，也属于水平运动（助跑）和抛射运动（起跳至落地）相结合的运动项目。从机械抛射运动的远度公式（2）来看，起跳最高高度同样取决于腾起速度和腾起的角度，跳跃高度项目腾起瞬间的初速度是由通过助跑获得的水平速度和通过起跳获得的垂直速度合成而来的，这两个速度值越大，腾起初速度的值越大，尤其是腾起垂直速度越大跳高获得的空间高度就越大。

$$H_2=\frac{v_0^{\ 2}\sin\alpha^2}{2g}$$（v_0为腾起速度，α为腾起角度，g为重力加速度）（2）

投掷项目是通过旋转、滑步和水平助跑投掷器械，以获取最大器械目标距离的项目。根据助跑的形式，投掷项目是旋转助跑投掷为“转动+平动”和抛射运动相结合的项目；滑步和水平移动的助跑投掷为“平动”和抛射运动相结合的项目。从投掷运动技术原理可以看出，不管什么样的助跑形式，投掷取决于出手速度、出手角度、出手高度，这一点可以从投掷项目距离公式（3）看出。

$S=\frac{V\cos\theta}{g}\left(V\sin\theta+\sqrt{V^2\sin^2\theta+2gH}\right)$（$S$、$V$、$\theta$、$H$ 分别为投掷距离、出手速度、出手角度、出手高度）　（3）

跳跃的起跳速度、腾起角度和离地高度决定了跳跃运动员的重心运动轨迹，投掷的远度则由器械出手速度、出手角度和出手高度决定。虽然投掷和跳跃项目在技术上存在差异，但总体来看，身体或器械重心腾起速度和腾起角度是投掷与跳跃项目成绩的决定性因素。同样，投掷项目的出手后动作，尤其是跳跃高度项目空中动作和跳跃远度项目的落地技术也对成绩有重要影响。

2. 田赛项目的技术阶段分析

《田径》①和《田径运动高级教程》②都对田赛（跳跃、投掷）项目的技术阶段进行了划分。跳跃项目大致分为助跑、起跳、腾空和落地 4 个阶段；投掷项目大致分为准备阶段（摆腿、预摆和助跑）、超越器械和预备用力阶段（滑步、旋转、引枪和交叉步）、主要阶段（推和掷）和结束阶段（维持平衡）。不同田赛项目的具体的技术阶段不同：跳高为助跑技术、跑跳结合技术、起跳技术和过竿与落地技术阶段；撑竿跳高为持竿助跑、插穴起跳、悬垂、摆体、伸展、拉竿、推竿和过竿、落地技术阶段；跳远为助跑、起跳、空中动作和落地技术阶段；三级跳远为助跑、单足跳、跨步跳和跳跃技术阶段；滑步推铅球为持握球技术、滑步技术、转换（过渡）技术、最后用力技术和维持身体平衡技术阶段；掷铁饼为持握铁饼与预摆技术、旋转与最后用力技术和铁饼出手后维持平衡技术阶段；掷链球技术为握法、预备姿势和预摆、旋转、最后用力和维持身体平衡阶段。

本书根据田赛项目技术动作原理和各个项目的技术特点，将田赛项目分为准备、助跑、转换、最后用力和结束 5 个阶段（图 3-6）。其中，准备阶段为投掷助跑前技术动作；助跑阶段包括滑步、旋转和平跑技术动作；转换阶段为跳跃跑跳结合和投掷的过渡技术动作；最后用力阶段包括跳跃起跳和投掷最后用力技术动作；结束阶段包括跳跃空中、落地和投掷维持身体平衡技术动作。我们进行的田赛项目技术阶段合理性调查问卷统计结果显示，78.57%的教练员认为田赛项目技术阶段划分是合理的，其中 23.21%的专家认为非常合理，只有 7.14%认为不合理（表 3-14）。经过访谈得知，认为不合理的专家觉得田赛投掷和跳跃项目差异很大，准备阶段和结束阶段的区分不一样，但对助跑、转换和最后用力 3 阶段比较认可，并且认为特别重要。我们对高水平教练员进行的田

① 全国体育学院教材委员会. 田径[M]. 北京：人民体育出版社，1991：17.

② 全国体育学院教材委员会. 田径运动高级教程[M]. 北京：人民体育出版社，1994：78.

赛项目不同技术阶段训练重要性问卷调查结果发现（表 3-15），100%的教练员都认为助跑、转换和最后用力技术阶段的训练重要，而且相关教材也把这 3 个阶段作为教学重点。结合田赛项目成绩的决定因素，本书重点对助跑、转换和最后用力阶段的技术特征进行研究。

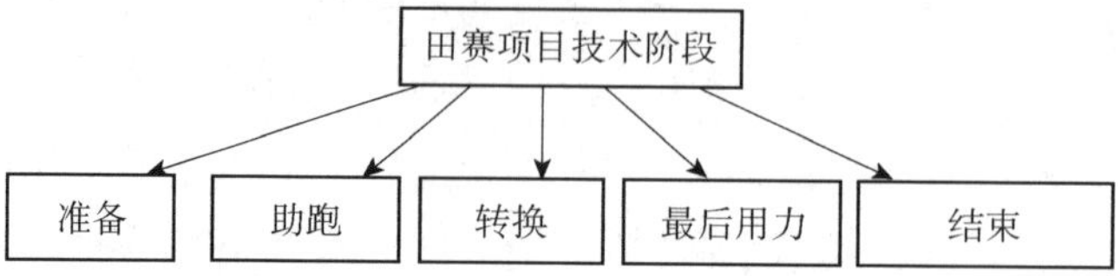

图 3-6　田赛项目技术阶段简图

表 3-14　田赛项目技术阶段合理性调查问卷统计　（n=56）

项目	非常合理	合理	不确定	不合理	很不合理
人数/人	13	31	8	4	0
百分比/%	23.21	55.36	14.29	7.14	0

表 3-15　田赛项目不同技术阶段训练重要性统计　（n=32）

项目	非常重要	重要	一般	不重要
准备	0	8（25%）	18（56.25%）	6（18.75%）
助跑	24（75%）	8（25%）	0	0
转换	26（81.25%）	6（18.75%）	0	0
最后用力	25（78.13%）	7（21.88%）	0	0
结束	5（15.63%）	8（25%）	15（46.88%）	4（12.5%）

（二）田赛项目高水平运动员助跑阶段技能特征

从最后用力阶段的技术来看，田赛投掷项目是在特定的区域空间内抛射器械的项目，运动员在一定的助跑速度即起动速度的基础上，通过最后用力技术将铅球、铁饼和链球等器械抛射最大空间远度距离；跳跃项目是在一定的助跑速度的基础上，通过起跳技术将运动员自身抛射最大空间远度和高度的运动项目。从助跑形式来看，投掷、跳跃项目也是在助跑形式的改进过程中，运动员竞技水平得以不断提高的。例如，铅球的滑步助跑经历了侧向滑步、背向滑步，还有当前正在尝试的旋转推铅球技术。跳跃项目中跳高项目当今最为盛行的背越式跳高的弧线助跑等，都对助跑的方式进行了改进。助跑方式的改进一方面可以提高工作距离；另一方面有利于利用人体自身的生物本能反射，从而更好地发挥人体运动潜能。

1. 跳跃项目高水平运动员助跑技能特征

跳跃项目运动员的绝对速度和助跑速度均与成绩有着十分密切的关系

（r=0.798 和 r=0.786，为显著性相关）[①]；曹效文等研究发现，跳跃远度项目助跑速度每增加 0.1m/s 成绩可提高 8～10cm[②]。因此，我国跳跃项目一直把具有良好速度潜力的运动员作为选材的一个重要方面，在训练中也把提高绝对速度的发展放在非常重要的位置，从而使我国跳跃项目运动员具备较好的绝对速度能力，更容易发挥出较高的助跑速度。这一点已经成为我国跳跃项目运动员和教练员的共识，经过几年的努力，我国跳跃项目运动员的绝对速度能力也得到了提高，如三级跳远运动员顾俊杰和跳远运动员张晓一，他们的站立式 100m 都能跑进 10s 以内，按两人的各项身体素质和速度能力，他们都有机会进入世界大赛的前八名，甚至有夺牌的希望。然而，有的运动员却不能在比赛中完美地发挥出自身的素质优势，过分地追求助跑速度的利用率而导致起跳能力的下降，不能很好地完成起跳技术。在助跑速度训练方面，李延熙、仲敏维虽然最大速度不如顾俊杰，但是他们的助跑速度利用率高，起跳技术好，两人分别创造了男子三级跳远 2008、2009 年的年度最好成绩。

从运动科学的角度来看，助跑速度和助跑速度利用率都是结果量，是助跑技能综合过程的结果，运动员只有在完成技术的同时保持最高运动速度才能取得好成绩。助跑过程中神经肌肉系统的工作方式及关键环节能量供给的转换方式等对跳跃的最后用力起跳也有重要影响。

从对跳跃项目运动员的激光测速结果的截图来看（图 3-7～3-10），每一名运动员在起跳过程中都不是在最大速度时刻完成起跳的，在起跳时速度有所下降，我国跳跃项目高水平运动员起跳时平均最大速度利用率为 94.88%（表 3-16），优于国外优秀跳跃项目运动员 93%的平均最大速度利用率。但是最大速度利用率并不是越高越好，而应是在保证技术的情况下越高越好，如苏联男子跳远运动员埃米扬的助跑速度利用率为 95.9%，最后 10m 的速度为 10.34m/s，低于我国运动员黄庚的 98.9%和 10.53m/s，但他 8.86m 的成绩远远高于黄庚。这里不能忽略的是，埃米扬的绝对速度（10.78m）是高于黄庚的（10.64m），也就是说他利用 4.1%的速度损失来达到完成起跳的目的，因此他的起跳更充分，获得了较高的垂直速度和 24.6°的理想腾起角。[③]研究者还认为："只有较高的绝对速度，才能有相对较高的助跑速度，并在达到较高助跑速度情况下，留有一定的速度储备，使运动员能从容地做出充分的起跳动作。"[①]就助跑速度来

① 王清，冯树勇，李爱东. 跳远助跑速度的研究[J]. 中国体育科技，1992（7）：1-8.

② 曹效文，程万才. 关于跳远的助跑速度、速度利用率的研究[J]. 西安体育学院学报，1995（1）：11.

③ 转引自冯树勇. 中国高水平跳远运动员训练内容体系的研究[D]. 北京体育大学博士学位论文，2001：57.

说，应该在保证完美起跳的基础上进一步提高速度，这样才有利于专项成绩的提高。不可否认，绝对速度对跳跃项目运动员有重要作用，但是单纯提高绝对速度会破坏助跑的速度节奏，降低起跳效果，反而会影响成绩的提高。因此，在加强最大速度训练的同时，也要相应地加强结合起跳的助跑速度训练，从而实现绝对速度向专项速度的最快转化。

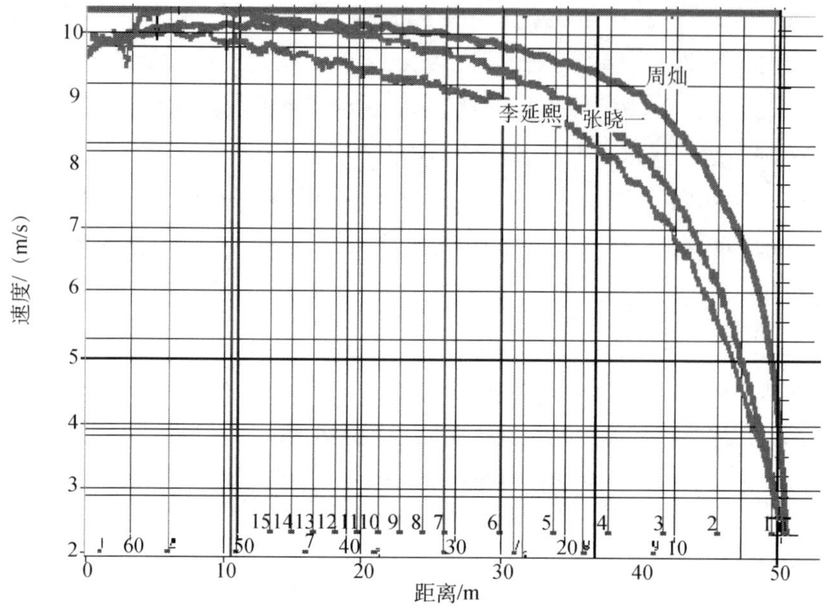

图 3-7　周灿、张晓一、李延熙助跑速度变化示意图

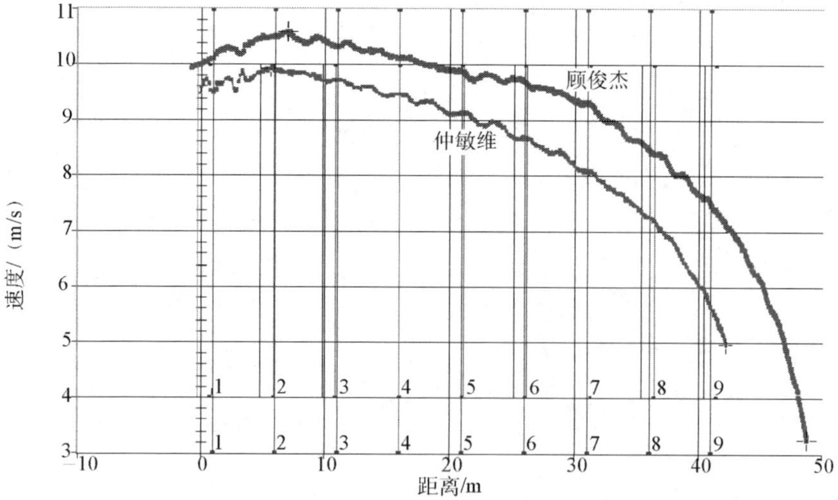

图 3-8　仲敏维、顾俊杰助跑速度变化示意图

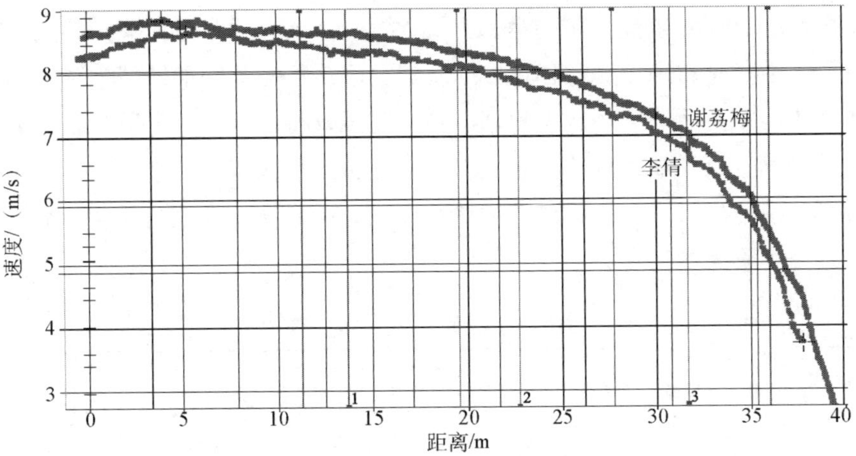

图 3-9　谢荔梅、李倩助跑速度变化示意图

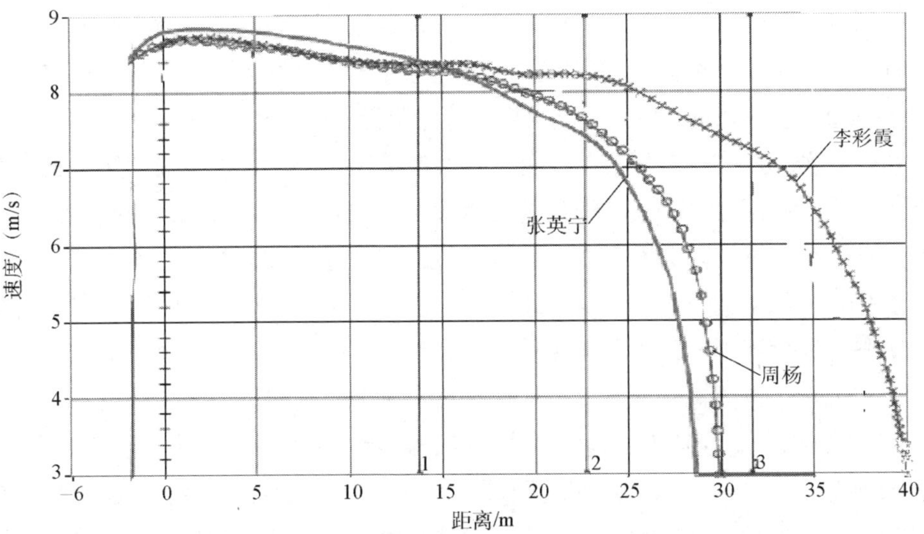

图 3-10　张英宁、周杨和李彩霞助跑速度变化示意图

表 3-16　我国跳跃项目高水平运动员起跳平均最大速度利用率（n=10）

项目	男跳远	男三级跳	女三级跳	男跳高	女跳高	女撑竿跳	男撑竿跳	总平均
利用率/%	96.76	97.61	97.89	89.61	90.98	95.43	95.91	94.88
标准差	1.102	0.984	0.203	1.672	0.921	1.889	1.532	3.124

从能量代谢的角度来看，人体在不同持续时间的全力运动中能量代谢特点不同（表 3-17），疲劳程度与能量代谢产物的积累程度密切相关；人体在运动过程中神经肌肉收缩方式不同，加速度大小也不同，人体机能维持特定水平的运动时间及距离–速度也有一定差距，加速度越大，疲劳越快。运动过程中主

要是采用 ATP-CP 供能为主的运动方式，这会使人体过早进入疲劳的发展和力竭阶段，造成位移速度和动作速度的迅速下降或运动能力的陡然下降。因此，人体在不同距离运动时，应该根据人体机能维持特定水平时期所具备的最大运动能力，确定可控加速度的大小，以相对延长维持在特定水平的时间和距离，相对延后疲劳出现的时间、延长位移距离，避免人体过早地进入疲劳阶段而迅速导致力竭阶段的出现。

表 3-17 不同持续时间全力运动时疲劳的生化特点

运动时间	疲劳生化特点
0～5s	神经肌肉接点处与神经递质代谢有关
5～10s	ATP 减少，ATP-CP 明显下降、快肌纤维内乳酸开始堆积
15～30s	ATP-CP 消耗达极限、乳酸堆积量迅速增多、血乳酸上升最高

跳跃项目的助跑与短跑的加速方式具有相似性，同时具有很大的差异，主要在于肌纤维的收缩方式不同。从肌纤维工作形式来看，主要有强直收缩、不完全强直收缩和单收缩 3 种工作形式。强直收缩做功效率最高，完全消耗 CP 能量，疲劳发生在神经肌肉接点处，持续时间 0～5s，是极限强度加速肌肉主要工作方式；不完全强直收缩做功效率次之，ATP-CP 能量系统供能，ATP 减少导致疲劳，持续时间 5～10s，是次极限强度加速肌肉主要工作方式；单收缩强度低，持续时间 15～30s，抗疲劳能力强，主要是维持速度。短跑和跳跃项目对最大速度能力和最大加速度控制能力都具有很高的要求，从两个项目的成绩决定因素来看，短跑是全程平均速度决定成绩，全程平均速度越大、时间越短，成绩越好，短跑是通过最大强度加速达到最高速度并保持最高速度的项目。跳跃项目是经过 30～40m 助跑达到最大速度后完成起跳的项目，高速助跑中完成起跳的能力是决定成绩的专项能力，跳跃项目运动员助跑最后的起跳速度和起跳角度是决定成绩的主要因素。因此，跳跃助跑任务就更为复杂：一方面助跑中要获得最大的运动速度，充分动员身体的神经肌肉系统，提高神经肌肉系统的工作能力；另一方面，助跑最后阶段还要为完成起跳技术做好技术上的准备和有效完成起跳的能量储备。跳跃助跑与短跑的区别在于加速度的不同，短跑是一个全力加速的过程，而跳跃助跑是一个控制性加速的过程。在加速过程中，神经肌肉系统的工作形式和运动强度不同，跳跃助跑通过减小加速时骨骼肌用力强度而增大加速距离，在神经肌肉系统次高强度下完成助跑，减少神经肌肉系统 CP 能量系统能量消耗，提高起跳 CP 能量的储备。因此，跳跃助跑加速度小于短跑的起跑加速度，跳跃助跑是有控制的加速助跑过程。助跑加速节

奏对专项成绩具有重要影响，助跑节奏训练也是助跑速度训练的主要方面。

（1）跳跃项目高水平运动员助跑技能特征。

田赛项目运动员助跑开始方式有行进间、原地起动两种方式，路线有直线助跑和弧线助跑两种方式，不同方式的前半阶段差异很大，但最后的目的相同。速度是田赛跳跃项目的核心要素，而速度是步频及步长组合运动的结果。助跑速度最终通过步频与步长的最佳组合来实现，因此，助跑技术特征需要从步幅与步频的角度进行研究。从整体速度来看，我国高水平运动员普遍在起跳前4～6m达到了助跑最高速度，平均距离为5.236m（表3-18），与世界优秀运动员相当（图3-11），基本在起跳倒数第二、第三步时达到最大助跑速度，起跳前为完成起跳准备动作改变了步频与步长的组合关系，影响助跑速度，从而在减速助跑运动中完成起跳技术。因此，起跳技能水平的不同，速度损失各有差异，速度利用率也不同。

从助跑最高速度与起跳距离来看，三级跳远运动员李延熙距离较近，成功起跳最高助跑速度通常在起跳板前4m左右，最高速度距离跳板为2.025m，这个距离起跳几乎是失败；跳远运动员张晓一距离较远，通常在6m左右，最大速度距离起跳板超过8m，起跳技术质量就明显下降；女子跳高运动员郑幸娟最高助跑速度在7m左右，最大超过9m，助跑节奏的连续性就出现了问题，这也是易受伤而导致助跑速度下降的主要原因，也是2008年奥运会前她一直在解决的问题。

表3-18　我国跳跃项目高水平运动员最高速度平均起跳距离

项目	男跳远	男三级跳	女三级跳	男跳高	女跳高	女撑竿跳	男撑竿跳	总平均
距离/m	5.495	4.926	4.996	5.378	5.241	5.267	5.317	5.236
标准差	1.296	1.324	1.231	1.212	1.137	1.324	0.982	1.237

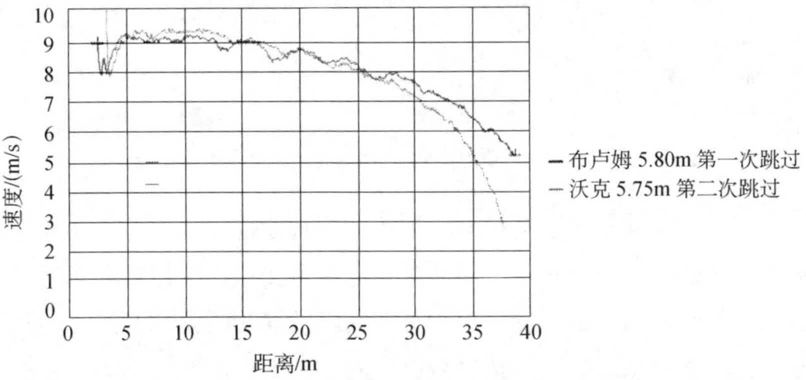

图3-11　世界优秀运动员助跑速度变化示意图

虽然跳跃项目运动员助跑过程各有差异，但是从助跑步频变化示意图（图 3-12）来看，田赛项目运动员的助跑步频变化具有阶段性。倒数第 3 步至倒数第 8 步步频略有加快，但总体比较稳定集中，此阶段为稳定速度阶段。从训练实践的角度来看，大部分教练员把倒数第 6 步或倒数第 8 步作为第二起跳标志点是比较合理的，许多教练员也将最后 6 步或 8 步的时间作为专项速度监控指标。倒数第 8 步以前的助跑步频起伏变化比较大。助跑加速方式是运动员经过多年训练对助跑节奏的认识与控制能力的体现。我国跳跃项目高水平运动员根据自身的特点，通过不同距离和不同加速方式都能在起跳前达到最大跑动位移速度，这一阶段助跑获得的速度是他们达到最大速度的保证，这一阶段称为自由加速阶段。经过稳定加速后，助跑的最后两步变化较大，与运动员起跳技术水平和技能特点有关系，是运动员在现有技术水平下对完成起跳技术的准备，是为更好地完成起跳技术服务的，这一阶段称为准备起跳阶段，同时也是助跑向起跳转换的阶段，是跑跳结合的关键技术环节。因此，助跑阶段分为自由加速阶段、稳定速度阶段和准备起跳阶段。

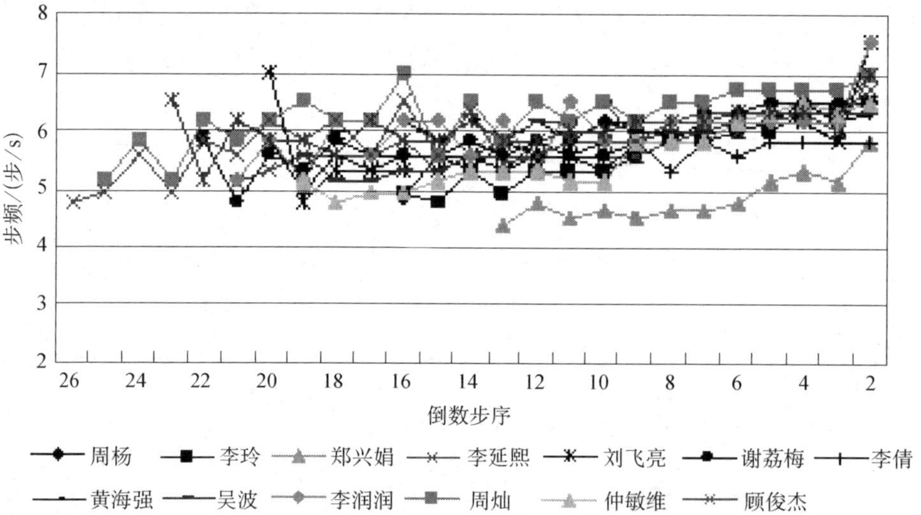

图 3-12　我国跳跃项目高水平运动员助跑步频变化示意图

（2）跳跃项目高水平运动员自由加速助跑技能特征。

从自由助跑阶段速度来看，跳跃项目运动员加速距离比短跑运动员长，加速度小于短跑运动员，跳跃项目运动员在助跑的开始阶段并没有全力加速，而是有控制地加速助跑，从能量角度可以节约 CP 高能磷酸元能力储备的消耗。由于跳跃项目运动员的助跑距离通常为 40～50m，从人体机能储备来看，正常运动员身体内 CP 的储备仅可以维持 0～5s 的运动时间，如果从助跑开始就全力加速，经过四五十米的助跑，人体内储备的 CP 已快消耗殆尽，没有充分的能量保证运动员高质量地完成起跳；而相对有控制的加速助跑可以使 ATP-CP 系统得到动员，同时 CP 的消耗可以得到代谢系统的补充，为最后关键的起跳做好能量储备。这一点从生理学角度也得到证实，生理学研究认为田赛项目的 ATP-CP 和糖酵解能系统比例为 90%，糖酵解能和有氧氧化能系统供能为 10%（表 3-19）。另外，从不同运动强度对能量系统的动员来看，有控制的助跑加速的好处有：第一，保证起跳前达到最高的助跑速度；第二，可以确保最后用力阶段有足够完成起跳技术的能量储备；第三，保证神经系统高效做功机制，在跑跳结合过程中使肌纤维以随意收缩或半强制收缩状态进入起跳，而不是在肌纤维强直收缩状态开始起跳，从而提高肌纤维收缩工作距离，保证释放更多的生物能，提高爆发起跳能力。

表 3-19　田径运动项目主要能量系统供应百分比

运动项目	各能量系统比例/%		
	ATP-CP 和糖酵解能系统	糖酵解能和有氧氧化能系统	有氧氧化能系统
100m、200m	98	2	—
田赛项目	90	10	—
400m	80	15	5
800m	30	65	5
1 500m	20	55	25
5 000m	10	20	70
10 000m	5	15	80

步长和步频是决定跑速的两个重要因素，只有当运动员的步长和步频实现最佳结合时，才能跑出个人的最大速度；从助跑技术的角度来看，运动员必须在助跑最后阶段加快步频，使助跑与起跳更连贯地结合起来；但在加快步频的同时，运动员必须能够保持步长不缩短或至少没有明显的缩短，才有可能提高助跑速度或保持助跑速度。因此，提高运动员在尽量保持步长的情况下加快步频的能力应该是训练中的一项重要内容。从跳跃项目运动员助跑步长的变化趋势来看（图 3-13），助跑开始几步长短变化不规则，但总体呈现出步长增大的趋势。

助跑开始阶段步长与运动员的助跑启动方式有关系，有的运动员原地启动加速助跑，步长相对比较稳定，如李延熙就是原地启动，他的起跑步长就比较稳定；而有的运动员采用行进间助跑，步长变化较大，如顾俊杰就是这样。运动员个体身体形态特征、力量水平和助跑技术风格不同，步幅的变化幅度也就有个体差异。相关分析表明，自由加速阶段步频、步长与助跑速度具有显著的正相关关系（r=0.999）；偏相关分析表明，助跑速度提高与步长具有显著正相关（r=0.741），自由加速阶段步长对助跑速度具有更大的影响。

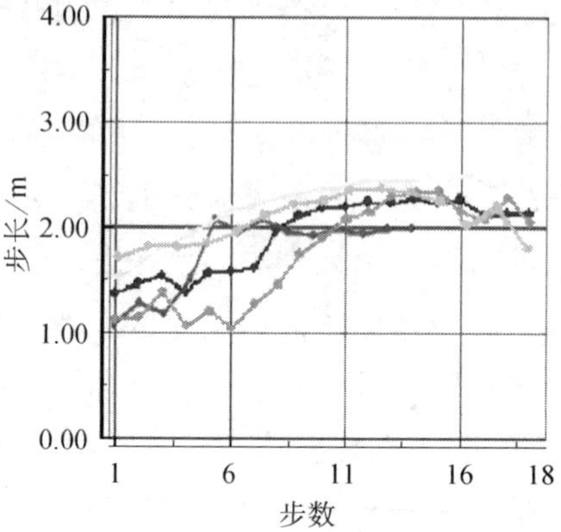

图 3-13　数字跑道测试不同运动员步长变化示意图

注：不同深浅的折线代表不同运动员的数据。

从反映肌肉活动方式的表面肌电图（surface electromyography，sEMG）来看（图 3-14、图 3-15），自由加速阶段下肢小腿的腓肠肌和股二头肌的 MF（median frequency，中位频率）最大达到 92.9%，其 MPF（mean power frequency，平均功率频率）和 RMS（root mean squre，均方根）值达到最高，而且高于股四头肌和臀大肌。下肢小腿自由加速阶段开始肌肉的贡献率高。这个阶段步长短、重心底，主要由下肢膝、踝关节的蹬伸用力产生加速动力，随着助跑速度的提高，步长逐渐增大、步频逐渐加快，助跑速度提高，小腿肌肉与臀大肌、股四头肌趋于同步。这种有控制的加速可以节省能量的消耗和减少神经肌肉系统的动员，同时提高肌肉做功的效率。

（3）跳跃项目高水平运动员稳定加速助跑阶段助跑技能特征。

稳定加速阶段中，跳跃项目运动员前三步平均步长为 2.20 米，后三步平均步长为 2.23 米，平均增大 1.36%（表 3-20），步长较稳定；前三步步频平均为 4.02 步/s，后三步平均为 4.31 步/s，平均提高了 7.21（表 3-21）。这个阶段运动员的步长略有增大，步频有了提高，助跑速度稳定有序地提高，步频的提高使腾空时间缩短，着地时间相对比较稳定。从运动实践来看，这个阶段教练员强调运动员高重心地放松助跑，主要加快摆动的幅度和摆动的速度。助跑的幅度与各关节的动态柔韧有关，动态柔韧性与静态柔韧性既有联系又有区别。有研究者认为动态柔韧是运动中完成起动、移动加速、移动耐力时，各个关节肌肉

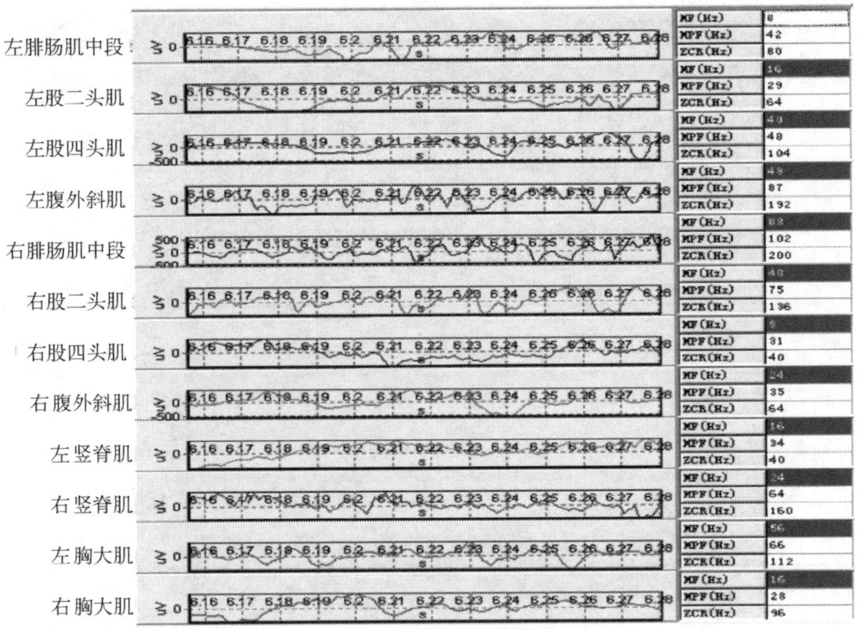

图 3-14　跳高助跑阶段的肌肉群 sEMG 图

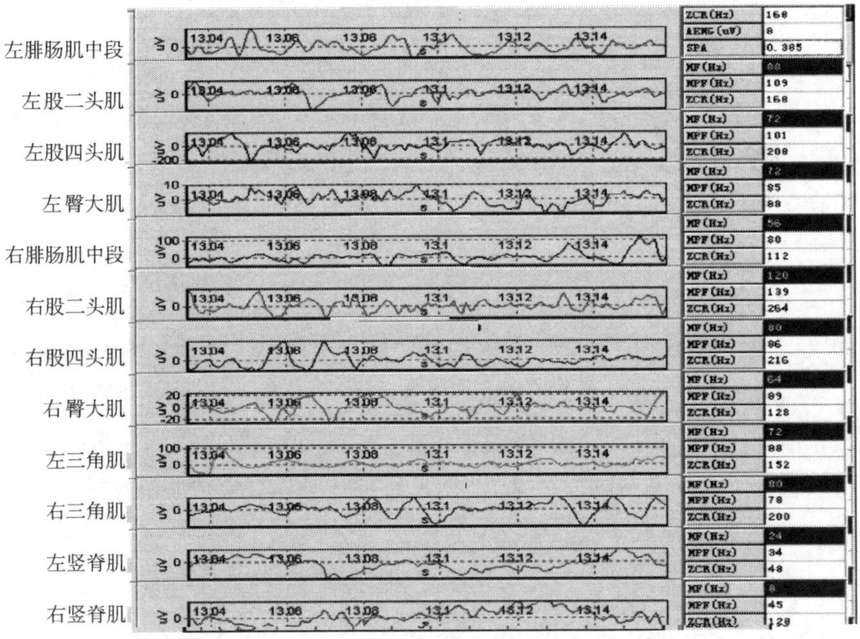

图 3-15　跳远助跑阶段的肌肉群 sEMG 图

的收缩力量和各个关节韧带的大小和伸展。动态柔韧是机体肌肉收缩产生肌拉力并与外界环境作用所产生的动力效果，神经系统在控制各个关节肌肉协同工作及精度方面具有关键性作用。静态柔韧是完成动作的基础，通常情况下，许多运动员在静止状态下动作幅度能够很大，但是在达到最大幅度时就没有了力量，而在专项运动中需要以最大动作幅度完成动作的力量能力，这种能力是动态柔韧能力，目前动态柔韧性训练已经引起了教练员的重视。

表 3-20 我国跳跃项目高水平运动员稳定加速度阶段步长变化平均值

（n=10）（单位：m）

项目	男跳远	男三级跳	女三级跳	男跳高	女跳高	女撑竿跳	男撑竿跳	平均
倒数 6～8 步	2.26	2.22	2.17	2.15	2.19	2.21	2.22	2.20
倒数 3～5 步	2.23	2.22	2.25	2.32	2.21	2.23	2.23	2.23

表 3-21 我国跳跃项目高水平运动员稳定加速度阶段步频变化平均值

（n=10）（单位步/s）

项目	男跳远	男三级跳	女三级跳	男跳高	女跳高	女撑竿跳	男撑竿跳	平均
倒数 6～8 步	3.81	3.96	4.00	3.95	4.06	4.42	3.85	4.02
倒数 3～5 步	4.17	4.17	4.24	4.29	4.17	4.76	4.36	4.31

跳跃项目运动员助跑稳定加速阶段股二头肌、臀大肌、股四头肌的 MPF 和 RMS 变化具有一致性，这个阶段是以髋腰发力、全身放松协调用力的过程，这种用力形式可以减少肌肉间的对抗阻力，提高助跑身体的重心高度，增大摆动的幅度。这种助跑技术不但可增大步幅，而且还可提高动作的摆动速度，减少腾空时间。

稳定加速阶段放松大幅度积极助跑运动可以提高运动速度，因为这个阶段运动员已经通过助跑获得了较高的运动速度，后蹬力量已经不是加速运动的主要动力，而是由着地时快速后摆“扒地”产生的反应力量提供助跑速度的动力，进一步加强后蹬不但不会收到好的效果，反而会增加主被动肌肉群的对抗，增加能量消耗。从肌纤维的动态滑动学说来看，肌纤维持续收缩会造成肌纤维的强直收缩。萨金特的研究表明，跑步过程中的能量消耗按运动速度的 3.8 次方增加。①也就是说，过快的加速达到最高速度会消耗更多的 ATP-CP 能量，而 CP 的下降是短时间、大强度运动性疲劳产生的主要原因。在稳定加速助跑时，主动肌纤维大部分以不完全强直收缩的形式工作，短时间的能量消耗与代谢可以处于一个平衡状

① 转引自孙泊，刘宇，李海鹏. 跑台上走、跑能量消耗与运动速度的相关关系研究[J]. 体育科学，2012，32（9）：17-22.

态。CP 的下降是极限负荷下运动疲劳产生的主要原因，这种能量消耗受肌肉收缩形式的影响较大，在最高速度下进一步紧张用力，肌纤维进行的强直收缩消耗的主要能源物质就是 CP，骨骼肌长时间处于持续性缩短状态，不能充分放松，导致肌肉兴奋收缩脱偶联。CP 连续的消耗，肌钙蛋白与钙离子可结合量明显减少，虽然收缩张力相对不变，但输出功率明显下降，这不但不能提高助跑速度，反而增大 ATP-CP 能量消耗，减少 CP 能量储备，并且破坏人体运动的技术动作链。

稳定加速度阶段中，下肢是以髋为中心放松摆动，形成了膝踝关节的末梢用力，从生物学角度来看，身体各个关节越放松，末梢用力效应越强，产生的快速力量越大。人体神经肌肉系统放松状态下，能量损耗少。下肢获得快速的摆动速度，着地瞬间下肢的牵张反射与主动用力相结合，在着地阶段形成了力偶运动。由于这个阶段着地距离距身体重心较近，助跑阻力小，快速的摆动着地力量是运动员获得加速度的动力，以髋为中心、身体中心大肌肉群带动下肢的运动满足了这一需要，从而提高了助跑速度，为起跳做好了能量和物质的储备。

从稳定助跑阶段的 sEMG 来看（图 3-16、图 3-17），高速助跑过程中，放松状态下主被动肌肉群协同用力效果更好，肌肉群 MF、MPF 和 RMS 相对比

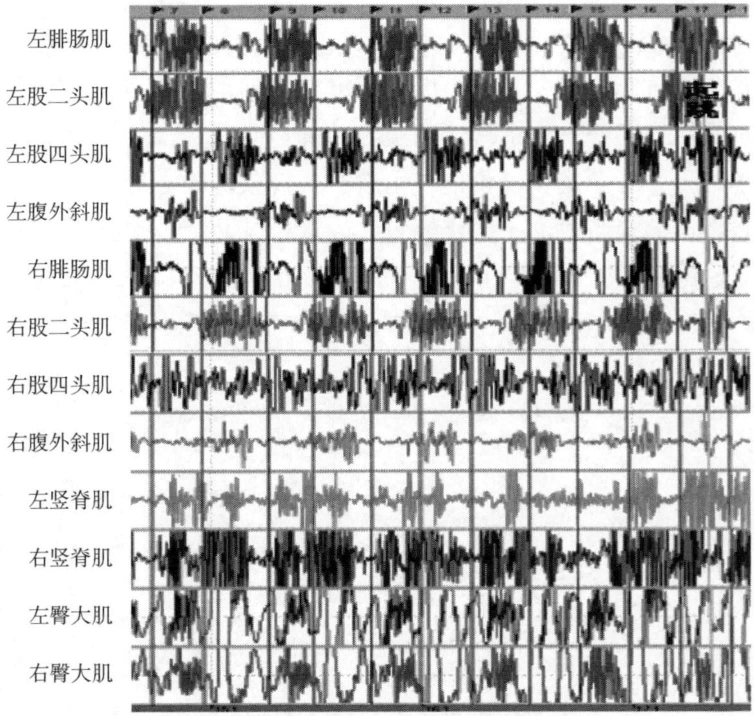

图 3-16　跳高助跑过程的肌肉群 sEMG 图

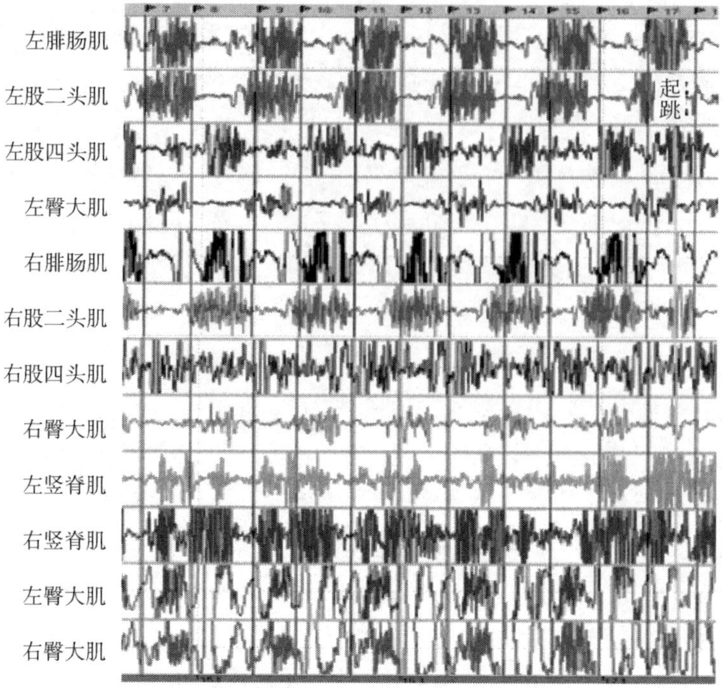

图 3-17　跳远助跑过程的肌肉群 sEMG 图

较稳定（变化情况见图 3-18～图 3-23），主动肌肉群 MPF 略有增大，提高肌肉的工作效率有利于进一步提高助跑速度。另外，这种相对平稳的高速运动可以使神经肌肉系统产生适应运动，提高神经肌肉系统对运动器官的精细分化支配能力，使助跑动作能量消耗出现节省现象，因而提高助跑动作的经济性和实效性。这个阶段的跑动步幅大、较放松，助跑技术更具有向前性。因此，训练过程中在加强最大速度练习的同时还要注意高速放松跑能力的训练，提高专项速度能力。

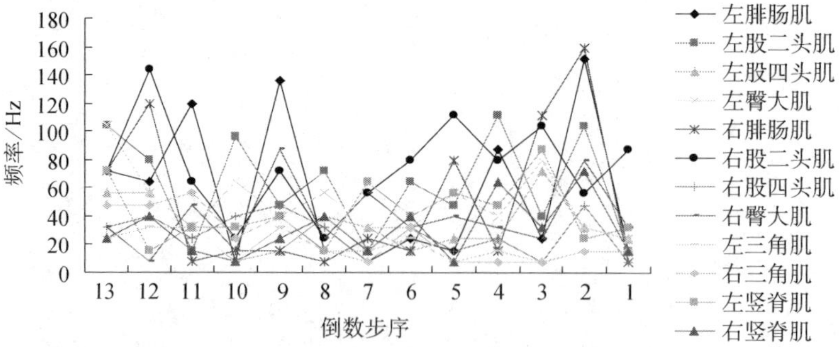

图 3-18　撑竿跳高技术过程肌肉群 MF 变化示意图

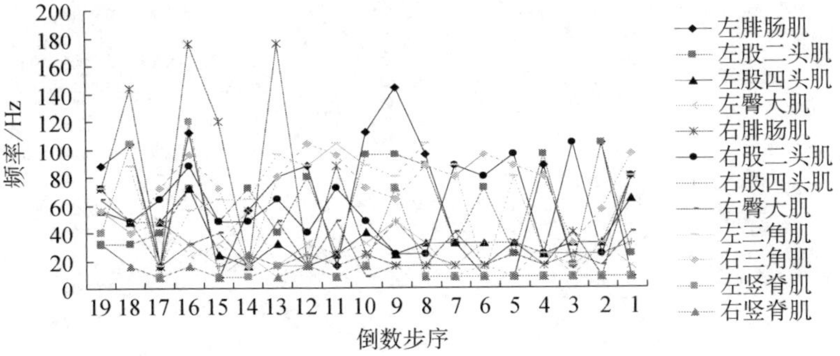

图 3-19　跳远技术过程肌肉群 MF 变化示意图

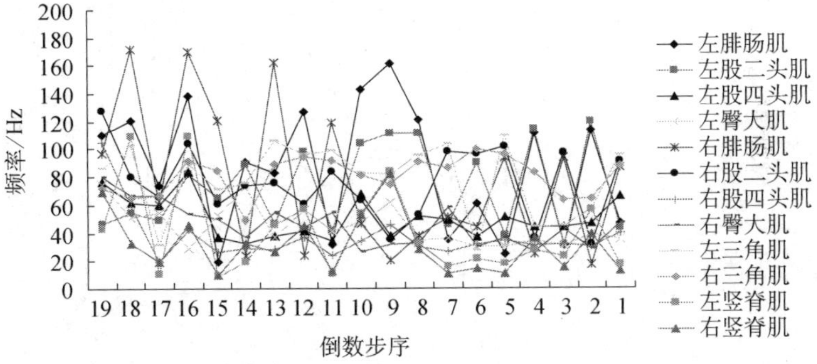

图 3-20　撑竿跳高技术过程肌肉群 MPF 变化示意图

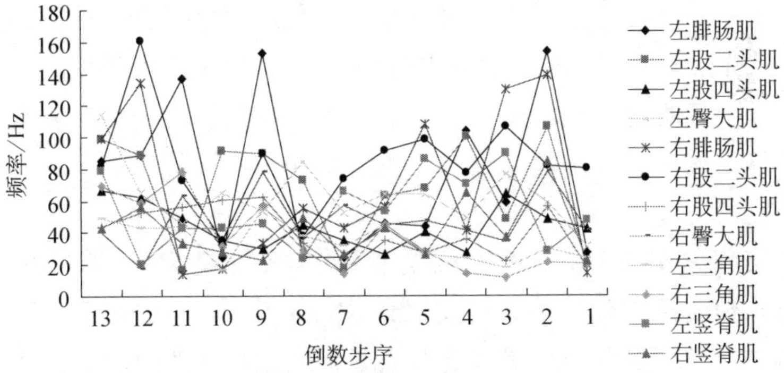

图 3-21　跳远技术过程肌肉群 MPF 变化示意图

（4）跳跃项目准备起跳助跑阶段助跑技能特征。

对所有的运动员来说准备起跳阶段都是关键阶段，运动员不仅要保持最高助跑速度，另外还要为起跳技术做动作准备，动作难度加大。运动员只有经过长年累月的多次重复训练才能形成、巩固这种条件反射，掌握起跳技术。这个阶段由于运动员掌握技术类型的不同，步长变化也有差异。根据后两步步长的比较可以分为两种类型，一种是倒数第一步大于倒数第二步，另一种是倒

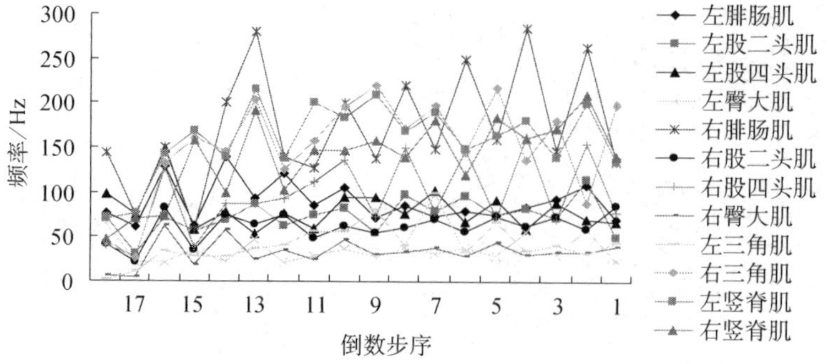

图 3-22 撑竿跳高技术肌肉群 RMS 变化示意图

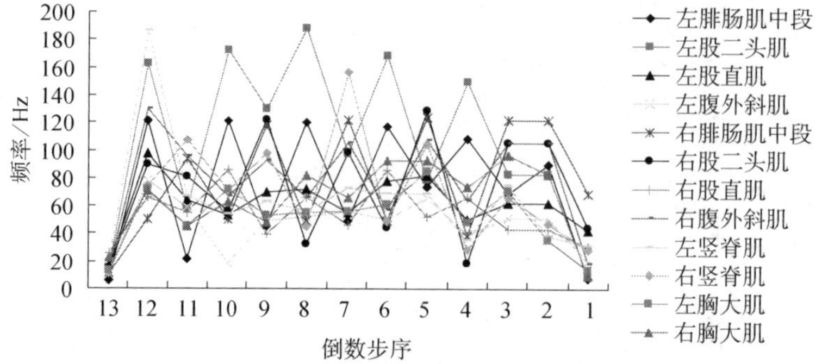

图 3-23 跳远技术肌肉群 RMS 变化示意图

数第一步小于倒数第二步。在我国所有跳跃项目高水平运动员中，最后一步大于倒数第二步的只有谢荔梅、顾俊杰两名运动员，但两人的最后一步都小于助跑最大步长，其他运动员都是最后一步最小。步长的缩小是因为最后一步动作速度加快，腾空时间缩短，重心运行更加平稳，减小起跳冲击力，为起跳做准备。

从速度损失率来看，助跑速度损失率从高到低为跳高>撑竿跳高>跳远>三级跳远，速度的损失与跳跃的技术有很大关系。从起跳技术来看，起跳方向与助跑方向差异越大，为完成起跳发生的技术动作改变越大，速度损失率就越高，因此，在助跑方式的改进上应注意助跑的动力链与专项跳跃技术的一致性，这样有利于提高速度利用率。例如，跳高的技术演变过程就是使起跳速度方向、过竿身体姿势与助跑形式和助跑速度方向越来越相近的过程，跳高过竿技术从跨越式到背越式演进，越来越有利于运动员充分发挥助跑速度优势，助跑速度和速度利用率越来越高，成绩也越来越好。因此，跳跃项目助跑技术强调助跑的方向性。

从跳跃运动员 RMS 来看，最后两步，尤其是最后一步左、右侧肢体同步增强，全身肌肉处于较高的同步动员水平，两侧股二头肌、股四头肌和竖脊肌都达到最大值，支撑腿高于摆动腿，支撑腿承受最大的工作负荷。跳高运动员的 RMS 达到最大，说明这个阶段上下肢配合更为明显，助跑的最后，神经肌肉系统处于连续的动员状态，支撑器官和摆动器官都处于积极工作状态。准备起跳助跑阶段跳远运动员股二头肌、股四头肌、臀大肌 MF 同步升高，动员了更多的快肌纤维肌，股二头肌、股四头肌、臀大肌 MPF 保持了最高水平；跳高运动员动员 MF 值达到最大，身体的快速神经纤维成为运动的主要单位，肌肉神经纤维的频率增大，工作任务难度升高。从运动学的角度来看，摆动腿的摆动更为积极快速，这个阶段上下肢的摆动速度加快，为完成起跳技术做好了准备。起跳积极主动，起跳意识强，表现出很强的“进攻性”。训练实践中教练员强调运动员摆动腿的“快蹬快摆”，更强调摆动腿的积极主动作用，主要是注重跑跳结合的连贯性。

综上所述，跳跃项目高水平运动员助跑具有以下的技能特征。

（1）跳跃项目助跑的最大速度能力是运动员的基础速度能力，起跳动作速度能力、助跑速度能力、最高速度耐力、动态柔韧和高速放松协调能力是跳跃项目的专项能力。

（2）跳跃助跑过程主要有自由加速阶段、稳定加速阶段和准备起跳阶段，每个阶段助跑神经肌肉系统收缩形式不同。自由加速阶段的加速助跑以“蹬伸技术”为明显特征；稳定加速阶段的助跑以“积极扒地”为明显特征；准备起跳阶段具有“低、平、快”的助跑技术特征。

（3）跳跃项目运动员具有高助跑速度利用率的特点，通过高助跑速度利用率弥补最大速度的不足。

（4）根据助跑技术的阶段性和整体性特征，助跑技术训练应具有“五性”，即助跑速度方向要与起跳技术一致的“方向性”，不同助跑阶段主动肌纤维工作特点的“节奏性”，不同助跑阶段形式转化要有机结合的“连贯性”，准备起跳阶段神经肌肉系统积极主动起跳的“进攻性”，助跑技术过程的“稳定性”。

2. 投掷项目高水平运动员助跑技能特征

助跑阶段的主要任务是使人和器械脱离静止状态，获得一定的水平速度，并为后续动作做准备。我国投掷项目高水平运动员助跑形式主要有滑步和旋转两种，铅球运动员都是采用背向滑步的助跑形式，铁饼和链球运动员采用旋转的助跑形式，且大多是 4 圈旋转技术。

（1）投掷项目高水平运动员滑步推铅球助跑技能特征。

根据投掷铅球的技术结构，滑步从开始后摆运动到右脚收拉着地为滑步阶段，运动员滑步开始先主动团身后移身体重心，然后再积极摆左腿，充分利用“移、摆”产生的动力进行滑步，保证铅球和身体重心获得必要的速度，又可减轻右腿的负担，有利于右腿完成后续动作。

滑步阶段躯干的竖脊肌、腹斜肌群 sEMG 比较稳定，下肢支撑腿的股四头肌、股二头肌、腓肠肌以及摆动腿的腓肠肌和股二头肌积 sEMG 变化较大（图 3-24）。这是由于铅球滑步从团身时已经开始，团身过程也是主动用力打破身体平衡、获取人体的水平速度的过程，通过摆动腿的后摆和支撑腿的蹬伸，支撑脚开始移动时重心已经获得了约 2.027m/s 的水平移动速度。

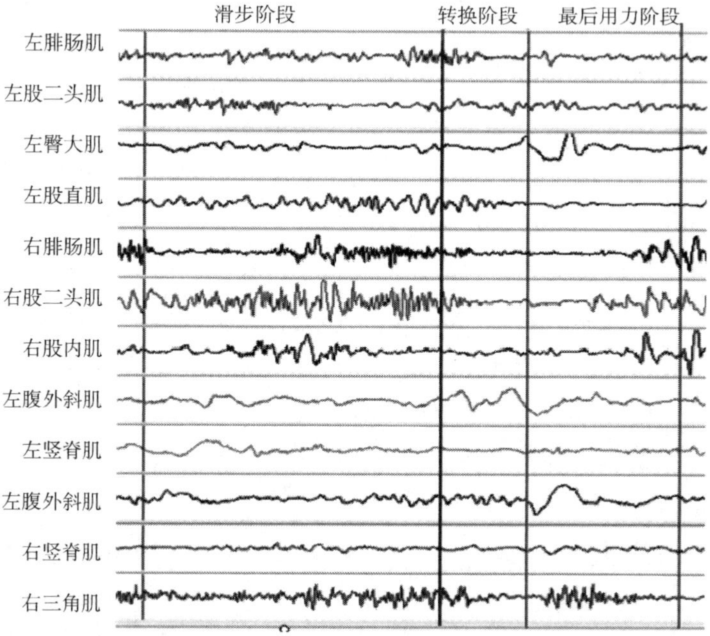

图 3-24　女子推铅球过程的肌肉群 sEMG 图

滑步移动过程中躯干处于放松状态，主要以下肢摆动为主，支撑腿屈曲蹬伸，使整个过程中躯干保持最大前倾的动作姿势，重心处于较低的位置，以便滑步结束形成整个身体沿着纵轴充分拉长（从左脚到头）的伸展状态，从而获得有利的身体姿势，滑步过程中平均躯干倾角为 43.019°，水平运动速度提高为 2.082m/s，滑步过程保持了低、平稳的运动，身体重心以“平动”为主要运动形式。

从女子推铅球技术过程肌肉群的 MPF、RMS 和 MF 变化来看（图 3-25～

图 3-27），左股二头肌和右腓肠肌、左臀大肌提高幅度达到最大值，这是由于摆动腿动员快肌纤维积极主动摆动，使身体获得最大的水平运动速度，为最后

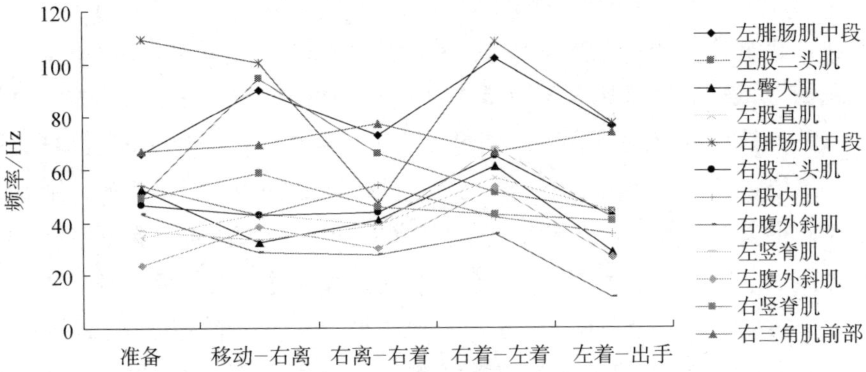

图 3-25　女子推铅球技术过程肌肉群 MPF 变化示意图

注：右离表示右脚离地，右着表示右脚着地，左着表示左脚着地。余同。

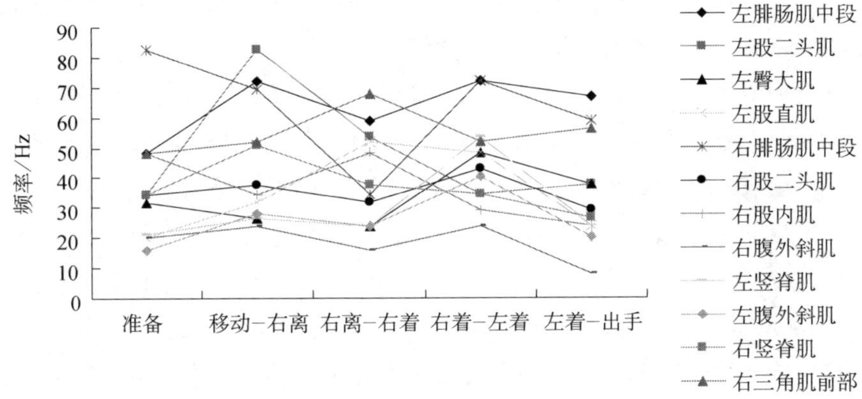

图 3-26　女子推铅球技术过程肌肉群 MF 变化示意图

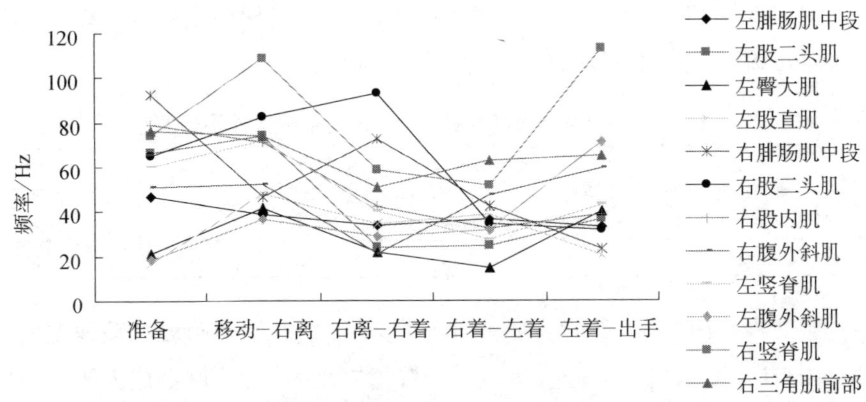

图 3-27　女子推铅球技术过程肌肉群 MF 变化示意图

用力准备好良好的身体姿势；滑步阶段是以下肢蹬摆配合的主动用力过程，躯干竖脊肌、腹斜肌的 RMS、MF 和 MPF 保持恒定的激活水平，有助于滑步过程中躯干保持平衡稳定的前倾动作姿势。

从重心速度来看，我国女子铅球运动员起推速度可达 2.027m/s，相当于出手速度的 15.59%，起推速度是铅球运动员获得运动成绩的保障。俄罗斯功勋教练步汉佐夫认为起推速度应该占到最后出手速度的 15%～20%，也就是说最后用力速度要达到 12～13m/s，起推速度达到 2.0～2.8m/s，即最后最大用力速度相当于起推速度的 5 倍。起推速度要根据最大出手速度来定，起推速度过低会降低最后出手速度，起推速度过高会影响完成技术动作的质量，对成绩影响很大。许多运动员在拼全力比赛投掷时反而成绩不理想，就是因为起投速度过快导致技术变形，如李梅菊在 2007 年世界锦标赛决赛中第四投投出了个人最好成绩，第五、六投为了提高成绩，提高了起推速度，结果技术质量下降，成绩降低。从以上分析可以看出，虽然我国运动员的起推速度处于下限，但是完成滑步技术质量有提高，具有以速度换技术的特点。

从推铅球滑步空间距离来看（表 3-22），我国高水平运动员平均移动距离为 0.869m，滑步距离占投掷圈的 40.7%；滑步阶段铅球的平均位移距离为 0.668m，下肢的移动距离大于躯干，这进一步证明滑步是以下肢主动用力为动力的水平运动为主的运动。铅球运动员重心的平均起伏高度仅为 0.221m，躯干较为稳定，这种运动形式有利于获得合理的滑步速度，滑步结束时重心运动速度为 2.140m/s，速度提高较小，这个阶段主要是提高下肢的运动幅度，为形成良好转换技术奠定基础。从生理角度讲，人体中相邻的两个关节，当远端的关节要想充分发挥力量和速度时，近端的关节就应该降低运动速度（制动）或者静止，此时躯干和上肢过分用力，就会使身体位移的速度大幅度减缓，下肢和髋部过早出现制动，不利于获得合理的滑步速度。

表 3-22 铅球运动员右脚着地时刻的部分指标平均值 （n=15）

项目	右离重心水平速度/（m/s）	滑步距离/m	右离重心合速度/（m/s）	右着重心水平速度/（m/s）	铅球运动距离/m	右着重心合速度/（m/s）
均值	2.027	0.869	2.134	2.082	0.668	2.140

推铅球滑步阶段以平动位移为主要的运动形式，滑步阶段移动速度的获得主要在团身阶段，快速、平稳、放松的移动技术主要使下肢形成大幅度的伸展动作，起推速度对投掷技术的稳定性有重要影响。

（2）投掷项目高水平运动员旋转掷铁饼助跑技能特征。

投掷铁饼时，身体旋转位移要平稳、连贯、迅速、准确，铁饼的运行轨迹与身体的运行保持一致，在旋转运行过程中尽可能地降低身体腾空高度，缩小铁饼在运行时的起伏幅度；旋转中要求技术动作幅度大并且自然放松，达到“人饼合一”的整体旋转效果。旋转助跑的目的是利用有效的区域获得最大助跑速度。

女子铁饼运动员旋转助跑中开始阶段左侧下肢的股内侧肌和右腿股二头肌是主要用力肌肉群，左侧股内侧肌 RMS 达到最大，可以看出铁饼开始旋转是以右小腿为动力、左侧为轴的支撑旋转，左侧大腿股四头肌起到支撑旋转作用，有利于保持身体重心的稳定。右脚旋转离地后左侧下肢股二头肌、股内侧肌和躯干的竖脊肌 sEMG 增强，开始全身整体用力，左脚蹬离滑步过程中左侧下肢（股二头肌、股四头肌）、腰腹（腹外斜肌）和躯干（竖脊肌）同时用力，左腿股二头肌和右侧竖脊肌 sEMG 最大（图 3-28）。这个阶段是以左侧下肢和躯干主动用力带动铁饼运动的整体用力过程。这种旋转技术有利于降低重心起伏高度，提高运动员旋转过程中的稳定性，并使器械获得有效的运动速度。

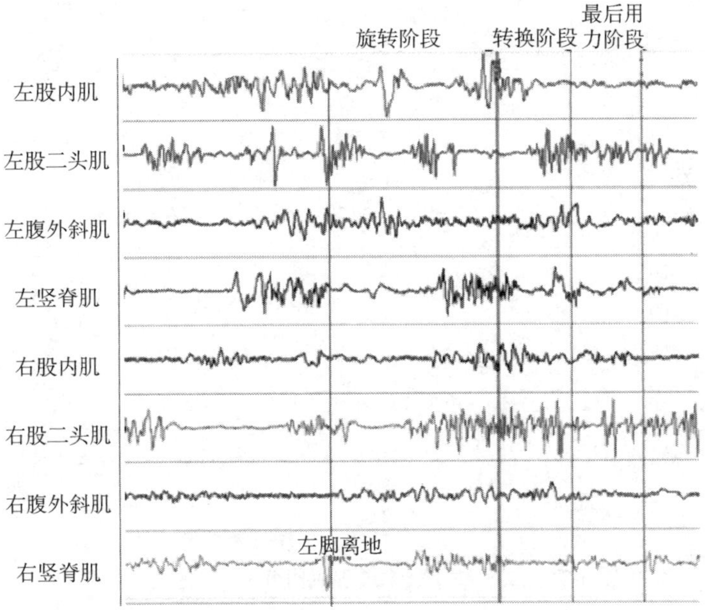

图 3-28　女子掷铁饼过程的肌肉群 sEMG 图

躯干肌肉群 MF、MPF 从铁饼最大摆动到右脚离地和左脚蹬离地面逐步提高（图 3-29、图 3-30），而 RMS 呈现下降趋势（图 3-31），这说明旋转阶段开始是以躯干主动用力带动铁饼加速的过程，而左脚离地阶段是以左腿蹬伸用力为主全身用力给铁饼持续加速的运动过程。左脚离地时全身肌肉群协同用力，动员了更多的快肌纤维用力，维持身体的平衡，保持身体旋转纵轴的稳定，以提高运动员对器械的控制能力，使铁饼运动速度达到最高。

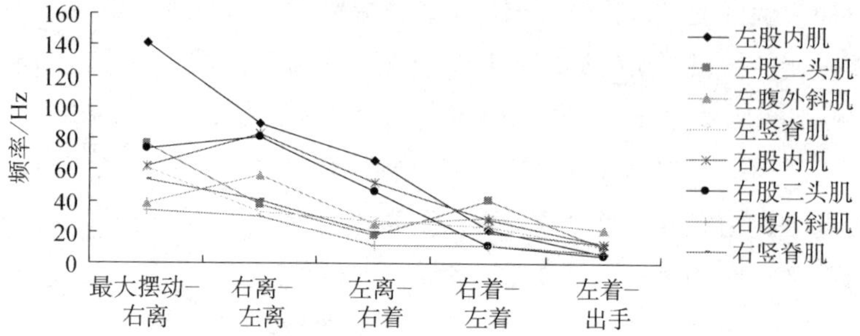

图 3-29　女子铁饼技术过程肌肉群 MPF 变化示意图

注：左离表示左脚离地。下同。

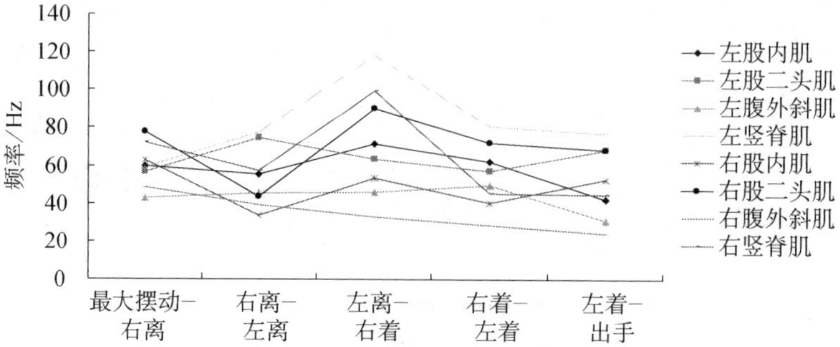

图 3-30　女子铁饼技术过程肌肉群 MF 变化示意图

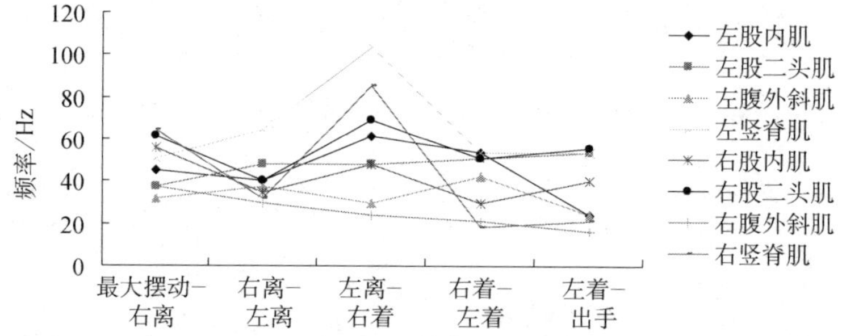

图 3-31　女子铁饼技术过程肌肉群 RMS 变化示意图

身体腾空后左侧股二头肌、股内肌、竖脊肌和右腿股内肌的 RMS 减小，躯干相对处于放松状态，加大了动作幅度，为完成最后用力姿势形成准备，这个阶段腹外斜肌的 MPF 最小、最放松。

从空间运动距离来看（表 3-23），助跑过程重心的平均位移距离为 0.686m，重心平均移动速度为 1.78m/s，助跑获得了 2.841m/s 的平均启动速度，身体重心垂直起伏高度平均为 0.349m，重心平稳有利于提高铁饼旋转及运动路线的稳定性，保证“人–饼”整体向投掷方向运动。助跑过程不但要给予铁饼最高的运动速度，并且也要使人体获得一定的水平运动速度，为最后用力阶段最大化激发人体的牵张反射，以提高技术动力链的用力效果。

表 3-23　运动员助跑阶段部分技术指标平均值

项目	重心位移距离/m	重心平均速度/（m/s）	器械速度/（m/s）	重心起伏距离/m
女子铁饼	0.686	1.78	2.841	0.349
女子链球	1.715	—	1.380	0.150

从速度变化来看，高水平铁饼运动员人体重心和铁饼平均速度是逐渐提高的，呈现加速运动状态（图 3-32、图 3-33）。铁饼的旋转运动增大了运动员对铁饼的控制能力，运动员开始旋转的稳定性对运动员和铁饼旋转过程的控制有重要影响。我国女子铁饼高水平运动员脚离地时平均速度为 4.082m/s，达到出手平均速度的 16.25%，虽然处于速度的下限，但是完成技术质量较高，具有以速度换技术的特点。脚离地时过高的速度会影响旋转过程的技术稳定性，如孙太凤

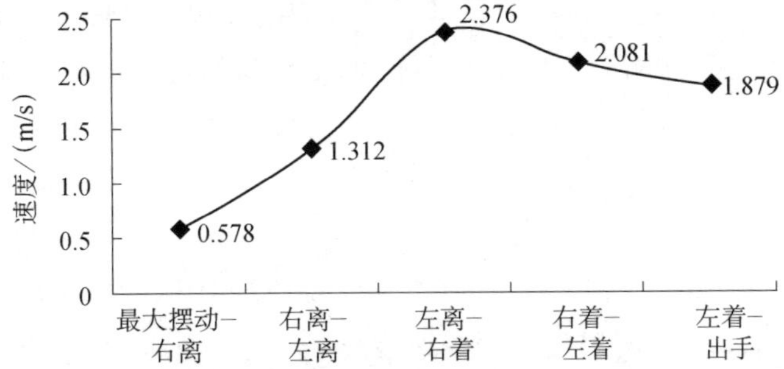

图 3-32　人体重心平均速度变化示意图

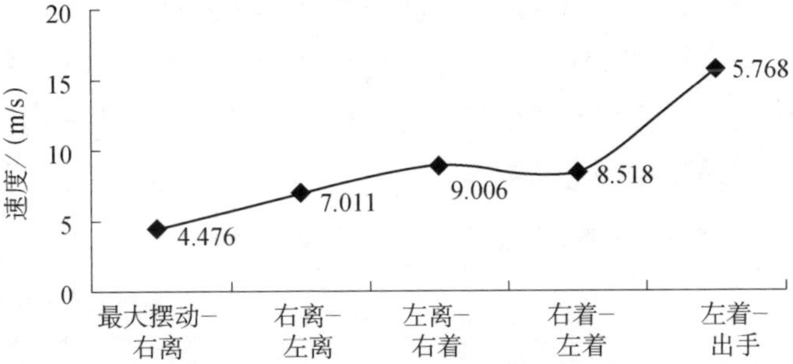

图 3-33　铁饼平均速度变化示意图

最高速度达到了 5.032m/s，相当于出手速度的 20%，但会影响比赛时技术的稳定性，她在一些比赛中会出现打网犯规现象。

总的来看，掷铁饼是以转动为主、平动为辅的“转动+平动”运动项目，旋转助跑有利于延长器械运动距离，提高铁饼运动速度；助跑阶段的助跑速度为出手速度的 30%～40%。运动员加速运动过程是以下肢为主启动用力，主动肌肉群的主动动员对完成技术有重要影响，第一双支撑阶段的稳定性和单支撑阶段的主动用力对助跑速度有重要影响。

铁饼的助跑阶段主要是通过下肢摆动协同用力给予铁饼最大加速度，而躯干稳固的支撑为铁饼的运动奠定了良好的基础。铁饼运动员旋转助跑是以“转动+平动”的运动形式完成的。

（3）投掷项目高水平运动员旋转掷链球助跑技能特征。

掷链球是通过链条作用于球体的，稳定角的变小增加了运动员控制链球的难度。旋转过程中链球旋转半径对链球的旋转速度有重要影响。运动员执链球旋转助跑过程中链球速度增加量也最小，速度提高难度大，通常旋转助跑阶段达到最大速度的 75%～85%，最后用力只占飞行速度的 15%～25%。因此，许多专业人士认为链球是“顺抛”出去，更强调掷链球的节奏性。

我国女子高水平链球运动员多采用 4 圈周期旋转助跑形式。从链球的速度节奏来看，预先摆动阶段链球已经获得了比较高的速度，达到了出手速度的 65.3%，由于旋转过程是“人–链球”一体的旋转运动过程。第一圈稍慢，有利于神经肌肉在放松状态下进入旋转。从链球平均运动速度来看，第一圈较预摆降低（图 3-34）。旋转助跑过程第一圈、第二圈、第三圈和第四圈速度分别达到出手速度的 61.20%、72.68%、80.81%和 82.59%，速度依次提高为 11.48%、7.13%和 1.78%，可以看出最后两圈速度变化很小，链球保持了稳定的旋转速度，加速度节奏呈现出“快—快—稳”的状态。掷链球各过程中，链球的平均旋转速度逐圈提高（图 3-34），单圈旋转时间逐圈缩短（图 3-35）。

由于链球的投掷半径比较大，人体对链球的作用力使其产生的离心力也比较大，出手阶段链球旋转产生的离心力是主要动力。人们通常用链球的运动路

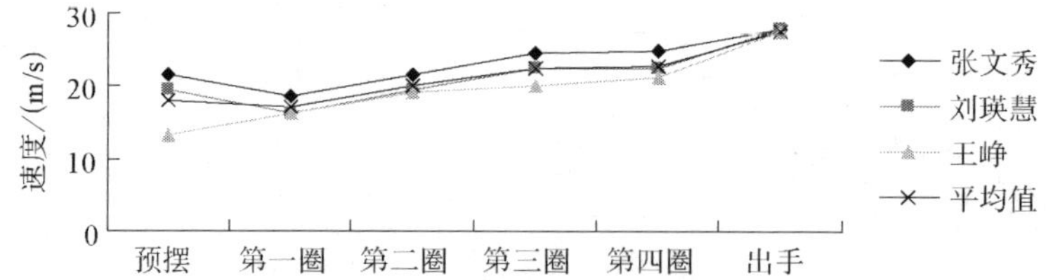

图 3-34　女子链球平均速度变化示意图

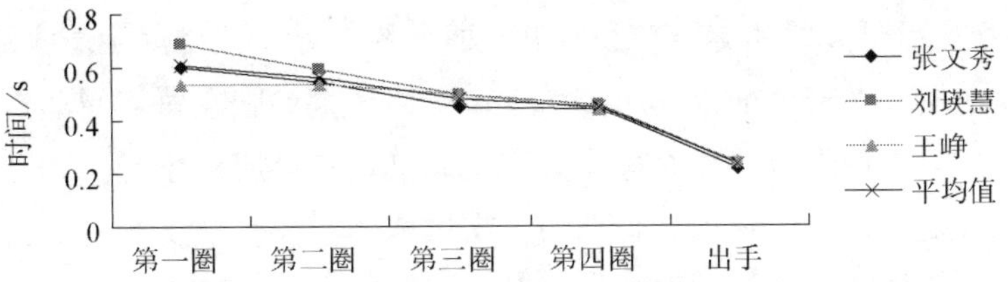

图 3-35　女子链球各周期时间变化示意图

程来判断链球旋转半径，从链球运动路程变化情况来看（图 3-36），我国女子链球的平均圈路程距离基本持平或略增大。张文秀更为明显，经过第三圈的快加速达到了 24.518m/s 的理想运动速度，在第四圈身体处于“顺球旋转”的放松高速旋转状态，这种放松运动增大了旋转半径，旋转路程达到 12.642m，在保证旋转速度的情况下增大了旋转半径，提高了链球的离心力，也为最后用力创造了条件，同时也提高了神经肌肉系统对球的感知控制能力，提高了技术的稳定性。

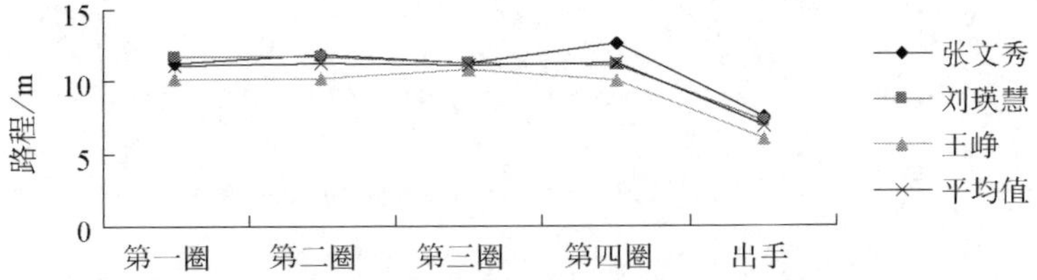

图 3-36　女子链球的运动路程变化示意图

链球旋转过程中运动员的身体重心是以水平位移为主的“平动”运动。从运动空间距离来看，我国女子链球高水平运动员助跑阶段身体重心平均水平位移距离为 1.715m（表 3-24），平均最大水平位移速度达到 1.380m/s，而垂直方向高度起伏为 0.150m，保持了旋转助跑过程垂直方向上的稳定性。

表 3-24　女子链球运动员身体重心水平位移距离　　（单位：m）

项目	第一圈	第二圈	第三圈	第四圈	出手	助跑	总位移
张文秀	0.219	0.461	0.507	0.571	0.229	1.758	1.987
刘瑛慧	0.296	0.496	0.486	0.425	0.279	1.703	1.982
王峥	0.260	0.472	0.491	0.462	0.245	1.685	1.930
平均值	0.258	0.476	0.495	0.486	0.251	1.715	1.966

运动员在链球旋转助跑过程中，支撑躯干的竖脊肌、支撑腿的股四头肌始终处于持续工作状态，主要因为左腿是支撑腿，在单双支撑过程中连续承受负荷。摆动腿旋转动力肌肉群（股二头肌和股四头肌）则在支撑阶段处于较高的

收缩状态，支撑肌肉群和旋转动力肌群在每一圈开始阶段都处于最大激活状态，而且都是在摆动腿着地前已经达到最大，所以说摆动腿在每一圈都是积极主动着地的，为双支撑阶段双腿支撑发力而主动动员神经肌肉系统，这也验证了我国教练员双支撑加速的观点是合理的。支撑腿的小腿在双支撑后期出现 sEMG 信号，说明支撑腿在旋转过程中主要是大腿肌肉群起支撑作用，小腿 sEMG 持续到摆动腿着地结束，说明支撑腿小腿在单支撑过程中具有动力作用（图 3-37），这有利于身体向投掷方向运动，还有利于获取身体运动速度，因此，训练过程中也要重视单支撑阶段的训练，尤其注意支撑腿小腿肌肉群的训练。

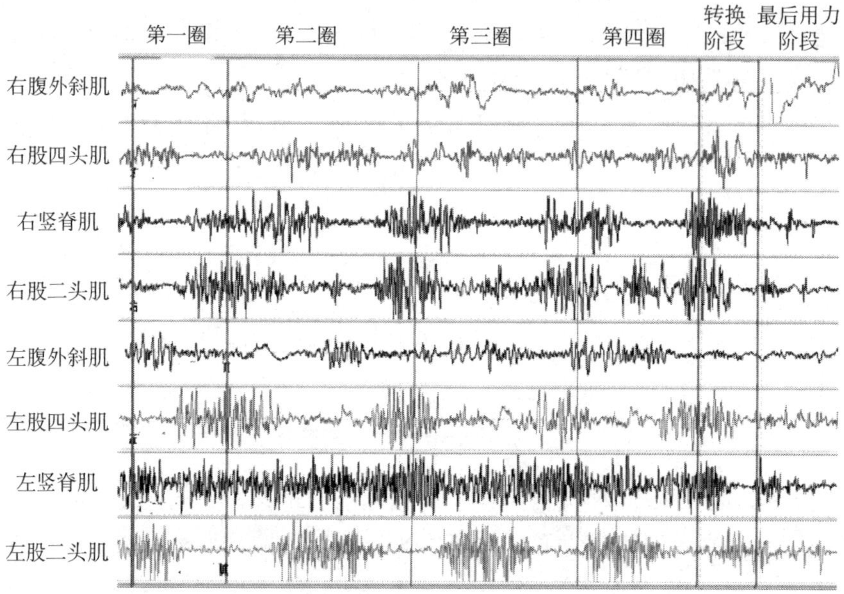

图 3-37　女子掷链球过程的肌肉群 sEMG 图

链球旋转助跑过程中，前三圈腹外斜肌 MF 和 MPF 处于逐渐提高阶段（图 3-38、图 3-39），激活的快肌纤维越来越多，运动员旋转过程中腹外斜肌发挥的作用越来越大，扭转力矩越大，超越器械程度和旋转半径越大，器械的离心力也越大。躯干竖脊肌始终处于 85%以上的动员水平，第三圈达到最高，这样可以确保旋转轴的稳定，为快速、顺畅的旋转奠定基础，右股二头肌在旋转过程中处于主动状态，是旋转助跑中的动力。第四圈主要加速动力肌肉群（股二头肌、股四头肌等）和支撑肌肉群（竖脊肌等）MF、MPF 相对稳定，保持了肌纤维的最高激活状态，而腹外斜肌 MF、MPF 稍有下降，主要是由于第四圈旋转动作比第三圈放松，增加了旋转半径，有利于运动员储备更多的能量。从 RMS 来看，第四圈主要工作肌肉群都达到了自身的最大能力（图 3-40）。

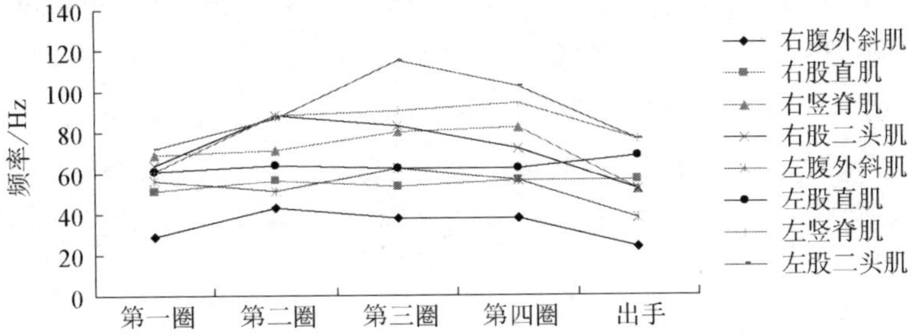

图 3-38　女子链球技术过程肌肉群 MF 变化示意图

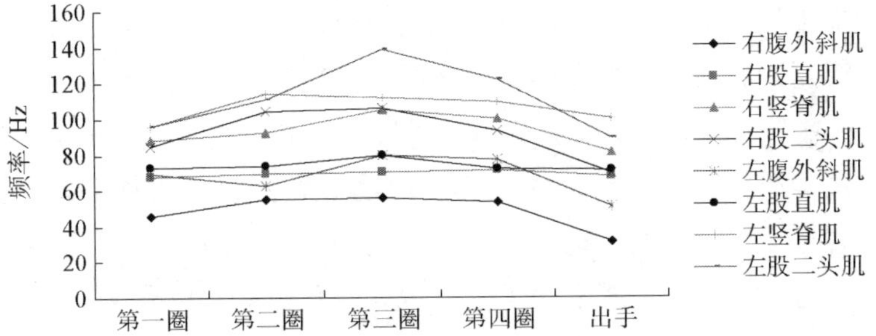

图 3-39　女子链球技术过程肌肉群 MPF 变化示意图

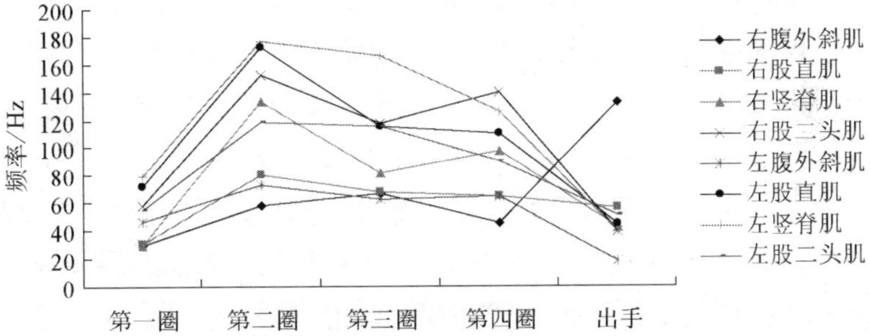

图 3-40　女子链球技术过程肌肉群 RMS 变化示意图

总的来看，链球的旋转助跑技术是“转动+平动”的运动形式，通过旋转助跑一方面链球要获得最大的旋转速度，另一方面人体也要获得最大的水平位移速度，为最后快速用力奠定基础。链球单支撑技术阶段对身体重心的移动具有重要作用，双支撑技术阶段对链球的加速有重要作用。链球旋转助跑具有“快—快—稳”的节奏，链球旋转助跑阶段是获得最后出手速度的主要阶段。

综上所述，投掷项目高水平运动员助跑技能特征如下。

（1）投掷项目助跑阶段：下肢相对运动和上肢、躯干保持技术动作的能力对助跑速度有重要影响，动作速度能力、位移速度能力、动态柔韧能力和协调能力是完成助跑技术的专项能力。

（2）投掷助跑技术形式：推铅球滑步助跑技术表现出“平动”为主的技术特征，掷铁饼、链球的旋转助跑技术表现出“转动+平动”的技术特征。

（3）投掷项目助跑阶段速度节奏：铅球起推速度为出手速度的15%～20%，铁饼速度为出手速度的30%～40%，链球速度为出手速度的75%～85%。我国田赛投掷项目高水平运动员以下限速度完成助跑技术，具有以速度换技术的特点。

（三）田赛项目高水平运动员转换阶段技能特征

转换阶段起到承上启下的作用，既是助跑阶段的结束，也是最后用力阶段的开始。因此，运动员一方面要通过合理的助跑获得最大的运动动量，激发出人体运动的生物学本能，以将助跑获得的动能转化到最后用力中去；另一方面要为最后用力阶段做好身体技术动作姿势的准备。跳跃项目中运动员的转换技术表现为“跑跳”结合技术，投掷项目中表现为“过渡技术”或“转换技术”，这在运动员日常的运动训练中既是训练的重点也是训练的难点。

1. 跳跃项目高水平运动员转换技能特征

跳跃项目运动员助跑起跳前处于减速状态，这是由于运动员为了完成跳跃的跑跳结合技术动作，助跑速度会减慢。田赛各单项的速度利用率从高到低依次为女子三级跳>男子三级跳>男子跳远>男子撑竿跳高>女子撑竿跳高>女子跳高>男子跳高。从项目特征来看，三级跳远技术与助跑技术最相近，速度利用率最高，而跳高项目是获取最高高度的项目，而助跑是水平运动，助跑速度利用率最低，起跳角度大于三级跳远、小于撑竿跳高，速度利用率介于三级跳远与撑竿跳高项目之间。撑竿跳高起跳的同时要求获得最大的摆动半径和摆动速度，对水平方向的运动速度要求比较高，比跳高更接近助跑技术。从以上分析可以看出，起跳技术与助跑技术越相近，速度利用率越高，越有利于完成起跳技术动作。所以，在运动训练中，跳跃项目的助跑速度训练要尽可能地与项目的起跳形式接近，从而提高训练效果。

跑跳结合过程中，专项技术动作主要通过上肢和躯干的相应变化为起跳做准备。助跑结束阶段，为了做好起跳准备，运动员要调整助跑时的身体动作姿势，上肢与躯干动作变化越大，对下肢跑动技术的影响越大，水平速度损失越大。运动员跑跳结合技术水平越高，完成起跳准备动作的时间越短，对助跑速度影响越小，这一点通过对跳跃项目运动员的助跑着地与起跳着地技术指标平均值的对比可以看出（表 3-25）。根据助跑速度和助跑技术特点，助跑最高速度出现在起跳前 5m 左右，这个阶段属于稳定加速阶段，因此这个阶段的技术代表了助跑技术特征，于是本书选取最后三步助跑着地技术来代表助跑技术。

表 3-25　田赛跳跃项目起跳着地与助跑着地技术指标平均值

（n=20）（单位：°）

项目			男子跳高	女子跳高	男子撑竿跳高	女子撑竿跳高	男子三级跳远	女子三级跳远	男子跳远
起跳	膝度	$\bar{x}$	179.3	174.4	175.9	177.7	178.5	172.3	176.2
		s	1.23	1.39	1.21	1.35	1.23	1.87	1.73
	着地角	$\bar{x}$	54.3	49.3	58.7	58.9	60.5	62.2	60.3
		s	3.71	2.63	3.21	4.43	4.31	4.71	5.31
助跑	膝度	$\bar{x}$	146.5	149.2	156.7	156.6	147.4	152.9	147.3
		s	4.35	2.41	4.23	5.95	3.29	4.76	5.63
	着地角	$\bar{x}$	74.1	66.7	63.4	68.7	69.2	70.4	63.4
		s	3.41	2.67	3.39	4.41	4.72	4.69	5.23

注：着地角为髋踝连线与地面夹角。

跳跃项目运动员为了完成跑跳技术的转换，助跑过程中有稳定的加速过程，最后一步达到最快，通过最后一步大腿的快速摆动加快身体水平向前的运动，降低离地时垂直向上的速度，保持身体重心平稳地向前运行。减少身体重心的起伏有利于降低跳起着地时的冲击力，从而增强跑跳技术的结合能力。这里有一点值得注意，大部分研究者认为是跳跃运动员在起跳前有意识地降低重心，这种认识是错误的。起跳前高水平运动员的身体重心根本没有降低，如果有意识地降低重心，势必会增加起跳的冲击力从而使起跳力量不足，影响起跳质量。因此，跑跳结合过程中要让运动员形成“早着地、早起跳”的快速主动积极起跳意识。

在上肢完成起跳摆动技术的同时，起跳腿积极摆动踏跳，为完成起跳技术做好准备。从着地技术来看，男子跳高起跳着地膝关节角度平均为 179.3°，比助跑着地膝关节平均角度大 32.8°，这是起跳腿快速踏跳的结果。下肢起跳腿前蹬着地起跳超越躯干的运动形成躯干后倾动作，使着地角增大。男子跳高起跳着地角平均为 54.3°，比助跑技术着地角小 19.8°，这是为起跳腿快速完成起跳做好准备。

从表 3-25 可知，女子跳高起跳着地膝关节平均角度比助跑着地时膝关节平均角度大 25.2°，着地角小 17.4°；男子撑竿跳高起跳着地膝关节平均角度比助跑着地时膝关节平均角度大 19.2°，着地角小 4.7°；女子撑竿跳高起跳着地膝关节平均角度比助跑着地时膝关节平均角度大 21.1°，着地角小 9.8°；男子三级跳远起跳着地膝关节平均角度比助跑着地时膝关节平均角度大 31.1°，着地角小

8.7°；女子三级跳远起跳着地膝关节平均角度比助跑着地时膝关节平均角度大19.4°，着地角小8.2°；男子跳远起跳着地膝关节平均角度比助跑着地时膝关节平均角度大28.9°，着地角小3.1°。从以上数据可以看出，起跳着地技术都是膝关节角度增大、着地角减少，身体重心在起跳点的后面，有利于形成攻击性起跳动作。这说明助跑与跑跳结合技术是有差异的，为了提高跑跳技术能力，应该在训练中将助跑与起跳紧密地结合起来，在起跳结合的助跑训练中，尽量减少身体重心、步长变化，培养运动员敢跑、敢跳的意识和跑跳结合的动作节奏，只有通过这样的训练培养出来的运动员，技术才能过硬，才能在比赛中正常或超常发挥水平。许多世界高水平运动员的教练员甚至认为只练助跑、不做起跳，根本就不能算作助跑技术的练习。因此，在我国跳跃项目高水平运动员的助跑训练中教练员应重视跑跳结合的训练方法，跑跳分开的训练方法只应在训练的某些阶段或有针对性地改进某些技术问题时采用。

从跳跃项目着地角来看，各单项着地角由大到小为三级跳远>跳远>撑竿跳高>跳高，这说明专项垂直起跳速度要求越高，着地角越小，重心高度越低，越有利于增加垂直起跳距离。因此，不同专项跑跳结合技术具有差异性。

从完成跑跳结合过程的主要肌肉群的sEMG变化来看（图3-41、图3-42），跳远和跳高运动员的躯干肌肉群和上下肢主动肌肉在起跳着地前都处于动员状态，sEMG表现出持续用力状态，起跳腿的股二头肌、股四头肌sEMG着地前达到最大，说明起跳腿肌肉群在起跳着地前已经得到充分的动员，起跳腿提前动员对承受起跳着地冲击力量具有很大的作用。起跳用力过晚会降低起跳效果或导致起跳失败，也是导致下肢损伤的主要因素之一。从这一点来看，《田径》中所说跳跃运动员主动屈曲缓冲起跳并不客观，因为下肢主动肌肉群在主动收缩用力过程中是不可能再去主动做屈曲运动。只有一种可能，就是由于主动用力不足而被动完成下肢屈曲运动，因为在跳跃起跳中下肢要承受8～22倍体重的力量，而下肢主动用力表现出的最大力量也只有4倍体重，无法对抗起跳着地的负荷。因此，跳跃项目运动员起跳前绝对不能有缓冲意识。

从摆动腿肌肉群sEMG来看，主动肌肉群起跳着地前已经开始有很强的肌电信号，如摆动腿的股二头肌、股四头肌和臀大肌，起跳腿的股四头肌和股二头肌也出现了连续信号，改变了助跑阶段有节奏的随意收缩状态。从以上分析可以看出，这个阶段是上下肢主动用力、协调配合完成起跳动作。躯干的腹外斜肌、胸大肌和竖脊肌等主动肌肉群的肌电信号最强，并且呈现出肌纤维连续收缩状态，体现了在这个阶段中腰腹核心力量的重要作用。躯干也是起跳过程

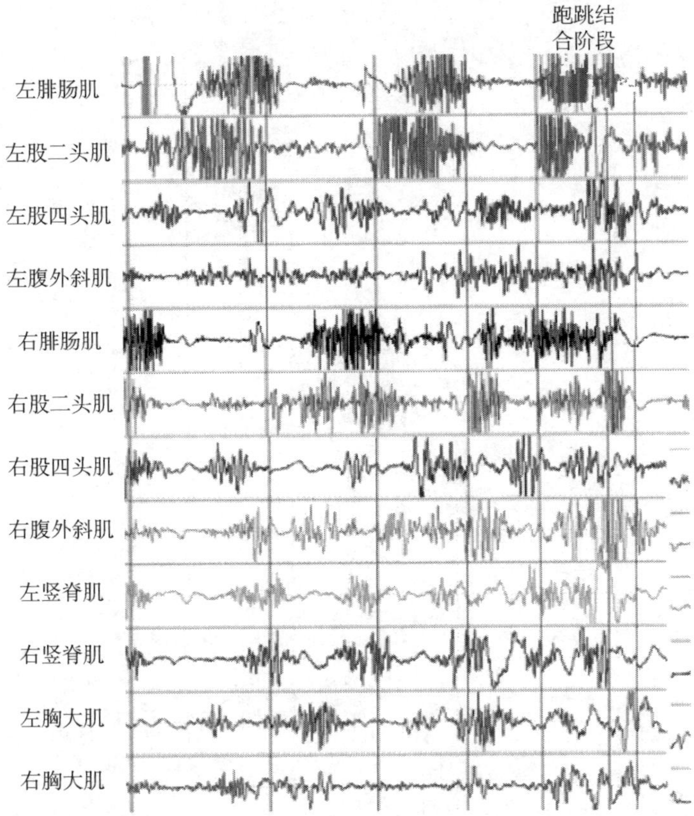

图 3-41　跳高跑跳结合过程的肌肉群 sEMG 图

中起跳力量传递与转移的重要部位，当前有关核心力量的研究已经有很多，但是真正对专项有直接作用的专项练习基本上没有，躯干力量训练还要与专项技术练习相结合。因此，当前的躯干力量训练还需要通过日常训练的逐渐积累，不断提高跳跃项目运动员的专项核心力量水平。

综上所述，跳跃项目高水平运动员转换技能特征如下。

（1）跳跃项目的跑跳结合技术的关键是下肢超越躯干快速起跳动作，专项技术与助跑技术差异越大，完成技术的难度就越大，速度损失也越大。跳跃的专项助跑技术训练一定要结合起跳进行，跑跳结合技术过程实际是起跳前肌肉、神经系统主动动员的过程。动作速度能力、动作协调能力是完成跳跃转换技术的专项能力。

（2）跳跃项目的跑跳结合技术是以水平运动为主要的运动形式，运动员神经肌肉系统主动完成起跳准备技术，这个阶段身体重心低、轨迹平、起伏小，水平运动位移速度和着地动作速度快，具有“低、平、快”的技术特点。

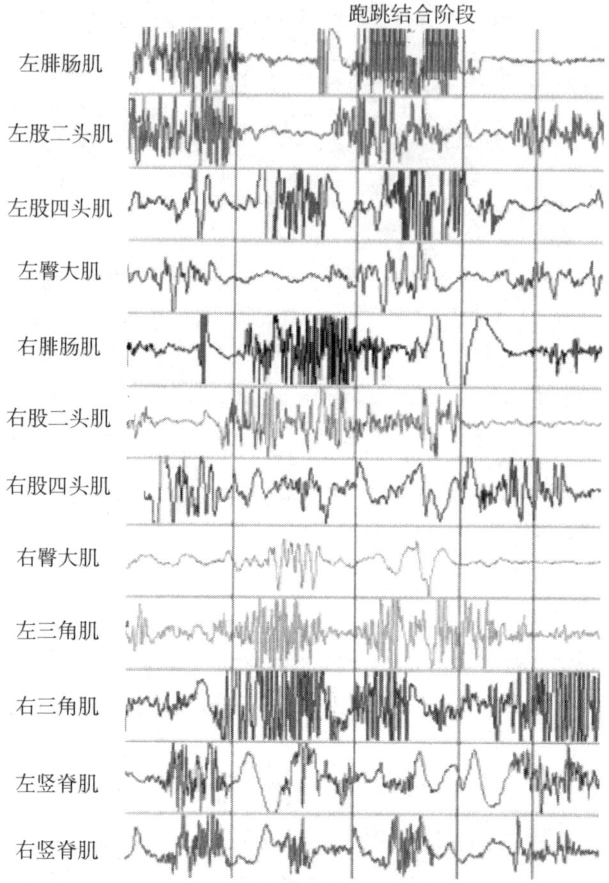

图 3-42　跳远跑跳结合过程的肌肉群 sEMG 图

（3）跑跳结合过程是保持助跑速度、形成最后用力姿势的技术转换过程，运动员起跳腿具有“快着地”的技术特点，运动员要具有“早着地、早起跳”的快速起跳意识。

2. 投掷项目高水平运动员转换技能特征

转换技术是投掷过程中非常重要的技术环节，它起着承上启下的重要作用，这个环节技术动作完成的好坏将直接影响最后用力的效果。转换技术的任务应是保持或适当增加器械在滑步中获得的速度，并为最后用力形成较为合理的超越器械的身体姿势。

短投项目的滑步助跑和长投项目的旋转助跑，最后都是在转换阶段通过摆动腿超越支撑腿的快速运动，转化形成最大超越器械的动作，形成以身体核心区域为中心的动力牵张反射链，达到最有效的超越器械的运动效果，但是不同项目的转换技术特征不同。

（1）投掷项目高水平运动员滑步推铅球转换技能特征。

铅球运动员转换时间与成绩呈显著负相关（r=−0.823），即转换阶段时间越短，转换速度越高，成绩越好（表 3-26）。我国高水平女子铅球运动员转换阶段平均时间为 0.147s，反应时间处于 M1 反应时间的范围，这个时间恰恰处于身体肌肉神经系统可以感觉支配的范围。因此，运动员能否合理、有效地完成转换技术受技术认知和动作意识的影响，转换阶段完成动作的用力顺序和结束动作姿势体现了运动员竞技能力水平的高低。从转换阶段运动员关节和重心的运动速度变化来看（图 3-43），我国运动员转换阶段身体重心和髋部保持了助跑阶段的运动速度，而摆动腿摆动平均速度为 3.51m/s，是重心和髋部运动平均速度的 1.62 倍，可迅速超越躯干和支撑腿形成有利的超越器械动作。这个阶段摆动腿摆动越快，着地越早，越能有效地超越器械。因此，下肢的快速运动能力对铅球技术有重要影响，应该加强运动员下肢的快速力量训练，提高运动员下肢力量训练的专项化水平。

表 3-26　身体倾角与成绩相关性统计表　（n=15）

项目	右脚着地倾角	左脚着地倾角	躯干倾角变化	时间
皮尔逊相关系数	0.643	−0.562*	−0.650**	−0.823**
双尾检验	0.130	0. 29	0.009	

注：*表示 p<0.05，**表示 p<0.01。

由于铅球持握在锁骨窝处，形成“躯干–球”一体结构，躯干倾角的大小反映了躯干下压的程度，也反映了超越器械的大小及最后用力阶段肌肉工作距离大小的储备情况。躯干倾角越小，说明躯干柔韧性越好，柔韧性越好，躯干动作幅度越大。我国女子铅球高水平运动员右脚着地平均倾角为 42.523°，躯干倾角最小的李梅菊为 34.278°；左脚着地时平均倾角为 55.303°，躯干倾角最小的李梅菊为 50.252°。李梅菊保持了良好的超越器械姿势，跟踪研究发现，李梅菊 2008 年与 2006 年相比躯干倾角减小了 11.35°，这也是李梅菊这名老运动员技术的突破点和专门技术改进的关键点。铅球比赛成绩与运动员右脚着地倾角的相关系数为 0.643，与左脚着地倾角的相关系数为−0.562（表 3-26）。转换阶段保持较小的躯干倾角对铅球技术有重要作用，运动员躯干倾角平均变化为 12.78°，变化最小的巩立姣为 5.4°，并且是在她 19.17m 最好的一投中出现的，这一投也是她躯干倾角最小的一次，为 38.97°，小于她个人躯干倾角的平均值。躯干倾角大小的变化也反映了躯干的用力时机，用力时间过早，躯干抬起早，躯干倾角变化大，而且从相关性来看，运动员躯干倾角变化与成绩呈显著负相关，相关系数为−0.650，说明躯干在转换技术阶段保持姿势的能力对最后用力有重要影响。

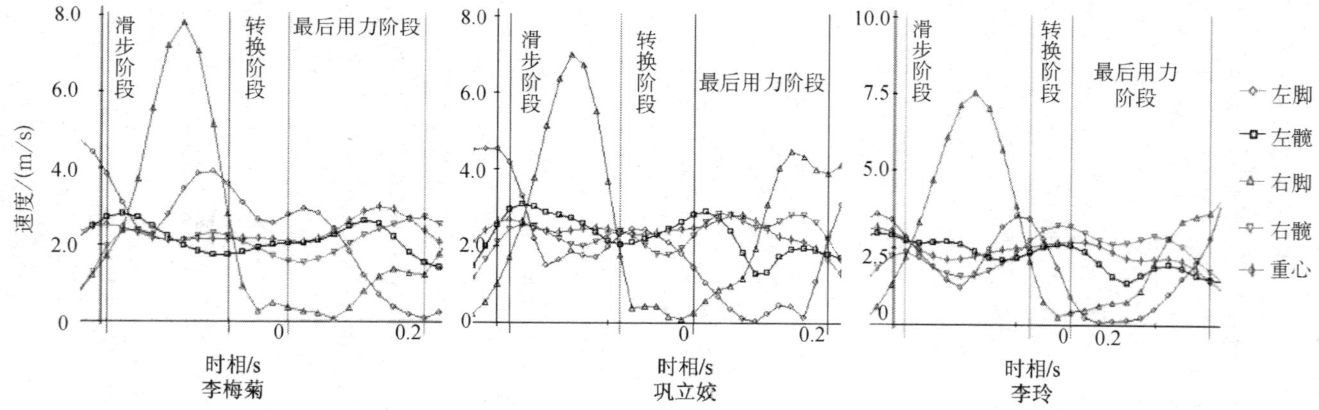

图 3-43　铅球投掷过程运动员重心和脚、髋关节运动速度变化示意图

注：横轴 0 表示最后用力阶段左脚着地时刻。

从动力学角度来看（图 3-44），运动员左脚着地前右脚已经进入发力状态。铅球运动员的最大着地力量约为 320kgf，最大为体重的 3.11 倍。由于转换阶段右腿积极地蹬伸用力，有效地保持了身体快速向投掷方向运行，同时为身体以“弓”形最大超越器械奠定了速度与力量基础，转换阶段是在完成动作的运动状态下进行的，右脚着地重心移动速度平均为 2.081m/s，左脚着地重心移动速度平均为 2.352m/s，转换技术是在加速运动状态下完成的，而且完成时间仅仅为 0.14s。因此，下肢快速力量、动作速度能力对转换技术有重要影响。

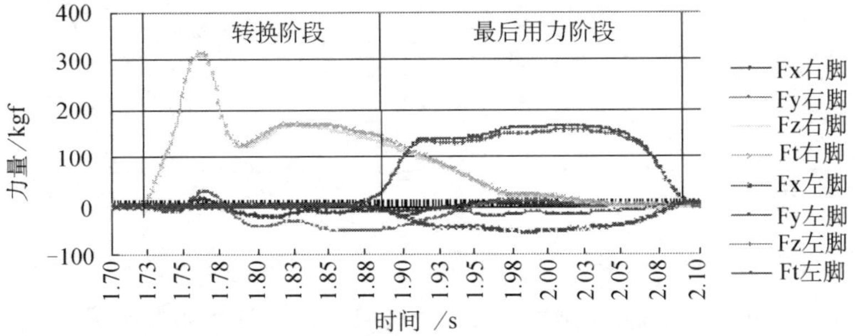

图 3-44 女子铅球转换和最后用力阶段动力学曲线

从女子推铅球过程的肌肉群 sEMG 图来看（图 3-24），转换阶段右躯干和下肢肌肉活动大于左侧，右股二头肌活动程度最大，其次是右腓肠肌和左腓肠肌，而其他肌肉的活动程度相对较小。从肌肉的用力顺序来看，依次是左股直肌、右腓肠肌、左股二头肌和右股二头肌、右竖脊肌、左腓肠肌。这个阶段左腹外斜肌和臀大肌在左脚着地瞬间得到动员与激活，最后是左右下肢。躯干竖脊肌、右侧股二头肌、股四头肌、腓肠肌肌电信号比较强烈，而左侧股二头肌、股四头肌和腓肠肌都信号比较微弱，相当于最大工作状态的 46.9%，有利于运动员更好地发展力量，表现出更好的动态柔韧性。

（2）投掷项目高水平运动员旋转掷铁饼转换技能特征。

我国女子铁饼高水平运动员转换时间为 0.152s，转换时间最长的李艳凤为 0.167s，转换时间最短的宋爱民为 0.125s。转换时间与成绩为负相关，转换时间越短，转换速度越快，成绩越好。铁饼运动旋转半径长，转换时间长于铅球。转换阶段完成动作的用力顺序和结束动作姿势体现了运动员运动水平的高低。

从运动员在转换阶段关节和重心的运动速度变化来看（图 3-45），我国运动员转换阶段身体重心和髋部保持了助跑阶段的运动速度，摆动腿平均摆动速度为 13.21m/s，相当于髋部平均运动速度的 4.632 倍，左肩平均运动速度为 2.94m/s，而且关节整体都是加速运动状态，左腿的加速度使下肢超越躯干，在躯干超越上肢与器械的运动形式中，髋轴与肩轴的夹角反映了下肢超越躯干的运动，我国高水平运动员肩髋角为 48.89°；牵引角反映了躯干超越上肢和器械的大小，我国铁饼项目高水平运动员的牵引角为 47.09°。从表 3-27 来看，牵引角与运动员的成绩呈显著负相关（$r=-0.563$），肩髋角与运动员的成绩呈现显著正相关（$r=0.629$）。摆动腿摆动越快，着地越早，超越器械就越大，因此，下肢的快速运动能力对转换技术有重要影响，应该加强运动员下肢的快速力量训练，提高下肢力量训练的专项化水平。

表 3-27　牵引角与成绩相关性统计　（$n=29$）

项目	时间	牵引角	躯干倾角	肩髋角
皮尔逊相关系数	−0.195	−0.563*	0.303	0.629**
双尾检验	0.311	0.028	0.111	0.014

注：*表示 $p<0.05$，**表示 $p<0.01$。

铁饼的助跑是旋转运动，运动员身体纵轴的稳定性对保持旋转助跑的流畅性具有重要影响（$r=0.303$）。尽管如此，在过渡阶段，由于下肢超越上肢的运动，躯干在转换结束阶段形成了 56.975°的躯干倾角，有利于增加最后用力阶段的工作距离，提高最后用力效果，这个阶段铁饼运动速度为 7.808m/s，已经达到最高速度的 31.32%，“人–饼”系统在整个过程中都处于加速运行状态。

从动力学角度来看（图 3-46），转换阶段铁饼运动员左脚着地前，右脚已经进入发力状态，由于铁饼以旋转为主要运动形式，运动员右腿作用力量小于铅球运动员的支撑反作用力，右脚最大支撑力量为 145kg，体重相对力量为 1.43，蹬伸力量相当于体重的 1.5 倍。

从女子掷铁饼过程的肌肉群 sEMG 图来看（图 3-28），左侧股内肌和股二头肌在转换开始阶段 sEMG 明显增大，动员了快肌纤维参与完成技术动作，而后 sEMG 降低，左腿以放松状态着地，为最后用力奠定了生理学基础。右侧股内肌和股二头肌保持了较为稳定的工作状态。腹外斜肌在转换阶段末期 RMS 达到最大值。躯干的竖脊肌处于稳定的工作状态，以便维持运动员身体的平衡。

（3）投掷项目高水平运动员旋转掷链球转换技能特征。

链球的助跑是旋转运动，充分利用“扭转”“移动”“后倒”连续旋转加速运动，旋转助跑每圈结束形式与最后用力形式十分一致，转换阶段为第四圈（最后一圈）的单支撑阶段。由于链球是双手持握，躯干的稳固支撑很重要，右脚着地时，髋轴超越肩轴的幅度很小，肩髋角为 7.846°，主要是下肢右脚加速着地形成下

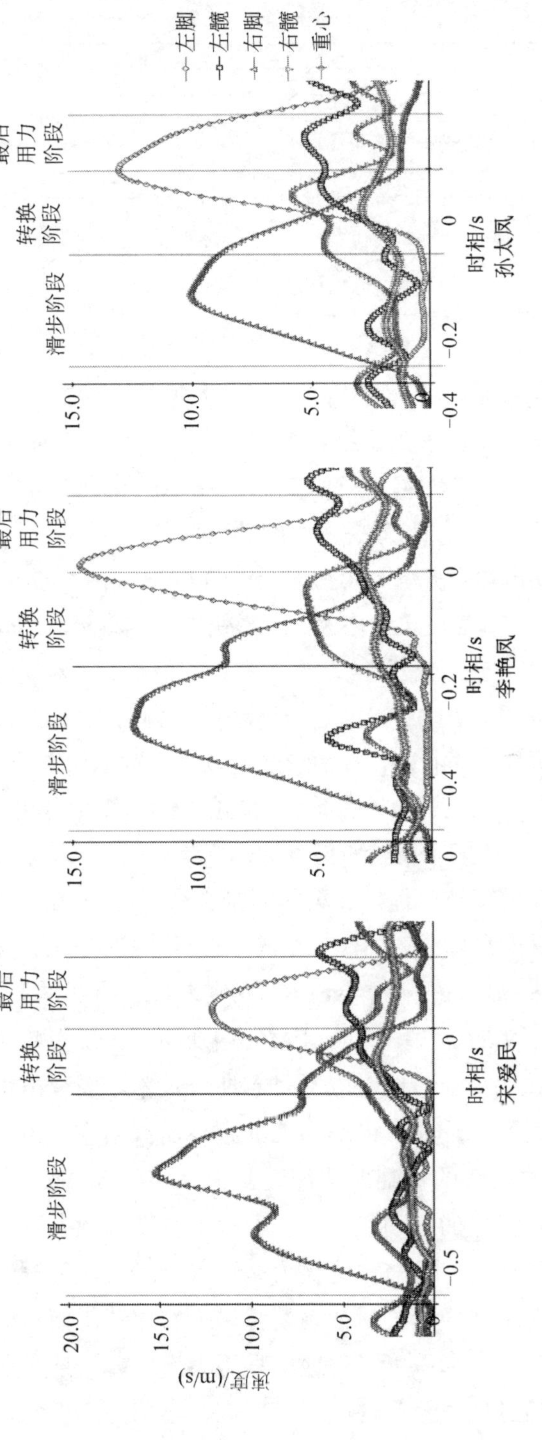

图3-45　铁饼投掷过程运动员重心和脚、髋关节运动速度变化示意图

注：横轴0表示最后用力阶段左脚着地时刻。

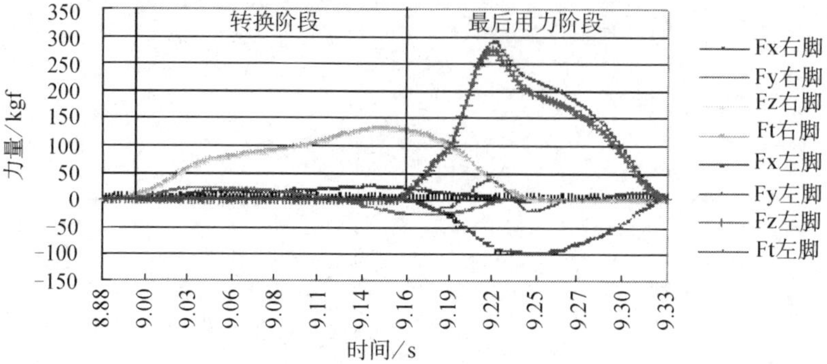

图 3-46 女子铁饼转换和最后用力阶段动力学曲线

肢超越躯干的超越器械动作，左、右脚支撑点与髋轴夹角为 32.03°，右脚着地阶段链球平均速度为 23.915m/s，达到最大速度的 88.3%。右脚的快速主动着地对身体超越器械具有重要意义，右脚着地越早越有利于在链球的高点用力，提高用力效果，研究表明掷链球技术的双支撑阶段是主要的动力阶段。

从转换阶段运动员脚、髋关节的速度变化可以看出（图 3-47），左腿蹬伸阶段，右腿迅速摆动着地，右脚速度迅速增大，左髋快速超越右髋，形成“拉长–缩短”状态，在着地瞬间肌肉处于放松用力状态，右脚积极着地进入最后用力状态。

从动力学角度来看（图 3-48），链球运动员右脚着地后即进入双支撑阶段，左、右腿进入积极蹬伸用力状态。转换阶段是以水平运动为主的运动形式，这个阶段的屈曲运动是为了加大最后用力阶段做功的距离。躯干在相对放松的状态下完成超越器械动作，提高躯干扭转肌肉群的牵张反射效果，提前动员躯干肌肉群主动用力，增大链球的旋转半径，如第四圈张文秀提高 0.232m。提高旋转阶段的稳定性，需要良好的身体柔韧性作为基础，这样才能有效地完成动作转换。

从女子掷链球转换阶段股肉群 sEMG 变化来看（图 3-37），转换阶段躯干的竖脊肌和右侧股二头肌、股四头肌 sEMG 增加明显，说明链球转换技术是在躯干稳固支撑下右腿积极地着地完成“早着地”技术，表现出运动员良好的动态柔韧性和运动协调性，形成了由下而上的超越器械动作，为最后用力奠定了运动速度和身体动作姿势的基础。从神经肌肉系统的 sEMG 来看，最后用力前身体的摆动腿完成动作的主动肌肉群已经处于快增强状态，表明相关运动器官的肌纤维已经得到动员，这与传统认为是进入最后阶段后开始用力是有偏差的。因此，技术训练中转换阶段后期更要强调下肢相关肌肉积极主动用力，提高运动员主动用力意识，形成“早着地、早用力”的转换技术。张文秀在备战北京奥运会训练中通过加强最后阶段“早着地、早用力”技术稳定性训练，提

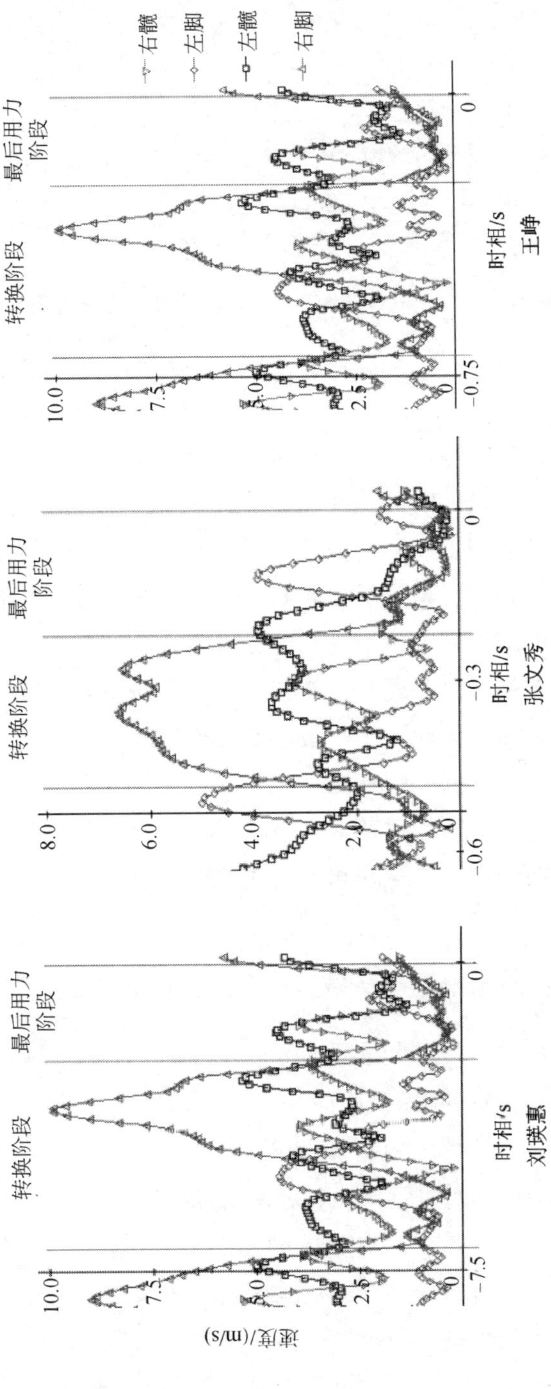

图3-47 链球投掷过程运动员脚、髋关节速度变化示意图

注：横轴0表示器械出手时刻。

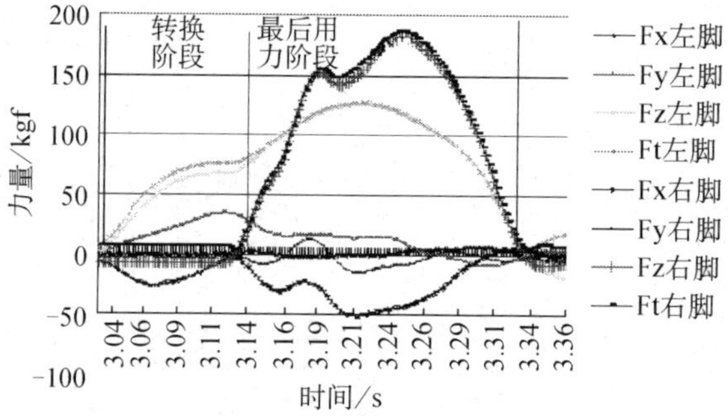

图 3-48　女子链球转换和最后用力阶段动力学曲线

高了比赛成绩的稳定性，在北京奥运会的比赛中创造了个人赛季最好成绩，获得了奖牌。

综上所述，投掷项目高水平运动员转换阶段技能特征如下。

（1）投掷项目转换技术阶段是在保证助跑速度的基础上，以躯干为中心，髋轴超越肩轴、下肢超越上肢和器械的旋转运动，形成牵张反射的过程，下肢动作速度对完成转换技术质量有重要影响。动作速度能力、动态柔韧能力和协调能力是投掷项目运动员完成转换技术的专项能力。

（2）投掷项目转换技术阶段是以旋转运动为主要的运动形式。这个阶段运动员身体姿势低、重心运动轨迹平、下肢着地动作速度快，我国高水平运动员转换技术具有“低、平、快”的特点。

（3）投掷项目转换阶段的运动形式是以下肢主动用力为主的旋转运动，此阶段强调身体重心的快速平稳运动和下肢摆动腿快摆着地，具有“早着地、早用力”的特征。

（四）田赛项目高水平运动员最后用力阶段技能特征

最后用力阶段是田赛项目最重要的阶段，跳跃、投掷项目的成绩都是由最后用力结束时的速度和角度决定的。

1. 跳跃项目高水平运动员最后用力技能特征

（1）跳跃远度项目高水平运动员的起跳技能特征。

跳跃远度项目运动员要在起跳中充分利用助跑获得的水平速度，在尽量减少水平速度损失的前提下获得更大的垂直速度，加大腾起初速度和获得适宜的腾起角。因此，起跳是跳跃专项技术中对成绩有重大影响的技术。运动员能否很好地将助跑与起跳相结合，充分发挥出自己的专项跳跃能力，与起跳的质量有很大的关系。

从起跳时间来看，三级跳远起跳时间长于跳远的起跳时间，我国男子跳远高水平运动员平均起跳时间为 0.109s，男子三级跳远为 0.119s，女子三级跳远为 0.126s（表 3-28）。起跳属于激发性反应，运动员技术认知水平对完成技术质量具有重要影响，运动员可以通过学习来掌握，使起跳成为一种自动反应。因此，跳远、三级跳远起跳技术需要运动员通过对起跳动作重复训练来提高起跳的运动技能。

表 3-28　跳跃项目最后用力阶段运动员技术指标平均值

项目		起跳时间/s	离地速度/(m/s)			膝关节角速度/(°/s)		力量体重比/倍		重心位移距离/m	
			垂直	水平	合	着地	最大	冲击	蹬伸	水平	垂直
男子跳远	$\bar{x}$	0.109	3.160	8.910	9.550	41.6	1331	19.510	5.230	1.078	0.218
	s	0.008	0.113	0.812	0.733	21.9	80.1	2.312	0.423	0.076	0.056
男三级跳	$\bar{x}$	0.119	3.130	8.695	9.347	38.5	1421	14.230	5.150	1.015	0.152
	s	0.099	0.113	0.812	0.673	20.7	83.2	2.122	0.321	0.081	0.031
女三级跳	$\bar{x}$	0.126	3.070	7.288	7.948	48.6	1490	15.390	5.290	1.109	0.161
	s	0.022	0.121	0.677	0.541	25.6	60.2	2.392	0.357	0.049	0.026
男子跳高	$\bar{x}$	0.156	5.058	4.437	7.193	58.5	1277	8.960	5.510	0.929	0.355
	s	0.032	0.201	0.212	0.539	23.7	79.5	1.039	1.212	0.082	0.052
女子跳高	$\bar{x}$	0.148	4.145	4.584	6.351	69.5	1200	8.890	5.210	0.850	0.341
	s	0.015	0.225	0.219	0.561	24.8	74.1	1.924	1.119	0.079	0.049
女子撑竿	$\bar{x}$	0.101	2.929	5.722	6.728	34.5	1381	13.210	5.960	1.028	0.201
	s	0.021	0.276	0.231	0.441	32.9	83.1	2.431	0.923	0.068	0.053
男子撑竿	$\bar{x}$	0.099	2.384	7.641	8.644	33.3	1254	13.900	5.060	0.929	0.160
	s	0.032	0.126	0.547	0.672	29.8	71.7	2.212	0.821	0.056	0.047

注：表中数据取每名运动员 3 次跳跃的平均值参与计算。

从动力学角度来看，我国高水平跳跃远度项目运动员在着地 10ms 以内达到了冲击力量的最高值，男子跳远项目平均冲击力量为体重的 19.51 倍，男子三级跳远为 14.23 倍，女子三级跳远为 15.39 倍，远远超过下肢的最大力量（表 3-28）。从生物力学角度来看，单纯依靠人体生物本能牵张反射，运动员在 10ms 内是无法应对如此大的冲击力量的，因为人体最快需要在负荷后 30～50ms 后才能产生反应。运动员只有在起跳着地前主动动员下肢神经肌肉系统，积极主动起跳，提前募集更多的肌纤维参与工作并使其在起跳过程中与下肢超等长收缩增量力量相结合，下肢才能承受起跳着地时的冲击力量。起跳腿屈曲运动是下肢的牵张反射与主动起跳用力的复合过程，是被动动作。因此，跳跃运动员不但需要最大力量训练，而且还需要提高快速反应的力量训练和积极主动快速着地起跳能力训练。

从跳远跑跳结合过程的肌肉群 sEMG 图来看（图 3-42），跳跃项目运动员的起跳腿股二头肌、股四头肌等主动用力肌肉群在起跳前的 sEMG 达到最大，提高起跳腿承受起跳冲击力的能力，因此下肢的支撑能力对跳跃项目运动员的专项能力有重要影响。当前，跳跃项目高水平运动员力量训练主要是围绕支撑负荷展开的，但是运动员依然会出现器官损伤，这与跳跃技术训练量累积负荷过大有关。另外，运动员起跳动作积极主动性不足、过于消极，起跳腿屈曲幅度太大，被动肌肉群拉长过大，也会导致肌纤维损伤率加大，因此，起跳动作不合理也会导致下肢的损伤。

从起跳蹬伸阶段力量来看，男子跳远项目运动员平均蹬伸力量为体重的 5.23 倍，男子三级跳远这一数值达到了 5.15 倍，女子三级跳远达到了体重 5.29 倍，都超过了下肢最大力量（表 3-28）。起跳通过牵张反射募集更多快肌纤维参与运动，从而保证了起跳技术的完成。起跳腿蹬伸阶段三角肌的 sEMG 增强，三角肌 MF、MPF 和 RMS 提高，摆动腿和躯干主动肌肉群 MF、MPF 和 RMS 保持了工作状态，表现出全身协调集中用力，总体提高了起跳能力，这是因为最后起跳过程是上下肢协调配合共同完成起跳动作。在运动训练实践中我们发现起跳阶段摆动技术对起跳效果有重要影响，应进一步加强运动员起跳摆动技术的训练，以提高整体训练效果。

上下肢的协调摆动动作对完成跳跃技术有重要影响。从速度变化来看，起跳着地阶段是上下肢加速向上摆动的主要阶段，蹬伸阶段虽然摆动速度快但是加速度小，着地起跳阶段是上下肢获得垂直速度的主要阶段，蹬伸阶段的摆动制动实现下肢的蹬伸用力，同时完成了身体水平动量向垂直方向转化，运动员获得了 3m/s 左右的起跳垂直速度，水平速度损失不足 1m/s，保持了高速运行的水平速度。因此，需要加强运动员起跳过程中摆动技术的训练。

从起跳速度变化来看，男子跳远运动员起跳速度最快，平均速度为 10.33m/s，女子三级跳远最慢，为 8.615m/s，起跳时间只有 0.109～0.126s，起跳时下肢膝关节角速度达到 1200°/s 以上。这个阶段运动员不但要承受很大的力量负荷，而且还要快速地完成技术动作，其中速度力量能力起关键作用，速度力量能力是跳跃项目运动员完成专项技术的保障。因此，训练中要加强运动员下肢快速力量训练，提高专项起跳能力。

从身体重心运动的距离来看，男子跳远运动员起跳过程平均水平位移 1.078m，垂直位移 0.218m；男子三级跳远起跳过程平均水平位移 1.015m，垂直位移 0.152m；女子三级跳远平均水平位移 1.109m，垂直位移 0.161m（表 3-28）。从以上数据可以看出，跳跃远度项目运动员身体重心以水平运动为主，但是垂直方向做功距离和垂直起跳力量对垂直运动速度的获得具有决定性影响。由于人体生理结构的影响，垂直作用距离有限，运动员只能在有限垂直工作距离内以最大爆发力完成起跳任务。因此，要加强运动员起跳快速力量训练和爆发力训练，提高运动员的起跳能力。

跳跃的起跳过程是摆动腿和双臂加速向上摆动的过程，以使身体获得最大的垂直运动惯量，提高垂直起跳速度，因此腿和双臂的摆动对起跳方向和垂直速度有重要影响。跳跃训练中绝对不能忽视对运动员上肢的训练，尤其是要加强运动员上肢的快速力量训练。

（2）跳跃高度项目高水平运动员起跳技能特征。

从起跳时间来看，女子撑竿跳高平均起跳时间为 0.101s，男子撑竿跳高为 0.099s（表 3-28）。由于撑竿跳高是借助于撑竿起跳的，起跳阶段运动员的身体要获得最大的摆动惯量，以便借助于撑竿弹性势能获得最高的身体重心腾起高度。运动员躯体的长摆对成绩有重要影响。

跳高是跳跃项目中起跳时间最长的项目，男子跳高的平均起跳时间为 0.156s，女子跳高为 0.148s。跳高的起跳是由以水平运动为主转化为以垂直运动为主的运动，这种运动形式受较多的因素影响，对起跳动作控制能力提出了更高的要求，需要运动员高度的神经系统分化能力和动作技术的认知能力，训练中要注意提高运动员将水平动能转化为垂直动能和运动势能的能力。

从起跳冲击力量来看（表 3-28），男子跳高平均冲击力量 8.96 倍于身体体重，女子跳高 8.89 倍于身体体重，男子撑竿跳高 13.90 倍于身体体重，女子撑竿跳高 13.21 倍于身体体重，冲击力量小于跳远、三级跳远，这是由于跳高和撑竿跳高起跳速度低于跳远和三级跳远。跳高冲击力量小于撑竿跳高，因为撑竿跳高起跳的主要任务是获取最大摆动速度，以完成起跳时身体的长摆动作，起跳更重视身体重心的向前性，而跳高的起跳主要是为了获得最大的垂直高度，因此，减小冲击力量有利于运动员主动完成起跳动作，提高技术控制能力，增大垂直起跳速度。

从起跳蹬伸阶段力量来看，男子跳高平均蹬伸力量 5.51 倍于身体体重，女子跳高 5.21 倍于身体体重，男子撑竿跳高 5.06 倍于身体体重，女子撑竿跳高 5.96 倍于身体体重（表 3-28）。我国男子跳高项目高水平运动员起跳平均离地垂直速度为 5.058m/s，女子为 4.145m/s；而女子撑竿跳高高水平运动员垂直离地速度为 2.929m/s，男子为 2.384m/s。从以上数据可以看出，跳高的垂直速度远大于撑竿跳高和其他田赛项目，助跑技术、起跳技术与其他项目相比也有很大差异。跳高的助跑速度和速度的利用率最低，所以跳跃项目的专项速度训练一定要结合起跳技术进行。

从表3-28中身体重心水平和垂直位移距离的数据可以看出，跳跃远度项目和撑竿跳高在水平位移与垂直位移距离上相对比较近似，撑竿跳高起跳过程更强调身体的摆动速度和摆动半径，二者都是以向前跳为主要的运动形式。跳高项目运动员重心水平位移距离小于跳远和三级跳远，但是垂直位移距离约是跳远、三级跳远和撑竿跳高的1.5倍，因为跳高项目起跳垂直工作距离远大于其他跳跃项目。所以，跳高更强调运动员摆动的幅度和速度，跳高时摆动腿和双臂向上摆动的幅度远大于其他跳跃项目，通常在训练中教练员会针对摆动技术设计许多练习手段。蹬摆结合技术是提高起跳技术质量的关键因素，起跳时膝关节的角速度可达到1200°/s以上，训练中教练员特别强调快蹬快摆技术。水平运动速度降低有助于运动员获得更长的起跳时间，起跳时间延长对加大起跳做功垂直距离和提高垂直速度有重要作用，有助于将助跑水平运动惯量向垂直运动惯量转化，从而获得最大的垂直速度。跳高的起跳是以垂直用力为主，这一点从运动员起跳力量的变化也可以看出来，跳高的起跳难度大，水平速度利用率低，因此，运动员更要注意起跳技术的训练。

从跳高跑跳结合过程的sEMG图来看（图3-41），起跳腿主动肌肉群和摆动腿的主动肌肉群（起跳腿股二头肌、股四头肌、腓肠肌，摆动腿股二头肌、股四头肌及躯干腹外斜肌、臀大肌、竖脊肌）的sEMG在整个起跳过程都达到最大值，处于积极的协同蹬摆起跳状态，增大了摆动动量。

综上所述，跳跃项目高水平运动员最后阶段技能特征如下。

（1）跳跃起跳冲击力量与助跑速度有关，助跑速度越大，冲击力量越大，快速力量水平要求越高。快速力量能力、动作速度能力、最大力量能力和反应力量能力是完成跳跃起跳技术的专项能力。

（2）跳跃项目起跳过程是以垂直用力为主要的用力形式，快速大幅度的起跳动作具有“快蹬快摆”的特点。运动员上下肢的摆动方向和幅度决定了项目特征。

（3）跳跃起跳腿屈曲动作是被动运动，起跳腿“早着地、早起跳”技术有利于起跳前动员神经肌肉系统，对提高起跳质量具有重要影响，技术训练中应加强运动员主动积极起跳的训练。

2. 投掷项目高水平运动员最后用力技能特征

从运动生物力学的角度来分析，投掷最后用力阶段是器械的最后用力加速阶段，器械的出手速度和出手角度对投掷成绩有重要的影响。因此，最后用力阶段要使器械获得最大的出手速度和最佳的出手角度。

从投掷项目高水平运动员器械速度来看（表 3-29），女子铁饼最后用力阶段平均开始速度为 8.724m/s，出手速度为 25.997m/s，最后用力阶段器械获得了 66.44%的运动速度；女子链球最后用力阶段开始速度为 22.941m/s，出手速度为 27.725m/s，最后用力阶段器械获得 17.25%的运动速度；女子铅球最后用力开始速度为 2.902m/s，出手速度为 12.312m/s，铅球 76.42%的出手速度是在这个阶段获得的，最后阶段用力对提高器械的出手速度具有重要影响。从速度变化节奏来看，我国女子铅球、铁饼、链球高水平运动员最后用力阶段平均获得了 23.58%、33.56%和 82.75%的出手速度，可见，最后用力阶段是投掷运动员对器械的主要加速阶段。

表 3-29　女子投掷项目运动员最后用力阶段技术指标平均值

项目		时间/s	着地器械速度/(m/s)			出手速度/(m/s)			力量体重比/倍		重心位移距离/m		出手角度/%
			垂直	水平	合	垂直	水平	合	右脚	左脚	垂直	水平	
女子铅球	$\bar{x}$	0.232	2.527	1.425	2.902	9.909	7.336	12.312	3.11	1.86	0.203	0.698	37.404
	s	0.027	0.231	0.025	0.352	1.231	1.243	0.918	0.231	0.242	0.043	0.051	2.41
女子铁饼	$\bar{x}$	0.164	7.477	4.495	8.724	19.954	15.116	25.997	1.62	3.33	0.246	0.196	38.468
	s	0.035	0.361	0.132	0.267	0.841	1.312	1.824	0.124	0.214	0.045	0.032	2.12
女子链球	$\bar{x}$	0.230	16.464	15.974	22.941	19.142	17.026	27.725	1.85	1.45	0.108	0.208	43.245
	s	0.032	0.361	0.627	0.437	0.876	0.912	1.266	0.129	0.215	0.039	0.029	2.19

注：表中数据取每名运动员 3 次投掷的平均值参与计算。

从速度变化来看，在最后用力阶段，运动员进入双支撑后，重心移动速度呈降低趋势。从动量传递的原理来看，最后用力阶段下肢的制动、重心移动速度降低有利于躯干上肢的快速用力，便于器械获得最大出手速度，但是由于最后用力过程是全身协调整体用力过程，身体重心在支撑点后方，需要一定的身体重心位移速度来保证身体重心快速通过支撑点，以增大器械加速工作距离，提高出手时器械运动速度。

最后用力阶段身体向前水平速度不够是我国投掷运动员最常出现的技术问题，所以，最后用力阶段保持一定的水平运动速度也很重要。女子铁饼运动员马雪君、李艳凤和宋爱民经常出现身体重心水平速度不够而使重心投影点在支撑点后方的现象，用力时身体重心上不去，从而导致最后用力阶段器械水平速度不够，影响了比赛成绩。最后用力阶段身体水平速度一方面与运动员身体重心的位移有关，另一方面与两脚支撑点有关。两脚支撑距离过大，增加了身体重心通过支撑点的距离，延长了转换阶段时间，不利于运动员快速进入双支撑用力阶段。例如，女子铅球运动员巩立姣也常由于着地两脚距离过大，双支撑时间短，铅球垂直速度不够，导致出手角度小而影响了成绩。两脚距离过小，会减少最后用力阶段下肢超越器械的工作距离，影响最后用力阶段的器械加速能力。只有两脚距离与最后用力阶段身体重心超越器械形成最佳组合，运动员才能获得最好的运动成绩。宋爱民两脚着地距离最短，最后用力时间最短，形成了“早着地、早发力”的个人技术特点。

链球项目在运动过程中是以旋转为主要的运动形式，最后用力阶段是以右脚快速着地开始的，着地应尽可能在链球的高点，这样有利于充分利用链球的地心引力获得最好的加速度效果，“早着地、早发力”，增大最后用力双支撑时间是链球运动训练的重点。

从动力学角度来看，最后用力阶段女子铁饼运动员的左脚平均支撑力量 3.33 倍于体重，右脚力量 1.62 倍于体重；女子链球运动员左脚平均力量 1.45 倍于体重，右脚力量 1.85 倍于体重；女子铅球运动员右脚蹬伸力量 3.11 倍于体重，左脚力量 1.86 倍于体重（表 3-29）。从以上数据可以看出，铁饼运动员左腿支撑力量最大，而铅球运动员是右腿蹬伸力量最大，铅球运动员主动用力更明显。铅球、铁饼和链球项目运动员完成最后用力的支撑力量都大于体重，左右腿都是主动用力的。传统投掷技术一直强调左侧支撑动作，这样容易导致左腿的主动用力不够，影响用力效果。因此，运动员应该在训练过程中加强左腿的主动性，从而提高整体投掷效果。

最后用力阶段铅球距离躯干近，因此运动员对器械的控制能力更强，最后用力加速量最大；链球运动员的最后用力过程左右脚支撑力量相当；铁饼运动员在最后用力阶段左腿的力量相当于右腿的两倍，提高左腿的快速蹬伸用力对铁饼最后阶段速度和最终成绩有重要影响，重心与左脚支撑点的相对位置对铁饼出手角度影响尤其大。由于链球远离身体中心，运动员对球的调控能力的影响没那么大，最后阶段主要是在进一步提高运动速度的基础上控制好链球出手的角度。链球是双手持握器械项目，左右腿用力比较平衡，因此需要很大的力量来控制。链球和铁饼在高速运动中进一步提高速度的能力对运动员的动作速度提出了更高的要求，运动员的快速力量能力决定了最后用力的效果。

从表 3-29 中身体重心的平均位移距离来看，女子链球和女子铁饼运动员最后用力阶段的平均水平位移距离分别为 0.208m 和 0.196m，二者基本相当；在平均垂直位移距离方面，女子链球为 0.108m，女子铁饼为 0.246m。铁饼的垂直位移距离大与运动员在最后用力阶段各关节的蹬伸加速用力和出手速度有关系。女子铅球运动员最后用力阶段身体平均水平位移距离为 0.698m，平均垂直位移距离为 0.203m，身体水平位移距离大，主要是投掷臂快推和下肢的蹬伸增加了身体做功距离，由此也可看出，铅球运动员下肢运动是以蹬为主、以转为辅。

从前述投掷运动员投掷过程中肌肉群 sEMG 的 RMS 变化示意图和投掷时主要关节和重心的运动速度变化来看，双支撑开始阶段腹外斜肌、右股二头肌和右股四头肌 RMS 达到最大，右腿积极用力加速摆动使身体肩轴、髋轴发生相对扭转运动，形成最大牵张反射。投掷项目动员的最后用力阶段是以下肢启动用力，形成腰腹为中心，依次经由上肢到器械的有序发力过程，因此，铅球最后用力过程是牵张反射与主动用力的综合过程。

综上所述，投掷项目高水平运动员最后用力阶段技能特征如下。

（1）最后用力过程是主动用力和被动用力的综合过程。着地用力的快速力量能力和反应力量、最后出手动作速度能力和最大超越器械下的动态柔韧能力是投掷项目运动员最后用力阶段的专项能力。

（2）投掷项目最后用力技术具有“早着地、早用力”的特征。

（3）投掷项目最后用力阶段用力形式：链球以转为主、以蹬为辅；铁饼是蹬转结合；铅球以蹬为主、以转为辅。

（4）投掷项目最后用力阶段铅球占出手速度的 76.42%，铁饼占 66.44%，链球占 17.25%，这一阶段也是投掷项目的主要加速阶段。

本章要点

（1）田赛项目核心竞技能力指在田赛项目运动员训练过程中，对运动员竞技水平具有决定性、基础性和根本性作用的竞技能力要素，包括体能和技能。

（2）田赛项目高水平运动员核心竞技能力训练理论是以田赛项目高水平运动员核心竞技能力中的体能和技能为主要训练内容，是对体能和技能的训练目标、训练内容、训练负荷和训练组织进行研究的理论。

（3）中国女子跳跃高度项目运动员年龄整体偏小，缺少成年运动员；女子跳跃远度项目、男子跳跃高度和远度项目年龄结构相对比较合理。中国女子投掷项目高水平运动员不但在年龄结构上比较合理，而且人数众多，并且都具有很高的竞技水平。

（4）田赛项目的技能特征如下。

① 田赛项目主要有准备、助跑、转换、最后用力和结束 5 个技术阶段。助

跑、转换和最后用力阶段对田赛成绩有决定性影响。

② 跳跃项目是以“平动”为主的快速力量项目，投掷项目是以“转动+平动”为主的快速力量项目。

③ 我国投掷项目高水平运动员助跑速度处于合理范围的下限，完成技术质量高，具有“以速度换技术”的特点；跳跃项目高水平运动员助跑具有高助跑速度利用率，弥补了最高速度的不足。

④ 跳跃项目助跑主要包括自由加速阶段、稳定加速阶段和准备起跳阶段，自由加速阶段的加速助跑以“蹬伸技术”为特征，稳定加速阶段的助跑以“积极扒地”为主要用力特征，准备起跳阶段具有“低、平、快”的技术特点。跳跃项目助跑技能集中表现为“五性”：方向性、节奏性、连贯性、进攻性和稳定性。投掷项目助跑技术具有“低、平、稳”的特点，具体表现为重心低、轨迹平、运行稳。

（5）跳跃项目和投掷项目在转换阶段都具有“低、平、快”的技术特点，具体表现为身体姿态低、重心运动轨迹平、下肢着地动作速度快。

（6）跳跃项目最后用力阶段具有“早着地、早起跳”的快蹬快摆的技术特点。投掷项目最后用力阶段具有“早着地、早用力”的技术特点，用力形式为：链球以转为主、以蹬为辅；铁饼是蹬转结合；铅球以蹬为主、以转为辅。

第四章　田赛项目高水平运动员核心竞技能力的训练实践

研究田赛项目运动员训练实践的特点，必须在一般训练理论的指导下结合专项理论来进行，这样才能提高田赛项目高水平训练理论的客观性。本书以训练理论的内容为切入点，对当前我国田赛项目高水平运动员体能和技能的训练实践特点进行研究。运动训练的内容主要包括训练目标、训练内容、训练负荷和训练组织 4 方面。从唯物辩证法来看，在物质世界中，每一个相对独立的事物都是作为系统的一部分而存在的。如果把运动训练作为一个系统，那么这个系统内互相联系、互相作用的若干要素按一定方式组成的统一体就构成了运动水平的整体，具体表现出来的就是运动成绩。由此可以看出，训练理论也是运动系统中各子系统搭配而组成的整体，如果这些因素能够协调、合理地组合搭配在一起，那么由它组合的整体也是合理和优化的。教练员在制定训练计划时，要考虑到各种因素之间的关系、结构和相互之间的影响，但有的学者为了便于研究而把它们人为地孤立开来。

田赛项目的多年、年度、阶段等训练安排都是在前一个训练单位结束前，教练员根据运动员当前的运动水平、训练阶段、专项特点、个人特点等因素综合分析、确定的。每个阶段都突出当前阶段的主要训练目标，而且还需注意其他相关能力的保持与发展。作为阶段性的训练安排，下一个阶段的开始也是前一个阶段的结束，前一个阶段的训练是下一个阶段训练的基础，下一个训练阶段又是上一个训练阶段的延续，不同的训练阶段相互连续，共同构成了完整的运动训练过程。

第一节 田赛项目高水平运动员核心竞技能力的训练目标

目标的预见决定系统的行为。这就意味着当一个系统的目标或目的设定以后，系统本身在与环境相互作用的过程中，坚持表现出趋向于预先确定状态的特性。人的行为都是有目的的，人的一切行为又都是为了实现目的而展开和进行的。在运动训练实践活动中，训练目标又常常可能被某些微观事物所影响，而偏离了开始设定好的终极目标。对于运动训练理论体系来讲，根本目的和任务就是提高运动员的竞技能力水平，进而在比赛中获得好的运动成绩和好的比赛名次。运动训练中的所有因素都围绕这样的目标展开，也就是说，系统运行的最终方向是确定的。但是，如何能够达到最终目标，这需要一个漫长曲折的过程，这也是系统目标的关键所在。训练目标包括竞技能力目标、训练成绩目标和比赛名次目标，本书是围绕提高运动员竞技能力水平进行的，竞技能力目标是研究的重点。

训练计划是对未来的训练过程预先做出的理论设计，是在状态诊断的基础上，为实现训练目标状态而选择的状态转移通路。计划是运动训练过程中的重要一环，它贯穿于训练实践活动之中。制定运动训练计划可使训练目标进一步具体化，并且能统一训练活动参加者的认识和行动，为有效地控制运动训练过程奠定必要的基础。运动训练体系是一个复杂而庞大的系统，为了系统中每个子系统能够按照既定的目标运行，并客观地控制训练方向、进度并取得理想的训练效果，必须对训练的过程进行监控和评价。

目标体系是运动训练计划的核心，它受到训练理论体系中每个因素的影响，同时它也制约、影响着体系中各因素的关系和发展。目标体系按内容可分为总目标、中间目标和具体目标；按时期可分为长期目标、中期目标和短期目标。根据备战奥运会的总目标，年度训练目标分为准备第 1 年、准备第 2 年、准备第 3 年和奥运竞赛年的年度目标；年内训练目标根据运动员竞技能力发展需要和重要比赛的安排而制定，我国田赛项目高水平运动员采用双周期和多周期的训练安排，不同训练周期的训练目标有一定差异，每个训练周期的不同阶段具体训练目标也有差异。

一、田赛项目高水平运动员核心竞技能力年度训练目标特征

从田赛项目年度主要训练目标的调查结果来看（表 4-1），基础体能在 2005 年和 2006 年受到教练员的高度重视。对于田赛项目高水平运动员来说，雅典奥运会、全运会都是很重要的比赛，他们的训练负荷比较大，神经肌肉系统疲劳累积严重，许多运动员出现了不同程度的伤病。例如，李艳凤、徐韶阳、周灿等都出现了严重的伤病问题，因此这个阶段大部分教练员把提高运动员健康水平，提升运动员运动系统的柔韧性、平衡性和恢复全面体能作为主要的训练目标。第十届全运会后的一年即 2006 年，教练员对运动员身体的全面恢复和健康水平十分重视。这是因为全运会是全国各个省区市最重视的比赛，运动员的不少待遇与全运会所获成绩有关，并且田赛项目高水平运动员都具备获得冠军的实力，他们在 2005 年训练负荷很大，过度疲劳情况和损伤率上升，因此 2006 年 80%以上的教练员把基础体能的训练作为主要训练目标。

表 4-1　田赛项目年度主要训练目标调查结果　（n=32）

年度/年	训练目标	频次	所占比例/%
2005	全面的恢复和调整	16	50.0
	提高身体的健康水平	17	53.1
	提高运动系统柔韧性能力	20	62.5
	提高专项快速力量能力	21	65.6
	提高专项速度能力	23	71.9
	提高基本技术的稳定性	27	84.4
	提高基本技术的有效性	26	81.3
	提高比赛技术的稳定性	29	90.6
2006	全面的恢复和调整	26	81.3
	提高身体的健康水平	27	84.4
	提高专项速度能力	26	81.3
	提高专项力量能力	28	87.5
	提高运动系统的柔韧性能力	29	90.6
	提高神经系统的平衡能力	26	81.3
	提高比赛技术的稳定性	24	75.0
	提高比赛技术的有效性	27	84.4
2007	提高身体的健康水平	26	81.3
	提高专项力量能力	27	84.4
	提高专项速度能力	26	81.3
	最大力量能力	17	53.1
	提高基本技术的稳定性	29	90.6

续表

年度/年	训练目标	频次	所占比例/%
2007	提高基本技术的有效性	26	81.3
	提高比赛技术能力	28	87.5
2008	提高专项速度能力	27	84.4
	提高身体的健康水平	17	53.1
	提高专项力量能力	26	81.3
	提高专项快速力量能力	28	87.5
	提高基本技术的有效性	26	81.3
	提高比赛技术的稳定性	29	90.6

注：本表只呈现了占比 50%以上的项目。

从专项体能的训练目标来看，从 2006 年开始，专项速度能力和专项力量能力受到 80%以上教练员的重视。田赛项目的专项速度和专项力量对竞技能力的提高具有重要作用，是运动员竞技能力提高的基础。

从技能训练目标来看，提高基本技术的有效性和比赛技术的稳定性受到教练员的重视，2005～2008 年整个奥运会备战周期，基本技术的有效性是技术训练的核心，贯穿于训练的整个过程。2005 年和 2008 年这两个竞赛年中，比赛技术的稳定性训练目标受到 90%以上教练员的重视，因为运动员的竞技能力最终通过比赛成绩呈现，比赛技术水平决定比赛成败，因而教练员将比赛技术训练贯穿于训练的整个过程。

从 2005～2008 年北京奥运会备战年度训练目标来看，基础体能训练、专项体能训练和技术训练在不同年度都有突出的重点。

从表 4-1 可以看出，2005、2006 年教练员多以基础体能和专项体能为主要训练目标，而 2007 年和 2008 年以反映整体竞技能力的比赛技术为训练的主要目标。从实际训练情况来看，教练员通常在远离比赛阶段注重“补短性”训练，而在比赛阶段进行“扬长性”竞技能力训练。因此，教练员在 2005、2006 年比较重视体能的调整与恢复，以消除运动员身体的疲劳。从实际情况来看，如果不这样做就会出现许多训练问题，影响运动员在竞赛年的比赛成绩。例如，跳远运动员周灿、跳高运动员黄海强都是由于伤病原因，2008 年奥运竞赛年成绩出现滑坡，最终在北京奥运会上没能发挥出个人水平。因此，年度训练目标对运动员竞技能力的表现具有重要影响。

从成功参加奥运会的运动员来看，女子三级跳远运动员谢荔梅 2007 年冬训突出身体素质的训练与恢复，之后在世界田径锦标赛上取得了个人最好成绩，并且在全国田径冠军赛上创造了14.90m的亚洲纪录；女子撑竿跳高运动员高淑英2007年转到美国参加训练，以全面的身体素质和专项能力为主进行训练，体能得到恢复与提高，2008年提高了个人最好成绩，通过了奥运会及格赛。年轻队员在连续创造好成绩后的损伤问题也是困扰教练员的问题，男子跳高运动员黄海强在2006年创造2.32m个人最好成绩后，出现膝关节髌骨损伤；女子跳高运动员郑幸娟创造1.93m全国青年跳高纪录后肘骨损伤；女子撑竿跳高运动员张英宁创造4.46m撑竿跳高全国室内纪录后踝关节损伤；男子跳高运动员张树峰创造2.30m个人最好成绩后踝关节损伤。运动员的这类损伤会使教练员被迫改变训练计划，从而影响技术训练的系统性。这种损伤主要是专项训练过程中运动员主要训练主动用力肌肉群，而被动肌肉群训练不足所致。肌电分析已经证明，完成技术的过程中主动肌肉群和被动肌肉群协同工作，若专项训练手段主要是针对主动肌肉群的训练，容易导致肌肉群力量失去平衡。另外，高强度的连续运动后，肌肉与肌腱器官的恢复速度不同步，也会出现肌肉肌腱与肌纤维组织内部恢复的不平衡，进而导致损伤。因此，在田赛项目高水平运动员竞技能力提高过程中，基础能力的训练需要贯穿于训练的整个过程。

2008年奥运竞赛年田赛项目教练员对运动员的专项速度能力、专项力量能力、基本技术的有效性和比赛技术的稳定性越来越重视。90%以上的教练员把比赛技术训练作为重点，并且针对比赛技术采取了训练措施。运动员的健康水平是系统运动训练的保证，整个奥运备战阶段都受到教练员的高度重视。

从运动员的年度训练目标来看，2005年主要是以赛带练，2006年以调整恢复为主，2007年着力于专项能力提高，2008年主要以以提高比赛技术为训练目标。

综上所述，我国田赛项目高水平运动员年度训练始终把基本技术、专项力量和专项速度作为训练的主要目标，把比赛技术、身体的健康水平、体能的调整与恢复作为阶段性主要训练目标。

二、田赛项目高水平运动员核心竞技能力阶段训练目标特征

不少田赛项目高水平运动员在国内属于顶级运动员，但是实力与国际高水平运动员相比还有差距，具有获得比赛名次的绝对实力的运动员少，大部分运动员的个人最好成绩与国际比赛名次成绩相比还有一定的距离，如何使这些运动员在国际比赛中获得好成绩，那就需要制订好阶段训练目标及训练计划。

运动员训练目标有周期性，每个周期的训练又有层次性，各个周期的训练目标也有差异。2008 年我国高水平田赛项目运动员年度目标比赛是“好运北京”选拔赛和奥运会，围绕这两个比赛形成了两个训练周期。教练员的训练计划中，又将每个周期分为基础训练阶段、专项准备阶段和竞赛准备阶段，三个阶段的主要训练目标各不相同（表 4-2）。

表 4-2 田赛项目高水平运动员各训练阶段主要训练目标、时间

姓名	基础训练阶段目标	专项准备阶段目标	竞赛准备阶段目标
张文秀	①②③⑬⑭⑮ 2007-11-10～2007-12-10	⑤⑦⑧⑨⑩⑪⑬ 2007-12-11～2008-2-29	⑩⑪⑫⑯ 2008-3-1～2008-6-30
李艳凤	①②③⑭⑮ 2007-11-12～2008-1-20	⑦⑧⑨⑩⑪ 2008-1-20～2008-3-20	⑩⑪⑭⑮⑯ 2008-3-20～2008-5-20
孙太凤	①②③⑫⑬⑭⑮ 2007-10-3～2007-12-10	⑤⑦⑧⑨⑩⑪⑬ 2007-11-12～2008-2-29	⑩⑪⑯⑭⑮ 2008-3-1～2008-6
宋爱民	①②③④⑬ 2007-11-5～2007-12-3	⑦⑧⑨⑩⑪ 2007-12-4～2008-3-29	⑩⑪⑭⑮⑯ 2008-3-30～2008-6
李梅菊	①②③⑩⑬⑭⑮ 2007-11-10～2007-12	⑤⑥⑦⑧⑩⑪⑬ 2007-12～2008-2	⑩⑪⑫⑬⑯ 2008-3～2008-6
巩立姣	①②③⑭⑮ 2007-11-10～2007-12	⑦⑧⑩⑪⑬ 2007-12～2008-2	⑩⑪⑫⑬⑭⑮⑯ 2008-3～2008-6
李玲	①②③⑩⑫⑬⑭⑮ 2007-11-12～2007-12-31	⑤⑦⑧⑨⑪⑬ 2008-1-1～2008-2-12	⑩⑪⑫⑯ 2008-2-13～2008-6
李延熙	①②③⑤⑬⑭⑮ 2007-11-10～2007-12	⑤⑥⑦⑧⑨⑬ 2007-12～2008-2	⑩⑪⑫⑯ 2008-3～2008-6
黄海强	①②③④⑬ 2007-11-12～2008-1-13	①⑤⑥⑧⑩⑬ 2007-1-14～2008-3-16	⑩⑪⑫⑯ 2008-3-17～2008-6-1
谢荔梅	①②③⑤⑬⑭⑮ 2007-11-10～2007-12	⑤⑥⑦⑧⑨⑬ 2007-12～2008-2	⑩⑪⑫⑯ 2008-3～2008-6

注：①提高基本体能；②提高基本技术；③提高血液循环系统、心肺功能；④提高健康水平；⑤提高最大力量；⑥提高最大速度；⑦专项力量；⑧专项速度；⑨提高基本技术稳定性；⑩提高专项技术；⑪比赛技术稳定性；⑫专项技术训练强度的平台；⑬提高专项能力；⑭恢复神经疲劳；⑮恢复肌肉系统的疲劳；⑯保持专项能力。

资料来源：根据北京奥运会倒计时训练计划和实际训练安排汇总

（一）基础训练阶段的训练目标特征

从运动员各阶段的主要训练目标和时间安排来看，基础训练阶段的主要目标是恢复肌肉神经系统的疲劳，提高运动员血液循环系统和心肺系统的功能，整体提高运动员健康水平，即通过全面的身体训练恢复与提高运动员基本体能。只有李梅菊把世界田径锦标赛作为重要目标比赛，把提高专项技术能力作为训练的主要任务之一。总体上看，这一阶段的训练目标与传统的没有区别。

从时间安排来看，我国高水平田赛项目运动员大多在 2007 年 11 月初进入基础训练阶段，在 2007 年 12 月初结束基础训练阶段；只有个别运动员由于伤病将基础训练阶段延长到 2008 年 1 月。总体来看，运动员基础训练阶段持续 4 周左右，传统训练一般都持续到 2008 年 1 月，持续时间 2～3 个月。这样的安排不但使运动员的身体疲劳得到很好的恢复，而且可以增加技术训练的积累，更好地保持技术水平。为了使运动员专项神经疲劳得到及时恢复，基础训练阶段技术训练减少。为了防止时间过长导致建立的技术条件反射消退，比传统训练提前结束基础训练阶段有利于运动员及时巩固技术，缩短技术训练的恢复时间。

（二）专项准备阶段的训练目标特征

从训练目标来看，田赛项目高水平运动员专项准备阶段的主要训练不但重视专项能力的训练，而且也重视基本体能训练，体现出训练目标的“综合化”，避免了专项准备阶段专项能力训练强度过大、持续时间过长而使个体出现身体素质发展不平衡的问题。并且从持续时间来看，专项准备阶段训练持续时间较长，可以使运动员专项力量、专项速度和专项技术的提高更系统。

从训练目标内容来看，比赛技术已经受到教练员的重视，比赛技术的训练贯穿于整个训练过程，改变了传统训练中只在赛前强调比赛技术的训练方法，这有利于提高运动员比赛技术稳定水平，培养运动员良好的比赛心理素质。因此，专项准备阶段的训练目标具有多元化特征。

（三）竞赛准备阶段训练目标特征

从训练目标来看，竞赛准备阶段除了重视专项技术、比赛技术和专项能力，还注意专项技术训练强度平台的保持，避免技术训练强度调控不当导致训练状态大起大落。这样有利于运动员提高基本技术有效性、比赛技术的稳定性及比赛状态的控制能力，有利于运动员在比赛中稳定发挥。很多时候稳定发挥也是我国运动员在国际比赛中以弱胜强的制胜因素。

综上所述，田赛项目高水平运动员的基础训练时间较传统训练缩短，进入专项准备阶段的时间提前；专项准备阶段训练目标体现了教练员对基础体能和比赛技术训练的重视程度，具有多元化特征；竞赛阶段训练目标强调基本技术的有效性和比赛技术的稳定性，并重视训练强度平台的调控，提高了运动员对竞技状态的控制能力。

第二节　田赛项目高水平运动员核心竞技能力的训练内容

田赛项目高水平运动员核心竞技能力主要由体能和技能两部分构成,因此,训练内容要围绕体能和技能的训练展开。所以,田赛项目高水平运动员训练内容主要包括体能训练和技能训练。

一、田赛项目高水平运动员体能训练内容

运动员体能由 3 个要素组成,分别是身体形态、身体机能、运动素质。身体形态和身体机能是运动素质的物质基础,决定了运动素质的发展水平;运动素质是体能综合发展的外在竞技表现。对田赛项目运动员来讲,运动员使自己的身体或投掷的器械达到最高速度和保持最高速度的能力是最重要的。所以,田径项目的训练特点,即“速度是核心,技术是关键,力量是基础,耐力是保证”。只有各要素协调发展,运动员才有可能获得优异的成绩。[①]因此,在体能训练中,多以发展运动员的各种运动素质(力量、速度、耐力和柔韧等)主要内容,在发展运动素质的同时运动员也实现了改造自身身体形态、提高机能水平的目标。

按照是否对专项成绩具有直接性影响,根据体能与专项技术的关系,体能训练可分为基础体能训练和专项体能训练。基础体能训练是围绕着竞技能力的形成而采用多种身体训练手段,全面改善运动员身体形态和功能、运动素质和健康水平。马特维耶夫认为基础体能训练有两类[②]:第一类的训练是尽量使其对运动员的作用趋同于目标性赛事中的运动作用,具有“扬长”作用;第二类的训练对运动员的作用趋向于与目标赛事中的运动作用的反向,以中和专项化运动训练的局限性造成的运动员重要体能指标的失衡,具有“补短”作用。王卫星、彭延春认为专项体能训练是围绕竞技能力的进一步提高而采用专门的身体训练手段,由此来不断地完善或优化专项力量训练体系及其相关的运动素质。[③]

① 室伏重信. 链球[M]. 李鸿江,译审. 北京:人民体育出版社,2001:57.

② 马特维耶夫. 建立大周期运动训练中的模型目标方法[J]. 王子朴,译. 首都体育学院学报,2004,16(3):1-5.

③ 王卫星, 彭延春. 运动员体能与技战术发挥的关系[J]. 北京体育大学学报,2007,30(3):289-293.

运动素质是体能的主要表现形式，可分为基础运动素质和专项运动素质，基础运动素质是专项运动素质训练的重要基础。

根据运动训练学理论和田赛项目高水平运动员核心竞技能力的技能、体能特点，结合田赛项目高水平运动员的训练实践特点，我们初步建立了田赛项目体能训练的结构（图 4-1）。

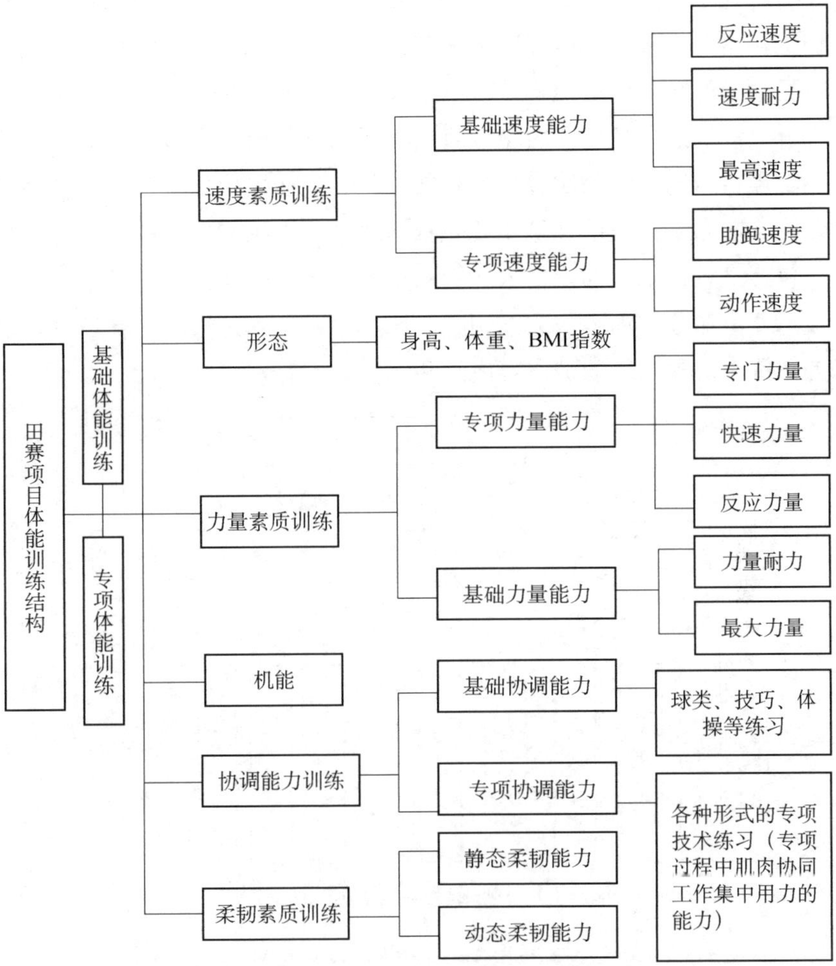

图 4-1　田赛项目体能训练结构图

高水平田赛项目运动员的体能训练主要分为基础体能训练和专项体能训练两种，体能训练主要包括速度素质、力量素质、柔韧素质、协调能力的训练，以提高运动员的竞技能力。

二、田赛项目高水平运动员技能训练内容

技术是解决运动情况下某一具体任务的一套经过实验的、符合动作目的和有效的动作群，是运动员技能综合发展的外在竞技表现。基本技术是比赛技术的基础，只有在稳定的基本技术保障下才能有效地发挥比赛技术。田赛项目基本技术训练包括准备技术、助跑技术、转换技术、最后用力技术和结束动作技术的训练，这几个部分相互联系、相互影响、相互制约，共同构成了完整的田赛项目运动员的技术训练内容。

综合运动训练学理论和田赛项目高水平运动员核心竞技能力的技能特点，结合田赛项目运动训练和比赛的实际需求，我们初步建立了田赛项目技能训练内容结构（图 4-2）。技能训练主要包括基本技术训练和比赛技术训练。基本技术训练包括准备技术、助跑技术、最后用力技术、转换技术、结束动作技术和相关技术要素的分解训练与完整训练。比赛技术训练是按照比赛环境要求完成技术的训练，对提高运动员比赛成绩和比赛名次有重要影响。

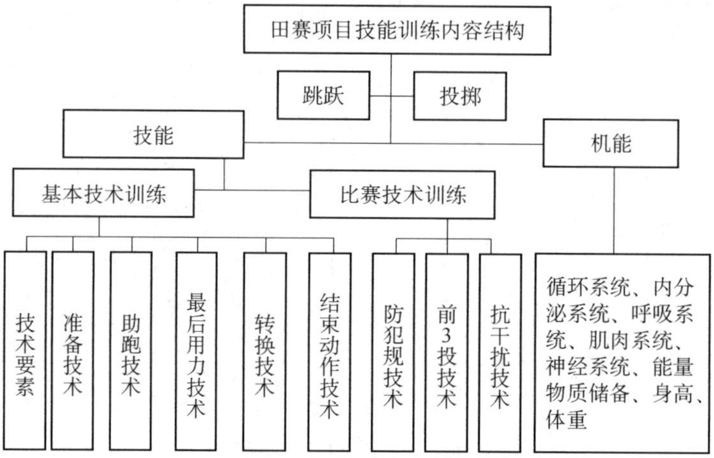

图 4-2 田赛项目技能训练内容结构图

三、田赛项目高水平运动员竞技能力特点

田赛项目由投掷、跳跃项目组成，都是快速力量项目，但是快速力量的形式有差异，速度的形式也就不同。跳跃项目是“启动型”快速力量，而投掷项目是“结束型”快速力量。跳跃项目要求运动员达到最高身体位移速度后起跳，并使身份位移距离在最短的时间内达到最大值，所以更强调位移速度在项目中具有的作用；投掷项目要求运动员投掷动作结束时获得最大的力值，动作速度对

完成最后的用力有重要影响。因此，二者的训练内容、方法与负荷有差异。

第三节　投掷项目高水平运动员核心竞技能力的训练方法

田赛项目核心竞技能力训练方法是指为了提高体能和技能而采取的训练方法，集中在速度、力量、耐力等方面。一般每个单项的比赛都有各自的特点，突出反映运动员某一方面的能力。运动员的训练和比赛大多围绕一个主要的单项进行，兼顾其他单项，训练特点是速度是核心、技术是关键、力量是基础、耐力是保证。

一、投掷项目高水平运动员体能训练方法

（一）力量耐力训练方法、手段与负荷特点

力量耐力是神经肌肉系统在中小负荷的工作中耐受力量负荷的能力，短时间的力量耐力不仅可以提高氧气和能量的供应，而且会加速代谢物质的排出和肌糖原、肝糖原的储备，增大肌肉的体积。力量耐力的训练主要在调整、恢复阶段或准备期的开始阶段进行，以全身性练习为主，针对全身各个关节部位的主动肌肉群、拮抗肌肉群和被动肌肉群的力量进行全面训练，以弥补专项训练阶段造成的肌肉群力量失衡，具有增大肌肉的功能。力量耐力训练持的续时间根据运动员的自身水平、项目特点和训练阶段而定。

铅球、链球和铁饼项目运动员的大力量训练通常包括以上肢、下肢和躯干训练为主的训练手段，大力量训练不仅是为了发展相应部分的主动力量，也是为了提升全身爆发用力和协调用力的能力，这种能力与专项技术和专项力量有密切关系，因此受到教练员的普遍重视。上肢负重大力量训练手段主要有卧推、颈后推、高翻、抓举等，下肢负重大力量训练手段主要有深蹲、半蹲、单腿蹲、坐蹲、角度蹲等。小力量训练主要是解决全身肌肉力量平衡发展的问题，弥补被动肌肉群、拮抗肌肉群和主动肌肉群力量不足的力量训练，以及针对单关节单肌肉群的力量训练。投掷项目运动员小力量训练手段有10～14个，而且功能不同，这些小力量训练手段的组合对避免投掷运动员受伤具有重要作用。

投掷项目运动员力量耐力训练时间一般为3～6周，通常在每个年度的冬

训阶段安排，或在没有重要比赛任务的夏训阶段进行，或在伤病状况下康复性训练时进行。力量耐力训练负荷为 55%～80%1RM（repetition maximum，重复做的最大数值），这种训练强度有利于神经系统、肌腱和身体机能长期负荷后疲劳的恢复。每堂训练课使用大力量训练手段 4～6 个，每个手段 4～6 组，每组 5～7 次；小力量的身体训练每个手段进行 6～8 组，每组 10～20 次。总负荷的安排要根据运动员自身对负荷的反应来确定，训练手段根据训练任务、训练目标而定，大力量训练与小力量训练分单元进行或交叉训练、周期循环。力量耐力训练对每个动作的用力顺序和用力部位等有严格的要求，强调训练手段的“技术强度”负荷，并且教练要根据不同的项目需求对基本的训练手段进行改造，提出不同的要求，以提高专项力量耐力训练的针对性。

力量耐力训练方法主要有重复训练法、间歇训练法、持续训练法和变换训练法等，这些方法可以使神经–肌肉系统产生相应的刺激–适应反应，增大肌肉的横断面积。

（二）最大力量的训练方法、手段与负荷特点

最大力量是指神经肌肉系统在最大随意收缩时所尽可能产生的力量。最大力量训练能提高肌肉间、肌肉内的协调性，提高快肌纤维募集数、运动单位之间的同步化水平，降低中枢神经系统的保护性抑制水平①等，最终提高力量水平。投掷运动是克服投掷器械重量的运动项目，投掷运动员普遍身材高大、身体强壮，需要具有较好的肌肉体积和肌肉质量，为最大力量的提升奠定良好的身体基础。投掷是快速力量项目，最大力量是快速力量的基础，最大力量与快速力量具有较高的相关性（0.40～0.65），在运动训练过程中很受重视。

最大力量的训练主要采用大力量负重训练，以上肢为主的大力量负重训练手段主要有卧推、颈后推、高翻、抓举等；下肢大力量负重训练手段主要有深蹲、半蹲、单腿蹲、坐蹲、角度蹲等。这些训练手段需要动员较多的全身肌肉群参与。

最大力量训练疲劳快、重复次数少、容易导致损伤，因此，发展最大力量主要采用次最大力量训练方法。从训练实践来看，70%～95%1RM 负重强度是最大力量训练的有效负荷强度，不仅可以有效地发展最大力量，而且可以降低神经系统的疲劳程度，有利于保证专项技术质量。我国投掷项目高水平运动员

---

① 转引自梁玲利，钱汝红. 中枢疲劳的研究进展[J]. 中华神经科杂志，2005，38（4）：276-278.

的最大力量训练手段通常有 5～6 个，训练手段比较集中。最大力量训练贯穿于整个训练过程，极限负荷力量训练与有效负荷训练交叉安排，以提高运动员的绝对力量。发展绝对力量训练往往安排在专项力量训练前面，以保证最大力量训练效果向专项力量的转化。基础训练阶段投掷运动最大力量训练手段有 4～6 个，专项准备阶段训练手段有 2～3 个，每组 2～5 次，共做 4～6 组，每周训练 3～4 次。

最大力量训练主要采用重复训练法、间歇训练法、持续训练法和金字塔训练法等。

（三）快速力量训练方法、手段与负荷特点

快速力量是速度和力量的统一体，是一种复合性力量。投掷项目是运动员在恒定负荷下完成专项动作的项目，动作速度对提高器械出手速度有重要影响，快速力量能力是动作速度的保障。快速力量训练对每个动作的用力顺序、用力部位和动作速度等有严格的要求，强调训练手段的技术强度负荷。从身体的练习部位来看，主要有上肢快速力量、下肢快速力量和整体快速力量。

快速力量负重训练手段主要有快蹲、快举、抛物、弹力带牵拉专门训练、克服自身阻力练习、立定三级跳、蛙跳、跳栏架、立定跳远、变向跳、10 米启动加速跑、跑跳等。

迪·马丁认为采用 60%～70%的最大负重快速力量训练的效果最好，负荷过小会因为速度较高而使冲量变小，负荷过大则会使速度过低，也会降低冲量，影响快速力量训练效果。铅球、链球和铁饼都是轻器械项目，快速力量训练多采用 50%～70%1RM 负重最快速度力量训练或克服自身阻力的训练方式。①

快速力量训练贯穿于整个训练过程，在专项准备阶段和竞赛准备阶段安排较多。快速力量通常与最大力量结合练习，可保证最大力量的训练效应向快速力量转化。快速力量负重训练通常每次进行 3～4 组，每组 4～8 次，每周 3～5 次，要求按技术用力形式最快地完成练习。

快速力量训练主要采用重复训练法、组合训练法和变换训练法等。

（四）反应力量训练方法、手段与负荷特点

反应力量是肌肉在伸展缩短周期里产生巨大冲量的能力，取决于力量形成的速度和反应张力。这里的伸展缩短周期是指肌肉离心收缩和向心收缩两个过

① 迪·马丁. 训练学手册[M]. 蔡俊五，译. 国家体委科教司内部资料，1991：9.

程的联合体。投掷项目助跑、转换阶段具有典型的反应力量特征，因此，反应力量也是投掷项目的专项力量。提高反应力量一方面要缩短用最佳加速度做向心运动的时间，即肌肉伸展缩短周期的转换阶段时间；另一方面，要提高肌肉伸展缩短周期最大伸展负荷时保持肌肉张力的能力。因此，反应力量的训练强调动作的连续性。

为了提高投掷运动员反应力量能力，主要采用的训练手段有立定三级跳、连续蛙跳、跨步跳、单足跳、连续团身跳、连续跳栏架等连续级跳练习。

投掷运动员反应力量训练通常是克服自身体重的练习，每个单元 4～8 组，每周 4～6 次，每个训练手段进行 2 次。反应力量对神经肌肉系统的刺激大，因此，反应力量训练单元练习手段要交替进行。

反应力量训练方法主要有重复训练法和变换训练法等。

（五）速度训练方法、手段与负荷特点

铅球、铁饼、链球被认为是在圈中跑的投掷项目，运动形式是旋转或滑步，是“转动+平动”类运动项目，对动作速度和位移速度都有较高的要求。投掷项目的最后用力时间通常为 0.16～0.23s，要在如此短的时间内完成动作，单靠负重力量训练手段是难以达到的。

投掷项目的速度训练手段主要有 10m、20m、30m、50m 的冲跑和小步跑、后蹬跑等。跑的练习不但可以提高位移速度能力，而且还可以提高上下肢的动作速度能力，跑对于下肢来说也是速度力量的训练。

投掷项目的速度训练通常与力量训练相结合进行，每周 2～3 次，每次 6～8 组，都是以最快速度完成。

速度训练主要采用重复训练法、比赛训练法、变换训练法和组合训练法。

（六）耐力训练方法、手段与负荷特点

耐力训练主要提高运动员内脏系统功能、血液循环系统功能和代谢系统功能，保障投掷运动员的健康，属于基础体能的内容。耐力训练通常是安排在准备活动阶段、整理活动阶段和调整阶段内的辅助训练内容，主要采用慢跑训练，距离为 800～2000m，运动员处在放松状态下。

耐力训练主要采用持续训练法、游戏训练法。

（七）柔韧性训练方法、手段与负荷特点

柔韧素质可分为动态柔韧和静态柔韧。投掷项目是运动员通过最后用力作

用于器械的项目，在保证动作加速度的情况下，动作幅度越大，作用力距离就越长。因此，投掷运动员特别要重视动态柔韧的训练，尤其要重视最大幅度的力量和速度的训练。

主要的柔韧性训练手段有牵拉练习、负重屈伸训练、负重转体训练、对抗训练、徒手操、弹力带转体、左右转髋跑、挥片训练和专项专门柔韧练习等。

柔韧性训练贯穿于整个训练过程，准备活动阶段进行练习可以起到动员神经肌肉系统的功用；在训练课后进行练习则可以起到放松、促进血液循环的作用。在技术训练课前柔韧性训练往往与专门练习相结合，以提高专项柔韧能力，练习通常以运动员的自我感觉为依据。负重练习一般不能超过拉长肌肉力量的50%，负重重量与练习的性质有关，完成静态练习的负荷量相对大些，持续20～30s；动态练习的负荷量相对小些，通常持续6～10s。

柔韧性训练主要采用持续训练法、重复训练法、游戏训练法、变换训练法和组合训练法。

（八）专门力量训练方法、手段与负荷特点

投掷项目的专门力量训练指练习动作与专项技术动作有某些相似的力量练习，国外称专门力量是基础力量和专项力量中间的过渡性力量。每一个运动技术都是通过某种用力模式实现的。所谓用力模式就是对力量投入的控制和由此形成的时间-动态的力量过程，它赋予每个运动项目一种典型的、专门的力量特征。因此，专门力量训练的特征是满足各个运动项目专门力量特征的需要，使用力模式和力量过程最佳化。

投掷项目专门的训练手段主要有持重物进行技术模仿练习或专门练习，如仰卧扩胸、杠铃轮摆、仰卧单臂挥片、连续挥片、原地鞭打、手持壶铃做滑步动作和最后用力动作等，或者在专门训练器械上做练习。这些练习不仅能够提升专门力量，还能部分地改进专项技术动作。

专门力量训练每周进行2～3次练习，每次练习4～5组，每组8～10次。做这种练习，运动员身体局部的负担比较大，会感觉非常累，所以每次练习的次数和组数都不宜很多。根据不同的训练任务和目的，专门力量训练的负重负荷强度也应不同（表4-3）。

表 4-3 专门力量训练的负荷[①]

项目	负荷强度（占向心最大力量）	负荷时间	休息时间
最大力量训练	70%～90%	短	长
快速力量训练	50%以下	短	长
力量耐力训练	50%～70%	长	短至中等

专门力量训练主要采用重复训练法、循环练习法、变换训练法和组合训练法。

（九）专项力量训练方法、手段与负荷特点

专项力量指严格符合专项技术的要求所表现出的力量。专项力量在整个力量训练中是最重要的，一般力量、专门力量最后都要通过专项力量来表现。在投掷运动员的力量训练中，专项力量始终处于最重要的位置。

投掷项目专项力量训练主要采用推、掷重器械的完整投掷技术训练，投掷重器械成绩可以作为衡量运动员专项力量水平的标准。

投掷项目每次训练课几乎都要进行专项力量训练。我国高水平女子链球运动员采用 5～9kg、女子铅球运动员采用 4.25～7kg、女子铁饼运动员采用 1.25～2kg 的重器械进行专项力量练习，距离目标比赛越远器械重量就越重，且通常与标准器械穿插安排练习。运动员在准备大赛前应拿出一个阶段专门提升专项力量，在这个阶段尽最大可能使专项力量达到较高水平。在训练中应注意处理好负荷量和负荷强度的关系，既要保证一定的负荷量，又要使强度逐步提高。这个阶段重点安排在赛前 4～6 周（持续 3 周左右）。当练习强度达到要求后，进入保持性训练阶段，使专项力量保持在较高水平或略有提高。

专项力量训练主要采用重复训练法、比赛训练法、变换训练法和组合训练法。

（十）专项速度训练方法、手段与负荷特点

专项速度指严格符合专项技术的要求所表现出的速度。专项速度是投掷项目的核心，一切训练都围绕提高专项速度进行安排，专项速度训练始终处于最重要的位置。专项速度和专项力量是相互统一的，专项速度训练过程也是专项力量训练过程。

投掷项目专项速度训练主要采用投掷轻器械的完整投掷技术训练，轻器械有小球、铃片或垒球等，投掷轻器械成绩可以作为衡量运动员专项速度水平的

① 迪・马丁. 训练学手册[M]. 蔡俊五，译. 国家体委科教司内部资料，1991：9.

标准。

专项速度训练通常安排在专项准备阶段进行，在训练课中练习的顺序是在一般力量训练后，用完整技术练习或专门投掷轻器械练习。这样的安排有利于力量训练与专项技术的结合和转化，可提高练习的整体效果。投掷项目的专项速度训练贯穿于整个训练过程，要求运动员在技术质量的基础上以最快的速度完成。女子铅球和女子链球运动员通常采用 3.5kg、3kg 器械进行练习；女子铁饼运动员采用 0.5～1kg 器械进行专项速度训练。

专项速度训练主要采用重复训练法、比赛训练法、变换训练法和组合训练法。

（十一）协调能力的训练方法、手段与负荷特点

协调能力是运动员以动作经验为基础的、专门的、随机应变的动作质量控制过程。协调能力是在中枢神经作用机理的基础上发展的。协调能力是综合能力，主要有组合能力、定向能力、区分能力、平衡能力、反应能力、转变能力和节奏能力。运动训练中运动技能与协调能力能够同步发展，技能训练过程也是协调能力的训练过程。在专项运动训练中协调能力的训练主要是对技能训练的补充，以提高那些对协调能力要求较高的专项技术的稳定性和随机应变的灵活能力，用于巩固和提升专项技能。因此，专项技术练习、专门练习、平衡能力练习都含有协调能力的练习成分。一般协调能力练习主要采用游戏和球类活动的方式，通常安排在调整训练课和训练课前的准备活动中，每周 2～3 次。

协调能力训练主要采用游戏训练法、变换训练法、比赛训练法和重复训练法等。

二、投掷项目高水平运动员技能训练方法

（一）基本技术训练内容、方法与负荷特点

根据我国投掷项目高水平运动员训练手段的安排，可以看出投掷项目基本技术的训练主要有助跑技术、转换技术、最后用力技术、结束动作技术和技术节奏。

投掷项目高水平运动员已经具备了较高的专项技术水平，但每个运动员都有某些技术环节需要进一步改进。要完善投掷技术，首先要改进基本技术。例如，女子铅球运动员李梅菊、李玲通过改进滑步技术实现了个人成绩突破，铅

球运动员巩立姣通过改进最后用力技术取得成绩突破，链球运动员张文秀通过完善旋转技术稳定了技术水平等，她们都是在不断改进、巩固基本技术后取得了个人最好成绩。基本技术是通过长期重复强化训练获得的，如果练习“积累”不够，训练效果就会消退，技术质量就会下降，只有基本技术得到巩固与提高，才能更好地发挥比赛技术，因此基本技术的练习十分重要。

铅球基本技术训练手段主要有收右腿动作、后退双腿交换后落地、最后用力满弓、最后用力转体、正面投、侧面投、正侧面侧屈投、原地投、收腿投、退步投、走步投、原地推壶铃、滑步推壶铃、重铅球连续滑步、支撑投、跳投、投重球、模仿练习、徒手滑步练习侧移、滑步成半转正、转正等。

铁饼基本技术训练手段主要有旋转投、支撑投、跪投、侧面投、原地投、对网投、投胶球、投垒球、投铅球、投杠铃片等。

链球基本技术训练手段主要有链球摆重球、单支撑练习、双支撑练习、多圈旋转练习、最后用力练习、节奏投、技术模仿、速度掷球等。

投掷项目高水平运动员基本技术训练任务主要是完善和巩固基本的完整技术与关键环节，基础准备阶段强度通常保持在80%以上，专项准备阶段保持在90%以上，交替安排不同训练单元，通常根据运动员的不同情况而安排有效负荷训练。实践证明，投掷运动员93%的平均强度可以提高技术的稳定性，使神经肌肉系统得到适当锻炼，不会使神经系统因疲劳而紊乱，保证了有效的技术练习次数，提高了技术的稳定性和有效性。我国投掷项目高水平运动员技术训练每周4～6次，准备期每次30～60个，专项准备阶段每次10～30个。基本技术的练习始终强调技术质量，都是100%的技术负荷，在保证技术稳定的基础上强调强度，训练强度要为90%～95%。

基本技术训练主要采用分解训练法、完整训练法、重复训练法、组合训练法和比赛训练法。

（二）比赛技术训练内容、方法与负荷特点

比赛技术是指运动员能够在现有的能力水平上发挥技术潜力，在合理的情况下获得更好成绩的技术能力，是使基本技术在比赛中发挥更出色的技术。基本技术是比赛技术的技术基础，而比赛技术是运动员竞技制胜的关键因素。因此，对高水平运动员来说，比赛技术的训练非常重要。比赛技术训练是要求严格按照比赛规则要求前3投表现出最好成绩的技术训练。比赛技术训练要根据运动员的个人风格特点，强调比赛技术的关键环节和整体性，这样才能保证运

动员保持比赛技术的稳定性和有效性，从而发挥出个人最高水平。

根据国际比赛的规则，投掷比赛分为及格赛和决赛，及格赛和决赛运动员各有 3 次试掷机会。由于我国运动员实力有限，运动员必须在及格赛前 3 投达到或接近自己的最好成绩才有机会进入决赛，这就要求运动员在比赛各轮次中表现出个人最好的竞技水平。我国投掷项目运动员在北京奥运会上就是通过前 3 投和及格赛获得好成绩而淘汰了一批实力很强的竞争对手，从而获得理想名次的（表 4-4）。我国高水平运动员都形成了各自稳定的技术风格特点，张文秀“早着地、早出手”，李玲、巩立姣“快出手”，李梅菊、李艳凤“大幅度”，宋爱民“着地快”，个人技术风格特点是她们保持比赛技术稳定性的关键因素。比赛技术的训练主要有抗干扰技术训练、防犯规技术训练、前 3 投技术训练等。

表 4-4　2008 年度投掷项目运动员最好成绩国际排名和奥运会比赛名次

	张文秀	李玲	李梅菊	巩立姣	宋爱民	李艳凤
最好成绩国际排名	12	20	11	8	10	13
奥运会比赛名次	3	11	8	5	4	7

比赛技术训练要求在不同训练阶段安排不同训练，要求技术强度和成绩强度为 100%。在基础训练阶段，比赛技术训练安排在技术训练的后半段，保证训练的稳定性和有效性，提高掌握质量；在专项准备阶段，比赛技术训练安排在每组的前 3 投，提高神经肌肉系统的快速动员水平；在竞赛准备阶段，比赛技术训练安排在每组的前 3 投或前 6 投。前 3 投比赛技术训练强度大，训练次数为 3～6 次。抗干扰技术和防犯规技术训练贯穿整个训练过程。

比赛技术训练主要有重复训练法、模拟训练法、实战训练法和比赛训练法等。

三、投掷项目高水平运动员核心竞技能力训练内容特点

（一）基础体能训练手段的专项化、全面化

投掷项目的基础体能训练主要有力量耐力、最大力量、快速力量、专门力量、专项力量、最高速度、柔韧性和协调性训练。

从最大力量训练手段来看，铁饼项目下肢力量训练手段主要有单腿负重上台阶、负重弓步蹲、坐蹲和快蹲，链球项目下肢力量训练手段主要有单腿蹲、坐蹲和快蹲。链球的坐蹲和快蹲角度要大于铁饼。铅球的主要动作是上肢推的

动作，上肢力量训练手段主要有卧推、平推、斜上推；铁饼主要选用卧扩、壶铃抡摆和卧拉提高上肢离心力量能力；链球选择提拉、抓举、直臂抓作为上肢力量训练手段。虽然深蹲是 3 个投掷项目的共同训练手段，但是 3 个项目对深蹲的角度要求不同，通常教练员会根据专项需要选择训练手段，从这里可以看出运动员在最大力量训练上具有专项化特点。

投掷项目高水平运动员小力量训练手段主要有提踵、屈腕、静力背肌、转体、侧屈、侧肌弹力带牵拉或负重训练，这都是为弥补大力量训练的不足而做的补充安排。

速度训练手段主要有 10m、20m、30m、50m 起跑，这是速度和下肢快速力量常见的训练手段。铅球的滑步助跑、铁饼和链球的旋转助跑距离短、动作速度快，因此，动作速度和下肢快速力量能力是铁饼、铅球和链球项目的主要专项能力。

速度和力量是投掷项目基础体能训练的主要内容，具有专项化的特点。这些训练不但可提高运动员的基本体能，而且还可为专项能力的提高奠定基础，提高基础体能训练的实效性。

（二）基础体能训练手段的多因素性

投掷项目体能训练中，许多训练手段既是力量训练手段，又是速度训练手段，还是柔韧训练手段；同一训练手段因要求不同其训练功能不同，并且在不同身体状态下训练手段的训练作用也不同，训练手段具有多因素性。训练过程就是综合运用多因素训练手段的过程，这样才能在有限的身体承受负荷能力下获得最大的训练效应。训练过程中训练手段不是越多越好，而是越精越好。通过改变训练要求发展多种能力，减轻训练疲劳，提高训练的综合效益。

投掷是全身性的肌肉活动，参与投掷过程的主要肌群有股四头肌、股二头肌、背阔肌、胸大肌、三角肌、骶棘肌、腹肌、肱三头肌、肘肌等。

从最大力量训练手段来看，主要有半蹲、抓举、卧推、箭步蹲。小力量训练手段主要有仰卧起坐、提踵、屈腕/伸腕、负重前屈、杠铃负重转体等。这些训练既锻炼了主动肌肉群，又锻炼了被动肌肉群和协同肌肉群，很全面，保证了主动肌肉群与被动肌肉群的协同，避免训练过程中因肌肉间力量失衡而出现损伤。我国投掷项目高水平运动员备战时基本都是将大小力量训练手段进行组合（例见表 4-5 铅球运动员李玲的周训练计划），以降低伤病率。

表 4-5　铅球运动员李玲奥运会典型备战周训练计划

时间	训练内容
星期一上午	（1）慢跑拉韧带，踢腿摆腿（2）大腿练习：15 组（3）背阔肌：3 组（4）侧平举：3 组（5）脚趾头力量：3 组（6）放松拉韧带，踢腿摆腿
星期一下午	（1）慢跑拉韧带，踢腿摆腿（2）技术：4kg 30～50 次（3）高翻：5 组（4）抓举：5 组（5）快挺：4 组（6）腹肌：3 组（7）背肌：3 组（8）推哑铃：3 组（9）向上跳：6 次 4 组（10）放松拉韧带，踢腿摆腿
星期二上午	（1）慢跑拉韧带，踢腿摆腿（2）技术：7.26kg、6kg、3.5kg 50 次（3）持球预摆：3 组（4）持球滑步：3 组（5）持球连续滑步：3 组（6）负重转髋跑：100m 2 次（7）放松拉韧带，踢腿摆腿
星期二下午	（1）慢跑拉韧带，踢腿摆腿（2）卧推：6 组＋3 组（3）坐蹲：6 组＋3 组（4）负重腹背肌：各 3 组（5）膝关节：3 组（6）20m 3 次、60m 3 次（7）放松拉韧带，踢腿摆腿
星期三上午	（1）球类活动、拉韧带（2）提踵：6 组（3）屈腕：6 组（4）转体：3 组（5）侧屈：3 组（6）膝关节：3 组（7）抓铅球：3 组（8）徒手腹肌：3 组（9）静力背肌：3 组（10）跨栏：45 次（11）放松
星期四上午	（1）慢跑拉韧带，踢腿摆腿（2）大腿练习：15 组（3）背阔肌：3 组（4）侧平举：3 组（5）脚趾头力量：3 组（6）放松拉韧带，踢腿摆腿
星期四下午	（1）慢跑拉韧带，踢腿摆腿（2）技术：4kg 30～50 次（3）高翻：6 组（4）抓举：5 组（5）快挺：4 组（6）推壶铃：3 组（7）徒手腹背肌各 3 组（8）立定跳、三级跳：各 8 次（9）放松拉韧带，踢腿摆腿
星期五上午	（1）慢跑拉韧带，踢腿摆腿（2）技术：7.26kg、6kg、3.5kg 50 次（3）持球预摆：3 组（4）持球滑步：3 组（5）持球连续滑步：3 组＋投球 2 个（6）负重转髋跑：100m 2 次（7）放松拉韧带，踢腿摆腿
星期五下午	（1）慢跑拉韧带，踢腿摆腿（2）卧推：6 组＋3 组（3）坐蹲：6 组＋3 组（4）膝关节：3 组（5）负重腹肌：3 组（6）接球背肌：3 组（7）20m 3 次、100m 3 次（8）放松拉韧带，踢腿摆腿
星期六上午	（1）球类活动、拉韧带（2）提踵：6 组（3）屈腕：6 组（4）肘关节：3 组（5）转体：3 组（6）侧屈：3 组（7）膝关节：3 组（8）抓铅球：3 组（9）徒手腹背肌：3 组（10）放松拉韧带，踢腿摆腿

总的来看，投掷项目高水平运动员的体能训练手段既具有专项化特点，又具有全面性特点，是围绕专项要求的全面能力训练。

（三）核心竞技能力训练内容组合化

当前，我国投掷项目高水平运动员全部采用综合课的训练方式，训练内容通过不同的组合形式出现在训练课中，收到了较好的训练效果。组合训练方法是指在一个或若干个训练单元中，依项目要求及运动员的训练阶段、竞技水平、项目要求、个人特点等的差异，科学地运用训练学规律，合理地安排不同性质、比例的训练内容，以求获取最佳整体效应。组合训练会让运动员进行多种不同性质的练习，从而对运动员中枢神经系统产生多种刺激，不同刺激引起的兴奋又及时转移，对中枢神经系统形成广泛的刺激，避免了单一刺激造成的神经疲劳深且集中的现象。相同负荷下组合训练比单一训练更有利于运动员神经系统的恢复，加速技能能力向专项能力的转化，提高训练效果。我国投掷项目高水平运动员的训练内容具有以下几种较好的组合形式。

1. 一般力量训练与专项力量训练的组合

一般力量训练与专项力量训练的组合要考虑训练相同的部位，如铁饼运动员上肢大力量训练时将卧推练习与扩胸（单扩与双扩）练习组合搭配，下肢的大半蹲练习与负重平转体组合搭配，全身抓举练习与铅球后抛组合练习等。李艳凤、孙太凤和宋爱民等采用了这种训练手段后，收到了较好的训练效果。大重量专项训练之后的训练与增加协调的小重量专项训练结合，先进行一般力量训练手段，后进行与专项相关的训练手段，使力量训练在与技术结合中产生良好的条件反射，从而提高运动员的训练效果。

2. 最大力量训练与快速力量训练的组合

最大力量训练与快速力量训练组合形式有两种。第一种是组内组合。投掷运动员通常通过改变负重重量调控训练性质。例如，杠铃高翻采用80%RM4个×2组、85%RM3个×2组、90%RM2个×2组、95%RM2个×2组与70%RM（5～6次）连续高翻组合练习，深蹲采用70%RM 5个×2组、80%RM 4个×2组、90%RM3个×2组、95%RM1个×2组与60%RM（5～6个）快蹲组合练习，卧推采用70%RM4个×1组、80%RM3个×2组、90%RM 2个×2组、95%RM 2个×2组与60%RM（5～6个）快推组合练习。这种组合是铅球、铁饼、链球最常用的练习组合方式，最后一组要求以最快的形式完成，提高最大力量速度化水平。

第二种是最大力量训练与跑跳训练组合，如深蹲+冲跑或连续跳组合练习、抓举练习与向上抛实心球组合练习等，这也是李艳凤最常用的训练组合。

3. 专门力量训练与专项能力训练的组合

在专项能力训练过程中，专门力量训练与专项能力训练的组合形式有多种，如女子铁饼运动员宋爱民训练中负重平转体的训练与负重旋转的训练组合、扩胸（单扩与双扩）的训练与原地投重物的训练（爆发力训练）组合、侧向旋转双手抛片与重铁饼旋转投（对网投练习控制能力）组合等，以实现专项局部力量向专项技术的转化。

技术训练是每个训练小周期的重要组成部分，一切训练都围绕技术训练的系统性、有效性进行。素质训练和技术训练相结合的混合课通常将技术训练安排在素质训练前面，保证运动员技术训练的质量。但是莱内尔茨认为技术训练也必须在中枢神经引起的疲劳状态下进行，也应该在训练课的后面适当安排，因为技术训练后会产生一种动态强烈印象，而且这种强烈印象兴奋状态还要持续几个小时。他认为，首先，技术训练强烈印象的固结过程可能被技术训练后的任何活动所破坏，甚至会遭到完全扼杀；其次，在动态性强烈印象生成期间参与产生脉冲的神经键对所产生的刺激特别敏感，技术训练需要在一个能使循环性兴奋巩固成结构性强烈印象的固结阶段进行，因此，技术训练应在训练课的结尾部分进行。[①]如果技术训练课的运动强度大到需要竭尽全力时，可以在技术训练前面安排强度很大但时间较短、负荷量小的，不会产生疲劳的速度或快速力量训练。因此，力量训练与技术训练的组合具有科学的理论依据，也为“少量多次”技术训练安排的科学性奠定了基础。训练实践证明，先做力量练习，再做技术练习，两种练习都能发展下肢力量，但两种练习的动作形式、肌肉用力方式和程度都不相同，连续的训练加大了对下肢肌肉的刺激，促进肌肉力量提高和肌肉内肌纤维协调能力的发展，有良好的训练效果。有的教练员称先练力量然后练技术的组合（力量+技术）为“高原技术训练”，先练力量加大了后面技术训练的难度，一旦消除“缺氧”的条件，技术就会表现得更完善。

当前，投掷项目以发展专项能力为训练任务的混合课主要采用了力量+技术组合，增加技术训练课次，铅球通常 6～8 次/周、铁饼 5～7 次/周、链球 6～8 次/周，收到了较好的训练效果。投掷次数减少，提高了运动员训练强度、技术训练质量与技术的稳定性，如铅球运动员巩立姣和李梅菊的训练就是将力量+技术提高专项能力课和技术+力量提高技术课的组合训练交叉安排（表 4-6）。

表 4-6 铅球运动员巩立姣、李梅菊典型周训练计划安排

时间	训练内容
星期一上午	（1）准备活动（2）小力量：提拉平推 40～50kg 5 组、快蹲 100～120kg 5 组、侧肌 4 组（3）技术：原地投（4.5kg）5 次、滑步投 50～60 次（4）加速跑 40～50m（5）跨步跳 10 级 6 组
星期一下午	（1）准备活动（2）小力量：抓举 60～70kg 7 组、半蹲 120～160kg 6 组、腹肌 4 组、跨步跳 10 级 5 组（3）技术：原地投（4kg）5 次、滑步投 40～50 次（4）放松跑 400m、拉肌肉
星期二下午	（1）准备活动（2）技术：原地投（5kg）5 次、滑步投 50～60 次（3）力量：卧推 70～90kg 6 组、半蹲 100kg 5 组、半蹲跳 40kg 4 组（4）放松跑、拉肌肉
星期三上午	（1）准备活动（2）技术：原地投（4.5kg）5 次、滑步投 50 次（3）力量：抓举 60～70kg 7 组、深蹲 120～140kg 6 组（4）放松跑、拉肌肉

① 转引自熊焰. 运动员竞技能力的参赛变异及其成因与对策[D]. 北京体育大学博士学位论文，2005：8.

续表

时间	训练内容
星期三下午	（1）准备活动（2）技术：40 次（4kg）（3）小力量：平推 40～50kg 5 组、快蹲 100kg 5 组（4）跨步跳、加速跑共 5 组
星期四	（1）球类活动 30～40min，做操，拉肌肉（2）模仿练习或专门练习投 6～7kg 球 20～30 次
星期五上午	（1）准备活动（2）技术：原地投（5kg）5 次、滑步投 50～60 次（3）力量：卧推 70～80kg 6 组、负重跳杠铃 40kg 5 组、绕环 10kg 片 3 组（4）放松跑 8000m、拉肌肉
星期六上午	（1）准备活动（2）小力量：平推 40～50kg 5 组、快蹲 100～120kg 5 组（3）弓箭步 10kg 片 4 组（4）技术：原地投（5kg）5 次、滑步投 50～60 次（5）放松跑 400m、拉肌肉
星期六下午	（1）准备活动（2）技术：滑步投（4kg）30～40 次（3）力量练习：高翻 80～100kg 6 组、壶铃跳 5 组、侧肌 10kg 的片 3 组（4）放松跑、拉肌肉

注：准备活动为慢跑 1200m、做操、拉肌肉

4. 专项技术与专项速度力量练习的组合

专项技术与专项速度力量组合练习的手段有“重器械+标准器械”或“轻器械+标准器械”训练组合。在专项技术能力方面，运动员使用非标准重量器械（轻或重）成绩的提高，预示着标准器械成绩也将要提高，但并不是马上就能提高。实践证明，不同重量器械对技术的动作及节奏产生不同的影响，如轻铁饼（女子 0.75kg 铁饼）、重铁饼（女子 1.25kg、1.5kg 铁饼）成绩提高后，再采用标准铁饼进行专门的完整专项技术练习，表现更好。链球训练成绩与标准链球距离差约为每 1kg 8m；铁饼训练成绩与标准铁饼距离差约为每 0.25kg 8m；铅球训练成绩与标准铅球距离差约为每 0.1kg 0.2m。运动员一般经过 20 天的适应和转换练习可提高使用标准铁饼的成绩，达到预期目标。为了提高转化效果，教练员通常采用“重器械+标准器械”或“轻器械+标准器械”组合训练，这些手段安排在一节训练课中交替进行，充分体现速度力量与专项技术组合的优势。

5. 基本技术训练与比赛技术训练的组合

运动训练过程是一个条件反射的刺激–反应过程，因此，技术能力也是一个变化的因素，并不是一旦掌握就永久不变的。只有当运动员重复练习一定次数后这种条件反射才能得到巩固，且这种反射还会由于体能、环境和训练理念的变化而变化。我国投掷项目高水平运动员将基本技术与比赛技术相结合，不断改进和完善基本技术与比赛技术水平。在基础训练阶段和专项准备阶段，运动员基本技术训练相对稳定时可进行比赛技术练习，通常采用“基本技术+比赛技术+基本技术”和“基本技术+比赛技术”训练，提高完成技术的难度，以提高运动员基本技术训练的效果。在竞赛阶段，运动员采用“比赛技术+基本技术”或“比赛技术+基本技术+比赛技术”训练形式提高比赛技术能力和稳定

性。比赛技术训练贯穿运动训练整个过程，可以不断提高运动员比赛技术质量。例如，李玲虽然具有神经性疲劳症状，但还能在奥运会比赛第一次试投中创造个人赛季最好成绩；李梅菊和巩立姣第一投就创造了个人最好成绩；张文秀第二次试投达到了个人赛季最好成绩。

在投掷项目高水平运动员训练过程中，一般力量是铁饼项目高水平运动员的训练基础，专项力量训练是力量训练的核心，力量训练要与专项技术训练紧密结合。从组合训练特点来看，投掷项目高水平运动员的组合训练具有技术训练力量化、力量训练速度化、速度训练技术化、技术训练比赛化的特点，这种训练组合可降低运动员局部疲劳程度，增大训练强度，提高训练负荷量和技术训练质量。

投掷组合训练不但能发挥出每个训练手段、内容的功能，而且还可以体现出最大训练效应，提高运动员的训练效果。

四、投掷项目高水平运动员核心竞技能力训练负荷特点

训练负荷即人体在训练过程所承受的刺激和压力。没有负荷就没有训练，但是任何物体承受负荷或刺激的能力都有一定的限度。人在过度负荷下，机体不但不会产生适应性，还会出现劣变反应。过度负荷下的劣变反应有时表现在生理方面，有时表现在心理方面，还有时二者兼有之。有研究认为，大强度训练之后，在显微镜下主要工作肌群的微细肌纤维组织有惊人的撕裂损伤现象。[①]这是连续大强度训练产生的最大隐患。极限强度训练对神经系统刺激大，经常性、不间歇的多次刺激会产生神经系统的疲劳，这会影响运动员的运动寿命。

运动训练负荷是运动训练活动中最为活跃的因素，贯彻训练的始终。运动员的机体在训练负荷刺激下会产生适应性变化，并且适应性变化程度在一定范围内同运动训练负荷的大小成正比，即负荷越大，机体产生适应性变化的程度越高，运动员的竞技能力也随之提高。负荷包括负荷量和负荷强度，不同的组合产生不同的训练效果，不同训练负荷强度的神经肌肉系统动员程度不同，各器官系统的适应形成在时间顺序上也不同，如肌肉运动支配程序的改变要 7～10d，能量储备能力的增加要 10～20d，神经肌肉系统结构和调节的最优化要 20～30d，各系统之间的协调配合得到改善要 30～40d。训练过程是机体的平衡

① 李庆. 第二十三届世界大学生运动会男子百米冠军胡凯的训练特点[J]. 中国学校体育，2006，(3)：42.

状态被破坏而产生“变化”的过程，在连续适宜负荷的作用下又形成新的平衡，即一个从量变（积累作用）到质变的“适应”的过程。因此，训练过程既需要负荷量又需要负荷强度，负荷量与负荷强度共同组成训练负荷不同负荷量和重复次数所产生的作用如表 4-7 所示。

表 4-7 不同负荷强度的重复次数及作用①

负荷强度/%	重复次数/次	主要作用
95 以上	1～2	提高神经系统的兴奋性
85～95	2～4	发展肌肉内协调能力
65～85	4～8	提高速度力量
40～65	8～12	促进肌肉肥大
40 以下	12 以上	提高力量耐力

（一）技能训练负荷特点

为了提高训练的系统性，当前我国田赛投掷项目的技术训练主要采用包含最低负荷强度、平均负荷强度、有效负荷强度、最高负荷强度的组合指导原则。田赛项目专项技术训练强度以最低负荷强度为基础，以平均负荷强度为保证，有效负荷强度和最高负荷强度交替安排，与训练负荷量合理搭配，系统组合构成训练的整个过程。

1. 技术训练课次负荷特点

运动员在基础训练阶段平均每周的训练课次为铅球 4～6 次/周、铁饼 3～5 次/周、链球 5～6 次/周，每周投掷量为铅球 240～360 次、铁饼 240～320 次、链球 150～240 次，以改进技术为训练目标的技术训练次数也相应增加。这个阶段训练强度保持在 80%以上，严格要求技术动作强度并改进技术动作，以提高运动员身体肌肉协调能力，恢复神经性疲劳，提高身体体能。

运动员在专项准备阶段平均每周的训练课次为铅球 6～8 次/周、铁饼 5～7 次/周、链球 6～8 次/周，每周投掷量为铅球 360～450 次、铁饼 280～360 次、链球 180～260 次，要求在技术强度的基础上提高训练强度，训练强度应在 90%以上，主要进行有效强度和最大强度相结合的技术训练。根据不同的训练负荷量节奏变化，主要有“三周”或“四周”的小周期安排，铁饼项目高水平运动员主要采用“练三周调一周”的训练安排，铅球项目高水平运动员主要采用“练二周调一周”的训练安排。在训练最后一周或调整后采用“最高负荷强度”训练，

① 全国体育学院教材委员会. 运动训练学[M]. 北京：人民体育出版社，2000：87.

通常安排 1～2 节最高负荷强度技术训练课以提高竞技能力训练的有效性和实效性，使训练效应最大化。最高负荷强度的训练量占总训练内容的 5%～8%。其他时间主要采用有效负荷强度训练（约为 93%），这个训练强度不但保证了技术训练的有效重复次数，还可以避免运动员神经系统的过度疲劳，有助于提高技术的稳定性。在最高负荷强度训练周参加比赛，这个阶段投掷运动员的平均参赛发挥率为 96.13%（表 4-8），甚至有可能创造个人最好成绩。这个阶段训练需要通过“以赛带练”提高投掷运动员的参赛能力和竞技能力。

表 4-8　投掷项目 2005～2008 年平均参赛发挥率　（单位：%）

项目	李风峰	李玲	巩立姣	李梅菊	徐韶阳	宋爱民	李艳凤	马雪君	孙太凤	刘瑛慧	王峥	张文秀	平均
发挥率	95.86	96.50	97.03	97.50	94.95	96.58	95.55	94.80	96.61	94.90	96.59	96.71	96.13

竞赛准备阶段的技术训练投掷量及投掷课次为铅球 6～8 次/周、铁饼 5～7 次/周、链球 6～8 次/周，每周投掷量为铅球 240～300 次、铁饼 200～280 次、链球 100～180 次，每次练习次数较专项准备阶段少。竞赛周采用基本技术训练和比赛技术训练组合安排方式，训练强度保持在 90%以上，每次课每组训练前 3 次练习要求最高强度，以提高比赛技术的稳定性。

投掷项目高水平运动员技术训练以综合训练课为主要的安排形式，周技术课次数相当于传统周技术训练课（2～3 次/周）的 2～3 倍，训练课次数明显增多，课训练量相当于传统训练量的 50%，周技术训练投掷次数增多，技术训练课运动员疲劳程度明显降低。少量多次的安排增加了技术训练总量，解决了我国投掷项目高水平运动员技术训练次数不足的问题，提高了专项技术训练的效果。

投掷项目高水平运动员的训练过程是有效负荷强度训练和最高负荷强度系统组合的过程，训练技术负荷强度表现出节奏性的变化。但是如果对有效负荷强度判断不客观，负荷安排不合理，运动员往往会出现神经性疲劳，影响大赛的发挥，如北京奥运会备战阶段铁饼运动员孙太凤、链球运动员张文秀都表现出神经性疲劳的症状，这主要是由于她们连续提高成绩（图 4-3～图 4-4），2008 年目标成绩设定太高，冬训期间技术负荷强度太大、训练成绩提升速度太快，运动员的神经性疲劳没有得到及时恢复，进入比赛赛季后竞争比较激烈，导致运动员竞技能力下降。张文秀在奥运会能够达到个人赛季最好成绩也是得益于 6 月的调整训练和 7 月中旬的两次调整训练，调整训练使她的神经性疲劳得到恢复，为她在奥运会上创造个人赛季最好成绩打下了基础。

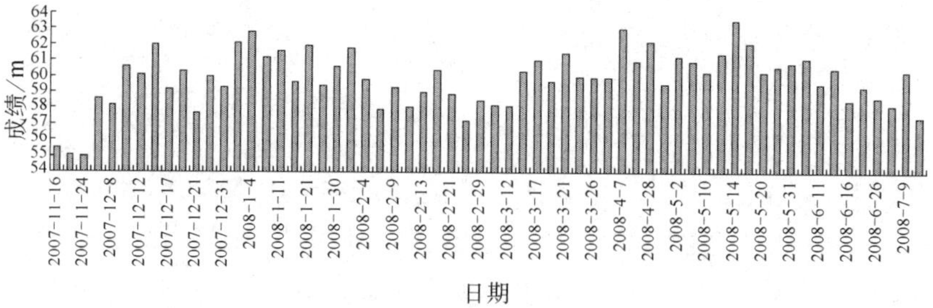

图 4-3　铁饼运动员孙太凤备战 2008 年奥运会周最好成绩变化示意图

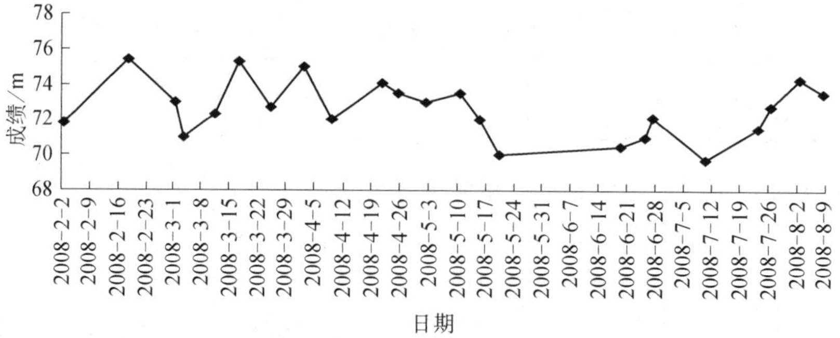

图 4-4　链球运动员张文秀 2008 年训练周最好成绩变化示意图

2. 技术训练手段负荷变化特点

从技术训练负荷来看，我国投掷项目高水平运动员的全年训练负荷安排趋于平稳。全年各训练阶段之间没有明显的界限，基本上是一个完整的训练过程。根据比赛要求（时间、成绩等），教练员把全年训练划分为若干阶段，各阶段训练的任务、要求具有一致性、连贯性，为整体训练任务服务。我国投掷项目高水平运动员技术训练量具有“二周大一周小”或“三周大一周小”的节奏，周内“大、中、小”负荷交替安排，小负荷训练课一般为调整课。这样的负荷安排保持了周与周体能训练负荷的相对稳定性，具有“短节奏、平稳式”的特点。

从训练课的内容来看，运动员的训练都是综合训练课，每节课都有技术、力量、速度训练，每个训练阶段内训练内容的负荷量相对稳定，训练内容手段不断变化，这保障了训练的全面性。训练时多采用有效负荷强度训练，保持训练负荷量的稳定，训练内容负荷的变化主要是强度的变化。例如，链球运动员张文秀上午技术训练课的投 8kg 球转变为技术模仿训练，下午技术训练第一个循环单元为 7kg 投 10 次、6kg 投 10 次，第二个循环单元为 6kg 投 20 次，这样的安排保持了技术训练量。

3. 投掷项目高水平运动员技术训练手段时间变化特点

投掷项目高水平运动员轻重器械训练是专项能力训练的主要手段，不同重量的器械具有不同的功能，对神经肌肉系统产生不同的刺激，以完成不同训练阶段的不同训练任务。从投掷项目不同阶段技术训练的器械训练比例（表 4-9）来看，在训练过程中，铅球和链球项目中很少采用轻器械训练，链球和铅球主要采用 3kg 和 3.5kg 器械，铁饼主要采用 0.8kg、0.9kg 的轻器械。在基础训练阶段，为了提高运动员的专项力量能力，采用以重器械为主的专项能力训练，尤其是女子链球项目大多采用重器械训练，重器械的训练不但可提高运动员专项技术水平，而且可提高其专项力量能力，是最有效的专项训练手段。在基础训练阶段和专项准备阶段，重器械训练量达到技术训练量 50%以上，轻器械和标准器械训练是保证重器械训练效果向专项转化的重要手段，防止重器械导致的动作速度降低。专项准备阶段虽然重器械训练比例较大，但是重器械与标准器械的重量很接近，铅球通常为 4.25kg、4.5kg、4.75kg 和 5kg，链球通常为 5kg，这也保证了训练效果的及时转化。在竞赛准备阶段，3 个投掷项目都是以标准器械训练为主，轻重器械训练按一定节奏进行安排，每个训练阶段内技术训练数量变化小于 20%。竞赛期专项技术训练次数减少 1/3～1/2，提高训练强度，保证运动员训练后恢复，预防神经系统疲劳，提高训练效果。例如，宋爱民专项准备训练阶段每次训练课投饼次数为 12 次×（5～6）组，而在竞赛期为 10 次×（3～4）组。

表 4-9　投掷项目不同阶段技术训练的器械训练比例

项目	女子铅球	女子铁饼	女子链球
基础训练阶段	6 : 3 : 1	6 : 3 : 1	8 : 1 : 1
专项力量提高阶段	5 : 4 : 1	5 : 4 : 1	6 : 3 : 1
专项速度提高阶段	4 : 4 : 2	4 : 4 : 2	4 : 4 : 2
竞赛准备阶段	3 : 5 : 2	3 : 5 : 2	3 : 5 : 2

注：以上每组数据都为重器械∶标准器械∶轻器械；以上数据根据运动员备战北京奥运会训练记录统计。

（二）体能训练负荷特点

投掷项目高水平运动员的体能训练内容主要有力量训练、速度训练、柔韧性训练和协调能力训练等。

投掷项目高水平运动员训练课全部为综合课，每次课都有力量、速度等体能训练内容。根据训练周训练量主要有大运动量周和小运动量周，大运动量周是训练周，小运动量周是调整周。基础训练阶段大运动量周为训练 8～10 次/周、小运动量周为训练 6～7 次/周，专项准备阶段和竞赛准备阶段大运动量周为训练 7～9 次/周、小运动量周为训练 6～7 次/周。在基础训练阶段和专项准备阶段，铁饼和链球采用“三周大一周小”的训练安排，铅球采用“两周大一周小”的训练安排。竞赛准备阶段在“三周大一周小”或“两周大一周小”的基础上进行负荷调整，以保持运动员竞技状态的稳定，这种“短节奏、小周期”的训练安排形式可防止运动员过度疲劳。投掷项目体能训练手段训练为 2 次/周，同一内容的不同训练手段交替安排，大力量和小力量训练交替安排，主要训练手段交替安排。如链球运动员张文秀最大力量训练由卧抓、仰抛、卧蹲、单腿仰蹲转换为抓举、坐蹲、单腿蹲，实际上这些训练都是大力量训练，训练量相当，但是练习的身体部位在变化，提高了训练的全面性；铅球运动员巩立姣通常每次训练课都安排 2 个大力量训练手段和 3 个小力量训练手段，每个训练手段每周练习 2 次。

在基础训练阶段和专项准备阶段中，基础体能的训练负荷根据不同训练小周期的体能训练任务而确定。每个小周期都包括发展性训练内容和保持性训练内容，一般发展性训练内容的训练手段最大训练负荷强度为 90%，重点发展的训练负荷强度达到 95%，保持性训练内容的训练手段最大训练负荷强度为 85%，训练负荷量根据运动员承受能力确定。保持性训练内容与发展性训练内容阶段性的安排要保持每次训练负荷总量相对稳定。

专项体能练习手段要保证运动员每组的训练次数和完成的组数，强调专项训练内容的完成质量，以保证与专项技术训练的一致性。

（三）核心竞技能力阶段训练内容的结构特点

不同的训练阶段因目标不同，训练内容的安排就有差异。通过对我国投掷项目高水平运动员的训练内容比例进行统计，我们发现高水平投掷运动员在基础训练阶段、专项准备阶段和竞赛准备阶段训练内容的比例不同（表 4-10）。

表 4-10　我国投掷项目高水平运动员训练内容比例统计表

训练阶段	训练内容	内容比例/%	具体训练	内容比例/%
基础训练阶段	基础体能	30	一般身体训练	30
	专项体能	40	专项身体训练	30
			专项能力训练	10
	技能训练	30	分解技术训练	10
			完整技术训练	20

续表

训练阶段	训练内容	内容比例/%	具体训练	内容比例/%
专项准备阶段	基础体能	30	力量素质训练	5～10
			速度素质训练	20～25
	专项体能	30	专项能力训练	30
	技能训练	40	基本技术训练	30
			比赛技术训练	10
竞赛准备阶段	基础体能	25	速度素质训练	15
			身体素质训练	10
	专项体能	25	专项能力练习	25
	技能训练	50	基本技术训练	20
			比赛技术训练	30

注：根据教练员访谈内容和训练计划统计

基础体能训练在整个训练周期中占有比较稳定的比例，可以看出教练员和运动员很重视基础体能训练。投掷项目基础训练不但具有提高运动员心肺功能和健康水平的作用，而且还是对专项训练内容的补充，具有提高运动员基础力量、速度、耐力、柔韧性和协调性的作用。许多基础力量训练是对专项力量训练内容全面性不足的“补短”训练，这类基础力量训练内容占有较大的比例，专项准备阶段力量素质训练占整体训练内容的5%～10%，竞赛准备阶段身体素质训练比例达到10%。

教练员在改进技术训练手段的同时，也重视基础体能训练手段的改进，许多教练员结合专项技术需要和运动员个人特点改进了力量训练手段（例见表4-11、表4-12），使基础训练手段更全面。这也是一些老运动员在体能恢复能力和承受运动负荷能力下降的情况下，还能够继续保持训练水平的关键之处。

表4-11　李艳凤训练手段的变化

项目	原来采用的训练手段和方法	改进后的训练手段和方法
大力量练习手段	上肢：抓举、卧推、高翻 下肢：负重深蹲、半蹲	上肢：壶铃抡摆、卧提、卧扩 下肢：负重半蹲、单腿负重上台阶、负重弓步蹲
专门力量练习手段	侧摆片、持片转体、壶铃蹲跳、负重蹲起	持片转体、双手持平弓步走、原地挥片、弹力带转髋挥臂

表4-12　张文秀训练手段的变化

项目	原来采用的训练手段和方法	改进后的训练手段和方法
大力量练习手段	上肢：抓举、提拉、高提 下肢：负重深蹲、半蹲	上肢：抓举 下肢：负重深蹲、半蹲、单腿蹲

续表

项目	原来采用的训练手段和方法	改进后的训练手段和方法
专门力量练习手段	侧摆片、转体、壶铃蹲跳、负重蹲起	采用弹力带进行强化训练。重点在于加强腰腹、大腿内收肌群、大腿外侧肌肌肉力量的训练；加强膝关节、踝关节的稳定性和灵活性的训练

从训练目标任务来看，基础训练阶段运动员基础体能训练的主要任务是提高运动员的身体素质和健康水平，发展一般性力量，改善柔韧性和协调性；专项准备阶段的训练任务是提高一般素质训练的训练强度，控制好专项训练与身体素质训练的关系；竞赛准备阶段的主要训练任务是合理调整训练负荷体力，安排好训练节奏与运动量，培养良好的竞技状态。

专项体能训练是训练过程中基础体能训练与技术训练的转换“桥梁”，对运动员核心竞技能力的提高具有重要作用，也是其专项技能和技术水平提高的保证，是训练内容的重要组成部分。基础训练阶段专项体能训练比例为40%，专项准备阶段比例为30%，竞赛准备阶段比例为25%。

专项能力的训练与专项技术具有紧密的联系。从训练内容比例来看，整个训练过程主要是专项体能和技能训练的协调转换过程，不同阶段竞技能力对技术的训练要求不同。基础训练阶段是专项能力发展的重要阶段，基础体能训练是专项能力训练系统性的保证。专项准备阶段是实现专项能力向专项技术转化的重要阶段，专项能力只有转化应用到专项技术中才能提升竞技能力。技术训练是实现专项能力转化的有效手段，这个阶段主要应保持技术训练量，提高技术训练的强度，减少专项能力和基础体能训练量，因此，专项能力训练内容比例下降。竞赛准备阶段主要是保持专项能力的阶段，训练量下降，训练目的是保证专项技能水平的提高和稳定，让运动员以最好的竞技状态参加比赛，有利于创造优异的比赛成绩。例如，李艳凤在基础训练阶段专项能力训练内容比例为40%，专项准备阶段专项能力训练内容比例为20%，竞赛准备阶段专项能力训练内容比例为10%；她在竞赛准备阶段减少专项体能的训练量，提高专项体能和专项技术的训练强度，专项技术强度要求从基础训练阶段的80%提高到90%，重点专项能力训练强度为90%～95%。

技能训练是综合能力的训练，不但是技术训练的重要手段，而且是专项速度、力量、柔韧性和协调性训练的重要手段。技能训练对提高技术水平具有直接作用，技能训练贯穿整个训练过程。人体承载负荷的能力是有限的，不同能力的发展具有阶段性和节奏性，因此技能训练内容也具有阶段性特征，每个阶段的训练内容安排与教练员的训练理念、训练环境和运动员训练基础有重要的关系，不同项目的训练安排具有差异性。我国投掷项目高水平运动员的技能训练内容占比在基础训练阶段为 30%，在专项准备阶段为 40%，在竞赛准备阶段为 50%。在基础训练阶段，运动员主要通过改进局部技术、恢复和提高神经能力来提高身体能力和保持投掷技术。因此，技能训练内容比例小，主要是技术素质的分解训练。专项准备阶段的技能训练将分解技术训练与完整技术训练相结合，将轻重器械训练相结合，将训练效益向技术训练转化，提高竞技能力的转化水平，使运动员在进入比赛期时专项速度和专项力量能力达到最高水平。

竞赛准备阶段的主要训练任务是保持专项能力，提高基本技术、比赛技术的稳定性和综合竞技能力的水平，一切训练安排围绕技能的提高进行。技能训练手段具有集中性、有效性，技能训练比例增多，这样有利于运动员在比赛中发挥最好的技术，实现训练成果向比赛技术的综合转化。

总的来看，在投掷运动训练过程中，基础体能训练比例变化小（5%），主要是专项体能和技能训练比例的改变，分别为 15%、20%。相应地，主要训练内容的负荷强度变化组合构成不同的训练阶段。专项体能训练比例递减，技能训练比例递增。

技能训练采取“短节奏、小周期、适量多餐”的训练安排，这样可以提高训练的质量和强度，便于教练员及时掌握和控制训练的过程，技术训练量相对稳定，技能训练比例最大为整体训练内容的 50%。

第四节　跳跃项目高水平运动员核心竞技能力的训练方法

一、跳跃项目高水平运动员体能训练方法

（一）大力量身体训练方法、手段与负荷特点

跳跃项目的大力量训练手段包括上肢、下肢和躯干训练。大力量训练不仅是为了发展相应部分的主动力量，也是为了发展全身爆发和协调能力。上肢大力量训练手段主要有卧推、高翻、抓举，下肢大力量训练手段主要有深蹲、半蹲、坐蹲、角度蹲等。运动员大力量训练手段平均采用 4～6 个，保证大力量训练的全面性。

跳跃项目大力量训练手段根据负重、重复次数和完成速度的不同分为最大力量、快速力量和力量耐力，每次训练都有上肢、下肢和躯干的训练内容。

最大力量训练主要采用次最大力量训练方法，负重负荷为70%～95%1RM，每次重复3～5个，每个手段每组4～6次，每周2～3次。

力量耐力训练负重负荷为55%～80%1RM，重复次数6～8个，每个手段每组4～6次，每周2～3次。

快速力量训练负重负荷为50%～70%1RM，重复次数6～8个，每个手段每组4～6次，每周2～3次，要求以最快的速度完成。

跳跃项目大力量训练的主要方法有重复训练法、间歇训练法、持续训练法、变换训练方法和组合训练法等。

（二）小力量身体训练方法、手段与负荷特点

小力量训练主要是解决全身肌肉力量专项需要的相对平衡发展的问题，弥补被动肌肉群、拮抗肌肉群的力量不足，并训练主动肌肉群力量，对避免运动员受伤具有重要作用。运动员小力量训练手段平均采用8～10个，要求运动员动作规范，有针对性，每个训练手段4～6组，每组10～20次，每周2～3次。

跳跃项目小力量训练的主要方法有重复训练法、持续训练法、变换训练方法、游戏训练法和组合训练法等。

（三）反应力量训练方法、手段与负荷特点

运动员的起跳过程是肌肉离心收缩和向心收缩的转换过程，起跳时间为0.09～0.16s，具有典型的反应力量特征，因此，反应力量也是跳跃项目的专项力量。要提高反应力量，一方面要缩短下肢神经肌肉系统伸展缩短周期的转换时间，另一方面要提高肌肉伸展缩短周期保持肌肉张力的能力，因此，反应力量的训练强调动作完成速度和承受一定力量负荷的能力。

为了提高反应力量能力，运动员主要采用克服自身体重的练习，主要训练手段有助跑起跳、助跑单足跳、连续跨步跳、连续跳栏架、跳深练习等手段和各种组合练习手段。

反应力量训练每个单元4～8组，每周2～3次。由于反应力量对神经肌肉系统的刺激大，单元练习手段要交替进行。

反应力量训练方法主要有重复训练法、持续训练法、变换训练法、组合训练法和比赛训练法等。

（四）速度训练方法、手段与负荷特点

跳跃项目对运动员的身体动作速度和位移速度都有较高的要求，尤其助跑时的身体位移速度对成绩具有决定作用。速度训练主要有速度耐力训练、最大速度训练。跳跃项目主要将速度耐力训练与最大速度训练相结合，从而不断提高运动员的速度能力。

跳跃项目运动员的速度耐力是指高速跑的耐力能力，跑的过程中要注意跑的节奏性和放松。速度耐力是最大速度的基础，提升速度耐力能力不但可以提高运动员的速度能力和改进跑的技术，而且可以改善运动员内脏系统、血液循环系统和能量代谢系统的协同能力。

跳跃远度项目的速度耐力训练手段主要有400m、200m、150m、120m、100m、80m、60m 间歇跑和往返跑。三级跳远、跳远和撑竿跳高每次课跑动总距离一般在 600～800m。顾俊杰在基础训练阶段每次课跑两个 400m，每周 2 次。基础训练阶段李延熙经常跑 120m，每次训练课跑 5 次，每周 2 次。郑幸娟在基础训练阶段主要采用 80m 跑，专项准备阶段主要跑 60m，每次课跑 5 次。速度耐力总跑动距离一般为 400～600m，每周安排 2～3 次，通常为 2 次。速度耐力训练跑的强度要求是以平均强度为主，在专项准备阶段强度一般为个人最高强度的 80%，在竞赛准备阶段强度还会再高一些，达到 90%～95%，要求 1～2 次最大强度的全力跑。

跳跃高度项目的速度耐力训练手段主要为 30m、40m、60m、80m 和 100m 跑。最大速度训练跑的距离短，强度相对较大，对运动员的神经肌肉系统和能量系统都有很高的要求，因此训练的量不能很大，每次训练课安排 2～3 个训练手段，通常跑 4～8 次。一般在专项准备阶段一次课的总跑动距离为 400～500m，在竞赛准备阶段一次课的总跑动距离为 200～300m。最大速度训练强度对运动员速度训练的效果有着极大的影响作用，在专项准备阶段中，运动员绝对速度训练要求以有效强度为主（个人最高强度的 94%左右），只有在重点发展最大速度训练课中要求最大强度。

速度训练中要兼顾绝对速度和速度能力，也就是在准备期训练中以较长距离跑为主，重点是提高速度能力和改进跑的技术，同时适当地安排较短距离跑的练习，用以发展运动员的绝对速度，并促使运动员在全力跑中体会和改进技术动作。随着比赛期的临近，速度训练的重点则逐渐转为以较短距离跑为主，在已获得较好的跑的能力的基础上集中提高运动员的绝对速度，但训练仍设置

一定比例的速度耐力内容，以保持运动员跑的能力并继续改进与完善跑的技术。

速度训练主要采用重复训练法、比赛训练法、间歇训练法和组合训练法等。

（五）专项速度训练方法、手段与负荷特点

跳跃项目的专项速度对跳跃成绩具有重要影响，我国跳跃项目高水平运动员的绝对速度与世界优秀运动员有一定的差距，但是助跑速度利用率高，这也是他们运动员在国际大赛上的竞争优势。如何提高运动员的助跑速度尤其是起跳速度，是跳跃项目的主要训练任务。跳跃项目专项速度训练不但要求运动员具有快跑能力，而且还要有良好的助跑技术节奏。例如，跳远运动员张晓一速度能力很强，但是助跑速度节奏不好，起跳技术质量较低，成绩不稳定。要获得好的助跑技术，运动员要具有以下特征：第一，助跑时身体重心平稳；第二，加速能力要求高，跳跃项目运动员的助跑距离是有限制的，因此需要运动员具备在较短距离中达到较高速度的能力，这样才能在有限的助跑距离内发挥出较高的助跑速度；第三，助跑要有明显的节奏，也就是跑的节奏要越来越快，在接近起跳点时节奏达到最快；第四，具备较好的高速放松能力，跳跃项目是在高速状态下完成起跳的，运动员需要克服6～22倍身体力量，如果放松能力不足就很难成功地完成起跳动作。

跳跃项目专项速度练习手段主要有跑的专门练习，让运动员按教练员的掌声进行节奏跑、跑格、下坡跑、快频跑、全程助跑起跳、中程助跑起跳、短程助跑起跳以及60m、50m、40m和30m快速节奏跑，另外还有跳高的弯道跑、撑竿跳高的持竿助跑等练习。通过对跳跃项目的技术和动力学进行分析，我们发现不同跳跃项目具有不同的跑跳结合技术和受力特点，应在专项速度练习中结合起跳练习。运动员运动训练实践证明结合起跳的助跑速度训练对专项能力提高更有效。

专项速度训练通常每周2～3次，每次课8～10次，要快速完成。

专项速度训练主要采用重复训练法和组合训练法。

（六）耐力训练方法、手段与负荷特点

耐力训练主要提高运动员内脏系统、血液循环系统和代谢系统的功能，保障运动员的健康水平，属于基础体能的内容。耐力训练通常安排在准备活动阶段、整理活动阶段和调整阶段，作为辅助训练内容，主要采用慢跑训练（距离为800～2000m）和低强度的专门练习等。

耐力训练主要采用持续训练法、间歇训练法、游戏训练法、重复训练法等。

（七）柔韧性训练方法、手段与负荷特点

跳跃项目的柔韧性训练主要有静态柔韧训练和动态柔韧训练。柔韧性对提高完成技术动作的幅度、增大工作距离、提高动作实效具有重要作用。

柔韧性训练的主要手段有牵拉练习、负重屈伸训练、对抗训练、踢腿练习和专项专门柔韧练习等。

柔韧性训练贯穿整个训练过程，准备活动阶段进行练习可以起到动员神经肌肉系统的功用；在训练课后的练习则可以起到放松、促进血液循环的目的。在技术训练课前，柔韧性训练往往与专门练习相结合，以提高专项柔韧能力。负重重量与训练的性质有关，完成静态训练的负荷量相对大些，持续 20～30s，动态训练的负荷量相对小些，通常持续 6～10s。

柔韧性训练主要采用持续训练法、重复训练法、游戏训练法、变换训练法和组合训练法。

（八）协调能力训练方法、手段与负荷特点

跳跃项目是全身肌肉神经系统的协调总动员，尤其起跳动作、空中动作和落地动作对运动员协调能力提出了很高的要求，并且这种协调能力直接决定了比赛成绩。运动训练中运动技能与协调能力是能够同步发展的，技能训练过程同时也是协调能力的训练过程，在专项运动训练中协调能力训练也是对技能训练的补充，可提高对协调能力要求较高的专项技术的稳定性。因此，专项技术练习、专门练习、平衡能力练习都含有协调能力练习的成分，一般协调能力主要是通过游戏和球类活动进行，通常在调整训练课和训练课前的准备活动中安排，每周 2～3 次。协调能力训练与技术训练同步进行，对完成质量有严格要求。

协调能力训练采用游戏训练法、变换训练法和重复训练法等。

二、跳跃项目高水平运动员技能训练方法

（一）基本技术训练内容、方法与负荷特点

根据我国跳跃项目高水平运动员训练安排，其基本技术的训练主要有助跑技术、跑跳结合技术、起跳技术、空中技术、落地技术和技术节奏。

跳跃高水平运动员已经具备了较高的专项水平，但每个运动员又有某些技术环节需要进一步改进。例如，顾俊杰的跑跳结合问题、张晓一的助跑节奏问

题、李延熙的助跑速度问题、杨雁盛的起跳技术问题、周杨的握竿技术问题等。要完善跳跃技术，首先要改进基本技术。运动员竞技能力发展是不同步的，在技能提高的过程会表现出技术问题，只有解决技术问题才能不断地提高运动水平。基本技术是通过长期重复强化训练获得的，如果练习频率不够，训练效果就会消退，技术质量就会下降。黄健教练认为布鲁梅尔在打破世界纪录后就是因为在基本技术训练中过竿次数不够造成水平下降，因此基本技术训练次数对跳跃项目具有重要作用。①

跳跃项目高水平运动员基本技术训练任务主要是完善和巩固基本的完整技术及各个技术关键环节，基础准备阶段的强度通常保持在80%以上，专项准备阶段保持在90%以上，通常交替安排不同训练单元，根据运动员的不同情况安排有效负荷训练。通常认为94%左右的平均训练强度可以增加技术训练次数，提高运动员技术的稳定性。②我国跳跃项目高水平运动员技术训练每周2～3次，基础训练阶段每次8～15个，专项准备阶段每次10～20个。教练员要始终强调最高质量地完成基本技术练习。

基本技术训练主要采用分解训练法、完整训练法、重复训练法和组合训练法。

（二）比赛技术训练内容、方法与负荷特点

根据国际比赛的规则，跳跃远度项目比赛分为及格赛和决赛，在及格赛和决赛中每个运动员各有3次试跳机会。由于我国运动员实力有限，运动员必须在及格赛前3次达到或接近自己的最好成绩才有机会进入决赛，这就要求运动员在比赛前3跳中表现出个人最高的竞技水平。

跳跃远度项目中要安排预防犯规技术的训练。过去教练员通常在提高运动员技能的过程中忽视了起跳点问题，运动员通常哪里起跳哪里测量，没有任何心理障碍，运动员起跳点的准确性很差。但在比赛中，裁判是按照起跳板测量，过线犯规，不到线起跳就"吃亏"，运动员在比赛中又希望自己不"吃亏"。因此，自信心不足，分散了注意力，运动员反而跳不出平时的训练水平。要解决这个问题，一方面要加强步点准确性的比赛技术训练，另一方面运动员要具有有效起跳范围的观念，踏到起跳板才算成功。若比赛过程中体能状态较好，往往助跑步幅略增大，满板起跳的机会也增大，运动员心理负担减小，就可能发挥

① 转引自赵连甲，李老民，郑丽君. 突出专项，突出强度，在实践中创新——中国跳高训练经验[J]. 田径，1998，(10)：15-17.

② 冯树勇. 中国高水平跳远运动员训练内容体系的研究[D]. 北京：北京体育大学博士学位论文，2001：97.

出最高水平甚至超水平发挥。但是我国许多跳跃远度高水平运动员还缺乏这种能力，导致成绩不稳定，比赛成绩与训练成绩差距很大。例如，2008 年北京奥运会达标赛跳远比赛中翁永峰和苏雄峰都跳出了 8.20m 以上的成绩，但是两人不是犯规就是不上板，最终比赛成绩不足 8m。

跳跃高度项目比赛时，若多名运动员跳出同一高度，则以最少失败次数计取名次，在实力相当或稍弱时只有提高过竿成功率才有机会获得名次或进入决赛。如撑竿跳高运动员刘飞亮 2007 年在日本大阪世界田径锦标赛上就是因为前面失败次数过多，排名靠后而未能进入决赛。因此，教练员要注意每个试跳高度第一次成功率的训练。

跳跃项目运动员的“拼命”技术训练。比赛中运动员“拼命”是好精神，但是如果不知道如何“拼命”、在哪一技术关键点“拼命”就会导致技术变形，反而取得不了好成绩。只有在训练中加强比赛技术练习，根据个人风格特点找到技术“拼命”点，运动员才能在比赛中取得好成绩，甚至超水平发挥。

比赛技术的训练主要有关键技术训练、抗干扰技术、防犯规技术和第一跳技术训练等。只有在平时训练中有针对性地安排这些内容，运动员才能提高比赛技术水平。

比赛技术训练贯穿于整个训练过程，要根据不同训练阶段安排不同的时间。在基础训练阶段比赛技术训练安排在技术训练的后半段，保证比赛技术的稳定性和有效性，提高比赛技术质量；在专项准备阶段安排在技术训练前段或后段。基础训练阶段“拼命”技术训练次数为每次课 2～3 次，专项准备阶段为 3～6 次。抗干扰技术和防犯规技术训练贯穿整个训练过程。

比赛技术训练主要有重复训练法、模拟训练法、实战训练法、比赛训练法等。

三、跳跃项目高水平运动员核心竞技能力训练内容特点

（一）训练手段的专项化、全面化

跳跃项目的基础体能训练主要有速度耐力、最大速度、最大力量、快速力量、反应力量、柔韧性和协调性训练，这些训练内容都是根据跳跃项目的专项需要设计的，是专项技能的分解，也是跳跃项目训练的主要内容。由于运动员下肢支撑能力对跳跃专项具有重要的影响，专项力量、速度、柔韧等训练手段都是围绕下肢设计的，具有专项化的特点。

跳跃运动是全身性的肌肉活动，跳跃过程中主要参与完成技术动作的肌群有

股四头肌、股二头肌、背阔肌、胸大肌、三角肌等。大力量训练手段主要有半蹲、抓举、卧推、箭步蹲，小力量训练手段主要有仰卧起坐、提踵、负重前屈、杠铃负重转体和针对腹肌、踝关节、颈前肌、腰腹肌、侧肌等的专门训练。这些训练既训练了主动肌肉群，又训练了被动肌肉群和协同肌肉群，以避免运动员受伤。

总的来看，跳跃项目运动员体能训练既具有专项化特点，又具有全面性特点，是围绕专项的全面能力的训练。

（二）跳跃项目高水平运动员训练内容组合化

跳跃项目教练员都能认识到组合训练的重要作用，并在训练中不断进行科学化训练组合的探索，合理地选择和安排不同性质和比例的训练内容，以求获取最佳整体训练效应。

经过训练实践检验，为了提高运动员的专项跳跃能力，教练员设计了许多组合训练手段，跳跃训练内容有以下几种主要的组合形式。

1. 一般力量与专项跳跃训练组合

一般力量训练与专项跳跃练习组合，方法是在一次训练课中先做力量练习（如负杠铃做下蹲或半蹲），然后做专项跳跃练习。例如，女子跳高运动员郑幸娟采用“力量＋专项跳跃”组合训练，具体如下：先做杠铃力量练习，抓举或高翻，70%～90% 1RM，1～3 次/组，跳 5～10 个栏架，共做 10 组；跨步跳或单足跳（水平用力为主），50m×（10～15）组。女子三级跳运动员经常采用的组合练习是做一组快速力量练习，交叉做一组专项跳跃练习。运动员李延熙、谢荔梅经过系统的组合训练，在不同的项目中都表现出较强的专项能力，并在专项成绩方面达到很高的水平。

2. 静态力量与动态力量组合训练

静态力量训练有利于发展肌肉韧性和力量，但是对于协调性发展不足，为此要采用静态力量与动态力量的组合练习。例如，女子跳高运动员采用静力半蹲与快速蹬踝组合，80%负重静力半蹲停 8s+负重快速蹬踝 3 次+沙坑直膝快跳。

（1）速度+专项技术组合练习。练习方法是先进行速度练习，再进行助跑速度练习+技术练习。两者组合有利于速度能力的转化，如三级跳远运动员可进行 80m 85%强度 2 次+助跑 6 次+全程跳 12 次。

（2）力量+速度组合练习。三级跳远运动员在训练课中将杠铃力量练习与速度练习结合在一起进行训练，先进行杠铃力量练习，然后进行速度练习，这就打破了以前把力量练习和速度练习分开，并冒着腿部肌肉负担加大、在快速跑中肌肉可能拉伤的风险进行训练的传统安排。运动员在训练内容和手段基本不变的情况下，经过一段时间力量＋速度的组合训练，会发现腿部肌肉没有出现问题，训练效果却比较显著。训练课中先进行杠铃力量训练，内容大致为：高翻，60%～90%强度，每组2～5次，4～6组；深蹲，60%～90%强度，每组2～5次，4～6组；然后进行专门练习和跑的专门练习；最后做速度练习，内容大致为20m跑海绵块计时×4组、60m×3组。

从组合形式来看，跳跃项目也具有技术训练力量化、力量训练速度化、速度训练技术化、技术训练比赛化的特点。这些训练手段都是在训练内容内部进行的组合，整体训练结构的组合很少。与投掷项目相比，跳跃项目还是以单一集中的训练课为主要的训练模式，主要有速度课、力量课、技术课和综合课，综合课主要进行身体素质综合练习，实际还是传统的单一训练模式，但加强了内容组合，增加了训练效益。

四、跳跃项目高水平运动员核心竞技能力训练负荷特点

（一）技能训练负荷特点

当前，我国田赛跳跃项目高水平运动员核心竞技能力技能训练主要采用最低强度、平均强度、有效强度、最高强度训练负荷的组合指导思想。例如，女子跳高运动员郑幸娟最好成绩为1.93m，训练过程中最低高度保持在1.70m，以1.85m作为有效强度，训练强度为1.80～1.85m，平均强度为最高成绩的90%左右（图4-5）。

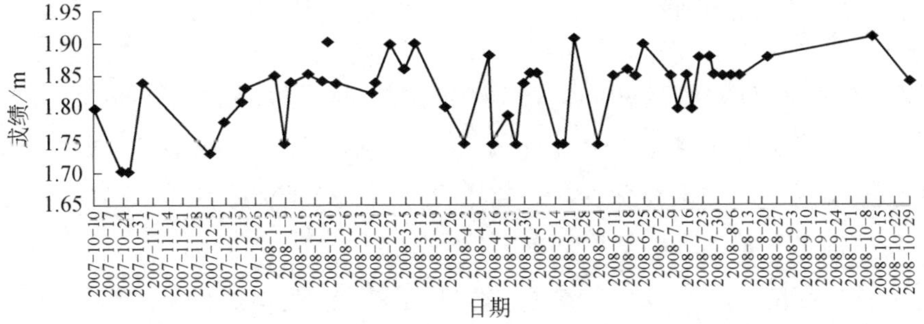

图4-5　女子跳高运动员郑幸娟2008年训练成绩变化示意图

1. 跳跃项目高水平运动员技术训练课次负荷特点

运动员基础训练阶段每周的训练课次通常为1～2次，每周跳高过竿量为

15～20 次，撑竿跳高为 20～30 次，跳远为 15～20 次。三级跳远运动员李延熙、谢荔梅每周 2 次技术训练课，顾俊杰、仲敏维每周 1 次技术训练课，男子撑竿跳高运动员刘飞亮每周 1 次技术训练课，跳高运动员张树峰每周 2 次技术训练课。训练课的训练强度保持在 80%左右，严格要求技术动作强度，以改进技术动作，提高运动员身体肌肉的内协调能力，恢复神经性疲劳，提高身体体能水平。

运动员在专项准备阶段每周的训练课次通常为 2 次，每周跳高过竿量为 20～30 次，每周 2 次课，撑竿跳高为 30～40 次，跳远为 20～30 次。以改进技术为主要训练目标的技术训练课次数应相应增加。这一阶段训练课训练强度应保持在 90%以上，严格要求技术动作强度，改进技术动作，提高身体肌肉的内协调能力，提高运动员专项身体素质和专项能力。

跳跃项目训练负荷主要采用“三周大一周小”四周循环小周期的训练安排，跳高运动员张树峰、郑幸娟，三级跳远运动员顾俊杰、李延熙等都是采用“三周大一周小”的训练负荷安排，而仲敏维采用“两周半调半周”三周循环小周期的训练方式。跳跃项目通常采用 94%有效强度训练，以增加技术训练有效的重复次数，提高技术稳定性，实现神经肌肉恢复的同步效应。为了提高运动员最高强度训练的训练效果，运动员在最高强度训练周可以参加比赛，这个阶段运动员具有 96%的最高参赛强度。这个阶段需要通过“以赛带练”促进运动员专项能力的提高。

运动员在竞赛准备阶段的周技术训练课一般为 2～3 次，每周跳高过竿量为 15～20 次，撑竿跳高为 15～30 次，跳远为 15～20 次。这个阶段以提高运动员比赛能力的完整基本技术训练和比赛技术训练为主，应巩固关键环节技术。这个阶段训练强度为 90%～100%，教练员要严格要求技术动作强度，以提高运动员比赛技术稳定性。

跳跃高度项目的技术训练课在整个训练过程保持每周 15～32 次过竿量，技术训练课技术练习次数较传统明显降低，专项辅助练习手段增多，训练内容出现了同性质组合，技术训练具有综合化的特点，技术训练具有“小周期、短节奏、集中训练”整体训练结构特点。

跳跃项目的“小周期、短节奏、集中训练”与投掷项目“小周期、短节奏、适量多餐”相比较，其区别在于技术训练量的安排形式不同。跳跃项目技术训练强度非常大，尤其运动员下肢承受的力量相当于体重的 6～22 倍，减少训练量能降低运动员的损伤率，但全程技术训练量的减少会影响技术发挥的稳定性。我国运动员存在重大比赛中连续作战能力不强、技术的稳定性不足的问题，三级跳远运动员谢荔梅、李延熙在北京奥运会及格赛都发挥了正常水平，但决赛的表现都有些失常，与技术训练课次少、运动员连续承受专项技术负荷能力不足有关系。而投掷项目高水平运动员为了适应国际大赛比赛节奏，在平时训练课安排就采取了相应的安排，如女子铅球运动员巩立姣、李梅菊为了适应及格赛与决赛同一天进行的安排方式，在平时技术训练时就安排了上、下午的技术训练。而在跳跃项目中这种安排几乎没有，只是在赛前模拟训练，因而效果不佳。另外，我国跳跃项目高水平运动员下肢支撑部位受伤率为100%，如男子跳高运动员黄海强髌骨损伤，女子三级跳远运动员谢荔梅大腿后群肌损伤，女子跳高运动员郑幸娟脚部足舟骨损伤，男子跳远运动员周灿、女子撑竿跳高运动员张英宁脚踝损伤等，是否是技术负荷太大导致的尚存疑。国际比赛都有及格赛和决赛，两个单元经常比赛连续安排或隔天进行，赛制的设置要求跳跃运动员具有这种连续比赛的能力，建议尝试采用增加训练技术组合综合课、减少课次训练量、减轻技术训练单次积累负荷，而用“少量多次”技术训练手段弥补训练量的不足和降低伤病，从而提高运动员连续比赛的能力。

在采用技术组合的训练中，各训练内容训练负荷的搭配应力求合理。例如，力量+技术组合或速度+技术组合前期力量练习的手段、重量、次数、组数、速度、间隔时间、要求等都应尽量合理。负荷不够效果不好，负荷过大又影响后续的练习，而后续的技术训练往往更重要，对各方面的要求更高。技术组合训练强调的是训练的整体效果，应从整体角度出发来安排各部分训练负荷的大小，以使训练负荷搭配合理。如果过分强调局部训练效果，组合训练中的负荷就容易出现不合理的现象，最终影响到整体训练效果，因而力量+技术组合模式可能是技术课训练的一个突破点。

2.跳跃项目高水平运动员技术训练手段负荷变化特点

我国跳跃项目高水平运动员全年的训练安排从训练负荷来看趋于平稳，根据比赛要求（时间、成绩等），全年训练可分为若干阶段，各阶段训练的任务、要求具有一致性、连贯性，基本上是完整的训练过程。运动员主要采用“三周大一周小”负荷量安排节奏，在这个安排的基础上周内“大、中、小”负荷交替安排，既保证了全年的大负荷训练，又有效地控制训练过程，降低了损伤率，从而保持了运动员体能训练负荷的相对稳定性，具有“短节奏、平稳式”的特点。

跳跃项目技术训练内容相对集中，训练负荷变化通过技术训练负荷量与负荷强度变化协调安排。不同阶段的训练主要有完整技术训练、分解技术训练。

完整技术训练主要有全程技术、中程技术和短程技术训练；分解技术训练主要有助跑技术、起跳技术、跑跳结合技术、空中技术和落地技术训练。技术训练要将完整技术与分解技术结合进行，从而保证技术训练的完整性。

完整技术训练有利于运动员技能水平的提高、跳跃技术的改进，而且其成绩和质量也是调整训练计划的重要依据。专项准备阶段和竞赛准备阶段主要依据运动员在技术训练课上完成技术动作的质量来调控训练量。

从技术训练成绩来看，整个训练过程大部分训练的强度是个人最好成绩90%～95%。从训练结果变化来看，在有效强度训练期间运动员的成绩较为稳定，在最高强度阶段运动员的成绩波动较大，不利于运动员掌握技术，而有效强度训练不但保持了较高的训练负荷，又可以多次重复技术动作，有利于运动员技术的稳定。因此，围绕有效强度安排的训练是“适量有效”的训练。通过统计，我国跳跃项目高水平运动员94%的最好成绩训练负荷是有效负荷，这个强度与跳跃远度项目运动员96.86%的平均参赛发挥率（表4-13）、跳跃高度项目运动员96.15%的平均参赛发挥率（表4-14）十分接近，有利于运动员灵活地选择参赛时机。

表4-13　跳跃远度项目运动员2005～2008年平均参赛发挥率　（单位：%）

项目	李倩	谢荔梅	李润润	张晓一	周灿	朱书靖	仲敏维	李延熙	顾俊杰	吴波	平均
发挥率	97.57	97.46	96.86	95.51	96.39	96.98	96.32	97.66	97.05	96.83	96.86

表4-14　跳跃高度项目运动员2005～2008年平均参赛发挥率　（单位：%）

项目	张英宁	刘飞亮	杨泉	杨雁盛	李玲	周杨	高淑英	郑幸娟	张树峰	黄海强	平均
发挥率	95.30	97.15	96.05	96.55	95.21	94.75	97.29	96.85	96.81	95.62	96.15

从训练课的类型来看，跳跃项目运动员周训练课主要包括力量课、速度课、技术课和综合课。

（二）体能训练负荷特点

跳跃项目高水平运动员的体能训练主要由速度训练、力量训练、柔韧性训练和协调训练等构成。跳跃项目体能训练课主要采用单一的“集中训练”的安排方式，主要有速度训练课、力量训练课和综合素质训练课。速度训练课和力量训练课每周各安排2次，综合素质训练课每周安排1次，基础训练阶段综合素质训练课安排2次。

根据训练周训练量分为大运动量周和小运动量周，大运动量周是训练周，小运动量周是调整周，大部分采用“三周大一周小”训练量变化小周期的安排。

小周期内运动量的周训练负荷变化方法如下：力量训练手段中每个手段负荷量保持不变，减少训练手段数量，速度训练保持训练手段数量，降低训练强度，综合素质训练手段数量都减少。重点发展素质的负荷强度为 90%～95%，训练手段数量增多，保持每个手段的负荷，每个手段每周练习 2 次，各种手段比较全面，对运动员刺激深度大。

速度训练安排通常在基础训练阶段，先重点训练速度耐力，再重点训练最高速度；在专项准备阶段重点训练最高速度、速度耐力，以及培养保持速度的能力。最高速度训练和速度耐力训练要与助跑速度训练相结合，提高运动员专项速度能力。竞赛准备阶段要使运动员的专项速度能力达到最高水平，如仲敏维基础训练阶段速度训练主要以跑 200m 为主，基础训练阶段后期主要跑 120m 提高速度耐力，专项准备阶段主要跑 100m 和 60m 提高最高速度。

基础训练阶段的力量训练先重点训练最大力量，再重点训练快速力量。专项准备阶段重点训练快速力量，保持最大力量能力。最大力量训练和快速力量训练都要与专项力量相结合，提高专项力量能力。最终使运动员在竞赛阶段发挥出专项力量的最高水平。

跳跃项目周内训练的负荷通过不同训练内容组合，大部分运动员采用每周两个负荷循环，“大、中、小”负荷组合安排，以保证体能的相对稳定和训练的系统性，这种“短节奏、小周期”的训练安排形式灵活，有利于防止运动员过度疲劳。

不同训练的小周期训练内容手段的变换可提升训练效果，如三级跳远运动员谢荔梅在下肢小肌肉群力量练习后替进行斜板快跳与跨步跳快速力量练习。两个手段都训练了快速力量，但对髂腰肌力量训练效果差别很大，表现出训练内容发展的针对性，提高了训练的全面性。从内容强度来看，发展性训练内容的负荷强度大于 95%，而保持性训练内容的负荷强度约为 90%，故可将最大力量训练安排在最高速度的前面进行。训练内容的安排时间具有阶段性和异时性。

（三）核心竞技能力阶段训练内容的结构特点

我们对跳跃项目高水平运动员的训练调查发现，运动员的基础体能、专项体能和技能训练内容的比例根据训练任务的变化而变化（例见表 4-15）。

表 4-15　女子跳高运动员郑幸娟周训练负荷计划

日期	主要训练手段	负荷
星期一	速度弹跳力训练、60m 起动跑、30m 弯道跑、拖轮胎五步起跳、弹力带牵引五步起跳	中
星期二	技术训练、五步头触高、全程助跑过竿、腹背肌练习	中、上
星期三	力量弹跳力训练、提杠铃至胸、负杠铃上高换腿跳、负杠铃弓箭步走、壶铃蛙跳、直体过栏架、跳深、多级跳等	大
星期四	积极性训练、过栏的专门练习、五步弯道跨栏、铅球后抛等	小
星期五	技术训练，其余同星期二	中、上
星期六	（综合课）速度、力量、弹跳力训练	大
星期日	休息	

注：根据北京奥运会运动员备战计划整理。

训练过程是追求训练效应最大化的过程，由于基础体能对专项体能和技能直接作用小，往往被教练员和运动员忽视。从基础训练阶段到竞赛准备阶段，基础体能所占比例越来越低，基础训练阶段为 30%，专项准备阶段为 25%，在竞赛训练阶段比例为 20%（表 4-16）。

表 4-16　我国跳跃项目高水平运动员训练内容比例统计表

训练阶段	训练内容	内容比例/%	具体训练	内容比例/%
基础训练阶段	基础体能	30	一般身体训练	30
	专项体能	40	专项身体训练	30
			专项能力训练	10
	技能训练	30	分解技术训练	20
			完整技术训练	10
专项准备阶段	基础体能	25	力量素质训练	5～10
			速度素质训练	5～10
			其他素质训练	10～15
	专项体能	35	专项能力训练	35
	技能训练	40	基本技术训练	35
			比赛技术训练	5
竞赛准备阶段	基础体能	20	速度素质训练	10
			身体素质训练	10
	专项体能	25	专项能力练习	25
	技能训练	55	基本技术训练	40
			比赛技术训练	15

注：根据教练员访谈内容和实际训练情况整理。

基础体能对专项能力提高的直接贡献率不大，但是基础体能训练不但具有提高身体机能和身体素质的作用，并且还能对专项训练手段的不足进行补充。专项训练主要针对主动肌肉群，对被动肌肉群和协同肌肉群训练不足，导致主、被动肌肉群力量比例关系失衡，容易引起损伤。基础体能练习强度低、时间长，有利于加速运动员身体器官的恢复，尤其在神经肌肉组织中，大强度训练后肌腱的恢复时间相当于肌肉恢复时间的 3 倍，而基础体能的训练则有利于提高肌腱的恢复速度，减少由于两者力量不平衡出现的损伤。当前跳跃项目运动员损伤多为被动肌肉群损伤和主动肌肉群腱趾损伤，损伤通常主要出现在竞赛训练期和专项准备阶段，主要原因是专项训练强度提高后被动肌肉群缺乏有效的"补充"训练，导致协同肌肉群力量下降。专项准备阶段训练量和强度的提高，更需要相应基础体能训练的补充。在实际训练过程中基础体能训练比例持续下降，而且"补短"性基础体能训练手段针对性不强，导致主、被动肌肉群力量比例失衡而出现损伤。例如，谢荔梅在世界田径锦标赛前大腿后群肌受伤，李润润的大腿半腱肌损伤，张英宁的踝关节损伤。因此，在专项准备阶段和竞赛准备阶段，跳跃项目高水平运动员出现大面积损伤与基础训练内容针对性不足有关系，需要引起教练员的重视。

我国跳跃项目高水平运动员在专项准备阶段和竞赛准备阶段的基础体能训练比例都低于投掷项目高水平运动员的训练比例。我国几名投掷项目高水平运动员身上都没有大的伤病，跳跃项目高水平运动员几乎全部都受伤病困扰。基础训练手段设计应该引起跳跃项目教练员的重视，这也关系到我国跳跃项目能否突破伤病"瓶颈"。如女子跳高运动员郑幸娟的大力量训练量少、负荷小，但是教练员设计了许多针对性的训练手段，如分腿单蹲、斜板负杠铃蹬摆，提高了训练效果，保持了较高的水平。

专项体能训练是训练过程中基础体能训练与技术训练的转换中枢，对运动员竞技能力水平的提高具有重要作用，也是其专项技能和技术水平提高的保证。跳跃项目基础训练阶段中专项体能训练比例为 40%，专项准备阶段中为 35%，竞赛训练阶段中为 25%。专项体能训练普遍受跳跃项目教练员的重视，每个项目教练员都有自己的专项体能训练手段，是我国高水平跳跃运动员短时间内成绩快速提高的保证。

技能训练过程不仅是技术提高的过程，而且是速度、力量、柔韧性和协调能力的训练过程，大强度的技能训练不但对专项能力提出了很高的要求，而且对神经系统的兴奋性提出了更高的要求。技能训练过程是一个综合训练的过程，技能训练也是竞技能力训练的核心，因此技能训练在整个训练过程中都占有较大的比例。然而，技能训练强度过大就可能导致训练内容的不平衡，使运动员出现一系列损伤问题。

我国跳跃项目高水平运动员的技能训练在基础训练阶段的占比为30%，在专项准备阶段为40%，在竞赛训练阶段为55%。基础训练阶段主要是改进局部技术，恢复神经疲劳，提高身体能力和保持技术能力，因此技能训练内容比例相对较小，主要是小强度技术训练。在专项准备阶段，基本技术训练和比赛技术训练是技能训练的主要内容。基本技术训练保持了主体地位，在任何阶段都占有最大比例，而比赛技术训练也越来越受到跳跃项目高水平运动员的重视。例如，三级跳远运动员在每次技术训练课结束后都会安排2～3次强调“拼命”跳的比赛技术训练。比赛技术训练安排时机对训练效果有重要影响，需要教练员对比赛技术训练进行深入研究，并在实践中探索出最好的训练方法。跳跃项目运动员在竞赛阶段比较重视比赛技术训练，但是在平时训练时重视不足。从表4-10和表4-16来看，跳跃项目竞赛准备阶段技能训练内容比例增加主要是比赛技术训练内容比例相对增加，跳跃项目竞赛准备阶段技能训练内容比例高于投掷项目。

本章要点

通过对田赛项目高水平运动员训练实践特点的分析，主要总结出如下结论。

（1）田赛项目高水平运动员多年训练目标始终把基本技术训练、专项力量和专项速度训练作为训练的重点内容。比赛技术训练、身体的健康水平、体能的调整与恢复是阶段性主要训练目标。

（2）田赛项目高水平运动员的基础训练时间缩短，进入专项准备阶段的时间提前。专项准备阶段训练目标反映了运动员和教练员对基础体能和比赛技术训练的重视程度，训练目标具有多元化特征。竞赛准备阶段训练目标强调基本技术的有效性和比赛技术的稳定性，并重视训练“强度平台”，以提高运动员对竞技能力状态的控制能力。

（3）田赛项目高水平运动员基础体能训练主要是与专项有关的内容，主要分为“扬长”和“补短”两方面，训练手段具有“专项化”的特征，训练手段的组合具有“全面性”特点。

（4）田赛项目高水平运动员在训练方法选择过程中，发挥了训练手段“多因素”的作用，通过组合训练提高训练效果。组合内容具有技术训练力量化、力量训练速度化、速度训练技术化、技术训练比赛化的特点。

（5）田赛投掷项目高水平运动员主要采用“综合课”的训练方式，每次课都含有力量、速度、技术的训练内容，技术训练内容采用“少量多次”的训练组织形式。跳跃项目高水平运动员主要采用单一的力量训练课、速度训练课、技术训练课和综合素质训练课的训练组织形式。

（6）田赛项目采用小周期短节奏的安排方式，通常采用“三周大一周小”和“两周大一周小”的循环方式，周内“大、中、小”负荷交替安排，以保持运动员体能训练负荷的稳定性。

（7）田赛项目的技术训练负荷主要包括最低负荷强度、平均负荷强度、有效负荷强度、最高负荷强度。田赛项目高水平运动员在基础训练阶段以80%的负荷作为最低负荷，在专项准备阶段和竞赛准备阶段以90%为最低负荷。投掷项目的有效负荷强度为93%，跳跃项目的有效负荷强度为94%。跳跃项目采用“小周期、短节奏、单一集中”的训练组织形式，投掷项目采用“小周期、短节奏、适量多餐”的训练组织形式。

（8）田赛项目高水平运动员专项技术训练强度以最低负荷强度为基础、平均负荷强度为保证，有效负荷强度和最高负荷强度训练交替安排，既保证了技术训练的负荷强度，又保证了技术训练的积累量，实现了训练负荷强度与训练负荷量的合理搭配，使技术训练负荷效益最大化。“以赛带练”通常安排在最高负荷强度训练阶段。

（9）田赛项目高水平运动员比赛技术训练贯穿于训练的整个过程。比赛技术的稳定性是我国田赛投掷项目高水平运动员在国际比赛中的制胜要素。

（10）投掷项目相对重视基础体能的训练，内容比例稳定。跳跃项目相对重视专项体能的训练，内容比例较为稳定。

（11）田赛项目高水平运动员在严格要求技术质量的前提下，以有效负荷强度为训练强度，以有效负荷强度训练最大量为个体训练最大负荷量，采用以有效负荷强度为训练调控的适量有效的训练组织形式，科学贯彻“从难、从严、从实战”的训练思想。